叢書　東アジアの近現代史　第3巻

日本人の朝鮮観はいかにして形成されたか

池内敏

講談社

日本人の朝鮮観はいかにして形成されたか

はしがき

「鮮人」と「朝鮮人」

朝鮮・朝鮮人に対する侮蔑感情を含む言葉（蔑称）として「北鮮」「南鮮」あるいは「鮮人」がある。これら蔑称は、かつて、一九一〇年の韓国併合を契機にして作り出された「支配者のことば」であると論じられたことがある。そこでは「満鮮」「渡鮮」といった言葉遣いにも侮蔑感情を読み取り、そうした用語の使用／不使用をもって朝鮮蔑視観の存在が量られたりもした。

一方、植民地期を通じて「朝鮮人」「韓人」もまた蔑称であった。たとえば次のような文章を挙げてみよう（傍線は引用者、以下特記しない限り同じ）。

或日珍らしく暇が出来たといふので星野に案内されて韓人町を歩いてゐると殆ど軒並朝鮮人の小店である中に、ふと一つの店先に日本人の子供と朝鮮人の子供とが、日本語半分、朝鮮語半分で話して遊んでゐるのを見出した。よく見ると其は日本人の小店で殆ど朝鮮人の店同様貧しげな汚いもの許りを置並べてゐたが、其でも其品物の並べやうが朝鮮人よりも眞直ぐに整頓してゐるところが稍々趣を異にし、三十餘りの女は汚い日本服を著て狭い帯を締め店の奥に坐つてゐた。さうして其女は小さな鏡を左の手に持つて、櫛を持つた右の手は埃だらけの其髪を梳きつけてゐた。髪は根の下つた蝶々髷であつた。星野は、「もう斯うなつちや日本人の方が朝鮮人化してしまふのだ。」と言つて顔をしかめた。けれども此朝鮮町の中に在つて見るもの聞くもの悉く朝鮮のもの許りで、さうして朝鮮人同様の汚い貧しい生活をしてゐて其でゐて矢張り日本の服を著日本の髪を結ひ、汚い埃の中に其髪を梳きつけてゐるのを見て余は必ずしも星野の言葉を信用しなかつた。

これは、高浜虚子が一九一一年に『大阪毎日』等に連載した小説「朝鮮」のなかの一節である。文中に「韓人町」「朝鮮人」「朝鮮語」等々の言葉が再々現れて「鮮人」は現れないが、それでもこの一節からだけでも朝鮮・朝鮮人にたいする高みから見下ろすような姿勢が感じられる。「朝鮮」には「てうせん」と振り仮名がふられるが、星野の言葉にみえる「朝鮮人化」には「ヨボか」と読みが添えられる。「ヨボ」もまた当時の日本人が多用した蔑称である。

また、歴史学者喜田貞吉が一九二〇年、「京城日出小学校」で講演をするに際して受けた注意は「「殖民地」とか、或は「朝鮮人」「鮮人」などといふ語は、此方の人が嫌がるから、成るべく避けられたい」というものであった（喜田貞吉「庚申鮮満旅行日誌」）。山田昭次は、農民歌人遠藤源一郎が一九二〇年代後半における詩・日記のなかで「朝鮮の人」なる語を選択して「鮮人」「朝鮮人」いずれも用いなかったことについて、「これらの言葉にある差別感を気づい」たからとする。さらに、詩人秋山清は、「かつて侮蔑としていいつづけてきた「朝鮮人」ということばを、戦後朝鮮が独立して、当然「朝鮮人」と呼ばねばならぬ時になって、そういうことができず、ついうっかりと、朝鮮の人、などといってしまった」のを、中野重治からきちんと「朝鮮人」と呼ぶべきだと叱責された経験を述べる。また、「日本文学にあらわれた朝鮮観」と題されたシンポジウムで、四方博は「僕達は、戦前朝鮮という言葉を極力さけた」とか「戦后も初め朝鮮人という時は抵抗を感じたが、今は全く偏見なしに朝鮮人といえるようになりました」と述べる。これらは、終戦直後の日本人が「朝鮮人」という言葉を発することに躊躇《ためら》っていた雰囲気をよく伝えている。

先述の山田昭次は「朝鮮人ということばは本来差別用語ではないが、近代日本では差別用語に転化してしまった」とも記す。また同様に中野重治の発言もまた、「朝鮮人」という言葉それ自体が差別用語ではないことを明示している。その言葉を取り巻く環境が、その語を差別用語に転化させたのである。

蔑称に対する無自覚

植民地期に多用された朝鮮・朝鮮人に対する蔑称は、やがてそれが蔑称であることすら日本人には認識されなくなり、無自覚な使用が戦後も継続されたと指摘される。そうした戦後における代表例として岩波書店『広辞苑』の問題が挙げられたりする。それは、『広辞苑』が一九五五年の初版に「北鮮」「鮮人」の見出し項目を立てていたが、抗議を容れて一九七〇年秋の第二版四刷から「北鮮」の項を書き改め「鮮人」の項を削除したという問題である。

この一件に対し、「『広辞苑』から（中略）「鮮人」たった二字を二版四刷から削除するために戦後二十数年をついやした」とか「〔岩波書店は——引用者注〕一六年も差別を拡散してきたことの責任をとろうとはしませんでした」とする非難がなされたりした。しかしながら、この問題に最も素早く敏感に反応した日本朝鮮研究所が『広辞苑』問題で岩波書店に抗議したのは一九七〇年七月のことであり、同年秋の第二版四刷から修正を行った岩波書店の対応は非難されるほどに怠慢なものとは思えない。また日本朝鮮研究所がこの問題に気づいたのが一九七〇年をそれほど遡った時期ではなさそうであり、一九五五年から七〇年に至るまで誰も『広辞苑』の問題に気づかず抗議しなかった以上、こうした非難は他者にのみ向けられるべき筋合いのものとは思えない。

一九六〇年代を通じて、日本朝鮮研究所の刊行する『朝鮮研究』に掲載された論稿に「鮮人」に類する「蔑称」が使用されていても問題視されることはなかった。ごく一部の例外を除き、朝鮮人に対する蔑称に関心が向けられたのは一九七〇年代に入ってからのことである。その嚆矢とすべきは一九七〇年に発表された斉藤力の二論稿「「北鮮」と呼ぶ人間の正体」「『広辞苑』の「北鮮」の項の誤り」であり、引き続いて内海愛子「「鮮人」ということば」が一九七四年に発表された。

一九三七年高知県に生まれた在日韓国人姜琪東（姜基東）は、加藤楸邨《かとうしゅうそん》主宰の句誌『寒雷』に、「鮮人の火鉢叩きて哭きにけり」を発表したところ、作家李《り》恢成《かいせい》から「鮮人という表現は適当ではない。字余りでも朝鮮人とすべきである」との手紙をもらったという。この句は『寒雷』一九七一年五月号に掲載されているから、李恢成の苦言はこのときになされたものであろう。こうした発言も一九七〇年代に入ってからでなければ出されえなかった。「北鮮」「南鮮」「鮮人」あるいは「満鮮」「渡鮮」といった用語も含めて植民地期に蔑称として機能した朝鮮人に対する物言いは、いったん忘れ去られたのちに一九七〇年代になって「発見」されたのである。

「漂流朝鮮人之図」

さて、話題を転じたい。一九九三年に鳥取県で中国五県総務部長会議が開催されたとき、会場となった仁風閣宝隆院の床の間に何かふさわしい掛軸がないものだろうかと、当時の鳥取県総務部長片山善博（のち鳥取県知事、現在は早稲田大学教授）は考えた。相談を持ちかけられた鳥取県立図書館長濱崎洋三（故人）は館蔵の「漂流朝鮮人之図」を推薦し、片山はその軸を宝隆院に掛けた。片山は濱崎の提案について「鳥取県がこれから環日本海時代の拠点づくりということで、海に向かっていろんな施策を考えていこうという時に、それを象徴するいいものだと思った」という。掛軸は、文政二年（一八一九）に鳥取藩領に漂着した一二人の朝鮮漂流民を描いた絵、そのうちのひとり安義基が鳥取藩士岡金右衛門に宛てた漢文の謝辞および漂流経過を述べたハングル文の三点から構成される。

濱崎は「絵画的に値打ちがあるものよりは総務部長会議にふさわしい内容をもった軸物を出したいと思った」と述べ、片山は「近代史が始まって以降、日本と韓国の関係は非常にギクシャクしている。だが、この掛軸には日韓交流の原点が描かれており、このギクシャクした日韓関係をよい方向に持って行く要素がある、と感じた」と言う。

「漂流朝鮮人之図」（鳥取県立図書館所蔵）

現状では一幅となった「漂流朝鮮人之図」は、そもそもは三つに分かれて伝来し、明治四三年（一九一〇）七月に韓国皇太子が鳥取を訪問した折に額装されて、初めて公開展示されたものである。一九世紀の漂着から間もない時期に描かれ／書かれた絵と文章が忘れ去られて死蔵され、韓国皇太子の来鳥を機に額装されて展示されたものが再び埋没し、一九九〇年代初めに県立図書館によって修繕されて地下書庫に収まった。それが総務部長と図書館長の相談事がきっかけとなって改めて表舞台に引っ張り出されることとなった。これもまた忘却と発見の具体例であり、発見する側に契機や背景・事情が存在する。朝鮮観もまた、それを表出する側に契機や背景・事情が存在し、あるとき表面化した朝鮮観はそのままに引き継がれるとは限らない。

日韓交流のルーツ調査

その後、「漂流朝鮮人之図」に描かれた一二人の朝鮮漂流民の子孫捜しが始まった。鳥取県の事業として行われた「日韓交流のルーツ調査事業」である。一九九四年一一月に片山総務部長・濱崎図書館長らが朝鮮漂流民の出身地・韓国慶尚北道蔚珍郡を訪問調査したのを皮切りに、関係する各地での資料調査が継続された。濱崎は「感謝状の宛先である岡金右衛門と安船長の御子孫が鳥取で出会われるということになれば、掛軸の値打ちもでてくるし、さらに掛軸が取り持つ一八〇年後の両者の出会いという形で、現在の日韓ひいては江原道と鳥取県との結びつきを緊密に進めるのではないか」と事業の始まりについて述べる。

一九九六年に濱崎は図書館長在職のまま永眠したが、その後九九年に片山が鳥取県知事に就任してからは知事の下に「二十一世紀へ繫げる日韓交流ルーツ探求検討委員会」が設置されて前記事業が引き継がれた。二〇〇〇年四月には平井伸治総務部長（現、鳥取県知事）を団長として三回目の蔚珍郡訪問調査が実施された。この調査に参加した坂本敬司（鳥取県立博物館学芸員、当時）は、次のように回想する。「今回の調査では、実際に漂流した一二名の子孫を探し出すことはできなかったが、具体的事実や今後の調査の方向性ははっきりしてきた。調査先では、どこも鳥取県の取り組みに関心を持っていただいた。韓国でも、日韓の交流が課題であることを多くの人々が意識しているように感じられた。今回の調査で、私はますます韓国ファンになった」

本書の視点

本書は、江戸時代の日朝関係史を中心に一六世紀末から二〇世紀初頭にかけての時期を対象として、日本人の朝鮮観がどのように現れ、推移してきたかを叙述しようと思う。それは当初、「日本人の朝鮮観の歴史的形成」とする目論見をもって構想されたけれど、前近代の身分制社会における朝鮮観と曲がりなりにも四民平等となった近現代の朝鮮観とを直截に結びつけるのは適切ではなく、「歴史的形成」というよりは「その折々における発現形態の差異」に注目すべきだと考え直すこととなった。したがって、本書の叙述は、厳密には歴史的な展開を時間軸に従って追究するという形式とはなっておらず、できるかぎり各章ごとに完結させた疑似オムニバス形式で叙述する。そのうえで、日本人の朝鮮観を固定的なものとして捉えるのではなく変化する（忘却されて再発見される）ものとして把握し、また地域的な偏差をともなうものとして把握する。それは、筆者がこれまで進めてきた近世~近代日朝関係史研究の積み重ねの中から得られた視点であり、本書は、そうした成果を踏まえながら「日本人の朝鮮観」という視点に即して再整理を試みる。終章を除くどの章から読み始めていただいても構わない。

近年、歴史学（文献史学）の基礎的方法論を逸脱したまま歴史を気ままに語る風潮が時折目に飛び込んでくる。自分にとって心地よい筋書きに沿って資料を排列し、あらかじめ期待される結論へ向けて論を導いてゆく風潮である。そこには専門的な史料読解の訓練など受けなくても誰でも容易に史料読解と解釈ができるとする思い込みがあり、そうした専門性の軽視は人文系の学問に対する軽視と軌を一にしている。本書は必ずしも時系列に沿った叙述を展開するものではないが、歴史学としての読解と解釈を経てひとつひとつの叙述を確定してゆくものである。

目次

第一章　大君の外交

日本国大君

一七世紀前半、東アジア諸国から徳川将軍に宛てられた外交文書では、ごく一部の例外を除いて宛先が「日本国王」と記された。一方、諸国に宛てて徳川将軍が「日本国王」と自称することはなく、常に「日本国源某」と記された。この称号は足利義持期に朝鮮に対する将軍自称として創出され、江戸初期には朝鮮以外の国々に対しても用いられた。ここで諸外国から徳川将軍が「日本国王」と呼ばれたことは、日本が客観的には中国を中心とした東アジア国際秩序のなかに位置づけられていたことを意味し、同時に自らはそのように名乗らなかったことは、主観的には日本が中国からの自立を表明したものと解されてきた。

「将軍」なる呼称は「中国では中・下の官たり（於漢唐為中下之官）」（林羅山・永喜）であったから、対外的呼称として不適当と思われた。寛永一二年（一六三五）から使われ始めた新しい徳川将軍の対外的呼称は、最終的に中国王朝の官職とは無関係なものが選ばれて、「日本国大君」「大君」となった。徳川将軍自らは「日本国源某」と称し、相手には「日本国大君」と呼ばせる外交関係は、東アジア国際秩序の外交慣行からは逸脱したものと理解されてきた。

この「日本国大君」「大君」号は、日朝関係の歴史的展開にしたがって寛永一二年に制定された徳川将軍の称号である。ただし将軍自らそのように称するものではなく、外交相手や幕府老中、大名などが徳川将軍を指す際に用いられた。一六四四年から一七一四年に限っては琉球国王とのあいだで「大君」号の使用も見えるが、それを除くと朝鮮とのあいだで使用されるところに「大君」号の最大の特徴があった。

一方、安政元年（一八五四）ペリー書簡の漢文での翻訳文中に「大君」号が登場する。それは、嘉永三年（一八五〇）から始められた幕府による外交文書集『通航一覧』編纂事業の過程で「大君」号が再確認されたことに由来する。和親条約期からの「大君」号は、朝鮮とのあいだでは従来通りの用法で、西欧諸国とのあいだでは他称・自称の双方に使用するものとして位置づけ直された。「大君」号は近世日朝関係に即して一七世紀前半に生み出され、開国期を迎えて外交称号としての汎用性を獲得し、やがて幕府倒壊によって捨てられたのである。

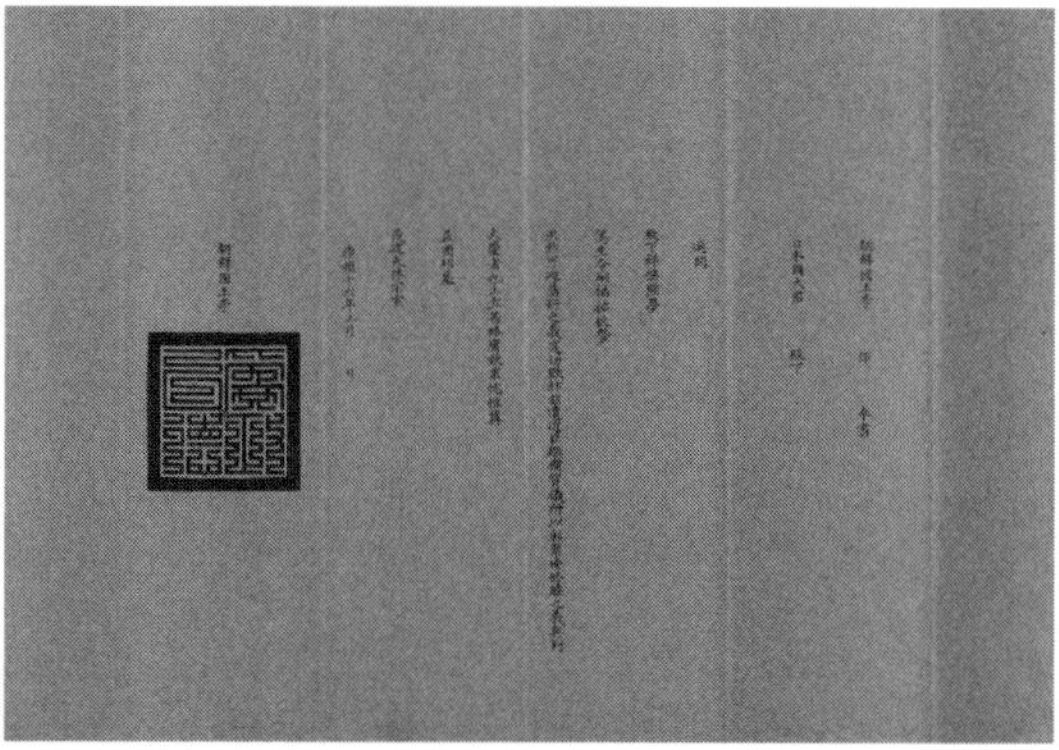
朝鮮国書（1643年、東京国立博物館・重文）
Image：TNM Image Archives

「大君」号の意味合いについては二〇〇年を超える江戸時代を通じて、その折々に様々な解釈がなされ、そうした解釈の揺れが現実の外交体制に細波《さざなみ》を立てたりもした。たとえば、文久二年（一八六二）から明治一六年（一八八三）まで駐日イギリス公使館に外交官として滞在したアーネスト・サトウは、「大君《タイクーン》の場合は“His Majesty”（陛下）の敬称が用いられて、わがイギリスの女王と同格におかれていた。しかし、日本語の訳文では、これは「ハイネス」と同義語の「殿下」となっているので、大君《タイクーン》とイギリスの女王を同格とすれば、イギリスの元首は天皇《ミカド》よりも下位に立つことになる」「大君《タイクーン》という言葉は本来天皇《ミカド》と同義語であることをも知った」（アーネスト・サトウ『一外交官の見た明治維新』上、第十四章、坂田精一訳、岩波文庫）と記録する。

これは、サトウが日本に滞在していた時期には日本の外交権（たとえば条約の批准、締結）が天皇の側に移行しつつあったからこうした叙述が現れるのであり、天皇の下に外交権など微塵も存在しない近世初頭に「大君」号が生み出されたとき、サトウのような発想は皆無であった。後世の解釈から前代の史料を解釈しようとする試みは歴史学の方法をまるで逸脱したものであり、まずは「大君」号が生み出された時代の史実と常識にしたがって、その称号が生み出された経緯と意味を探らねばなるまい。

日本国王と日本国源某

徳川将軍が、とりわけ朝鮮に対して「日本国王」を自称しなかった理由について、江戸初期の外交僧以心崇伝《いしんすうでん》の記述が引用されるのが常である。

崇伝は「『王』の字は昔から高麗への外交文書には使用してきませんでした。高麗は日本から見て戎国（西方の野蛮国）にあたるからです。日本の王と高麗の王とが外交文書のやり取りを行ったことはありません（王ノ字ハ古ヨリ高麗へノ書ニ不書也、高麗ハ日本ヨリハ戎国ニアテ申候、日本ノ王与高麗ノ王ト書ノトリヤリハ無之候）」（『異国日記』一六一七年九月四日条）と述べるから、この史料をもとに、当時、日本を朝鮮より上位に置く意識のあったことが指摘されたりする。さらに、こうして「王」字を書かない理由が明確にされたことが、近世における朝鮮認識を固定化するうえで重大な契機となったともいう。

ところで、以心崇伝のいう「日本ノ王与高麗ノ王ト書ノトリヤリハ無之候」を、「天皇は朝鮮国王と国書のやりとりをしない」と解釈する立場もあるが、以心崇伝の文章は「兌長老（西《さい》笑《しょう》承《じょう》兌《たい》）」の作成した外交文書も先例を踏まえて作成されたものだから、いまだに王の字を使用することはありえない」というものである。室町期武家外交は五山の禅僧が担い、一五世紀半ばの外交文書集『善隣国宝記』はそうした活動の集大成である。戦国期から江戸初期にかけての武家外交は西笑承兌へ、さらに以心崇伝へと引き継がれた。そして崇伝の手元には参照文献として『善隣国宝記』があった。「先例を踏まえて作成」するとは、『善隣国宝記』を参照して外交文書を起草する意であろう。

『善隣国宝記』に収載された室町将軍と朝鮮国王との往復文書を見ると、自称および朝鮮からの宛先いずれをとっても「日本国王」と記されたものはひとつもない。自称は「日本国源某」、宛先は「日本国殿下」である。一方、室町将軍と明皇帝との往復文書中における差出・

宛先はそれぞれ「日本国王臣某」と「日本国王源某」となり、たとえば足利義教あて明宣徳帝勅書中にある「なんじの父である王の道義〔足利義満〕（爾父王道義）」なる文言から明らかなように、「日本国王」とは室町将軍のことである。

したがって「日本ノ王与高麗ノ王ト書ノトリヤリハ無之候」とは、将軍が「日本国王」として「朝鮮国王」と外交文書をやり取りする先例は無い、の意である。翻って、そうした先例のありようから以心崇伝は「王ノ字ハ古ヨリ高麗ヘノ書ニ不書也、高麗ハ日本ヨリハ戎国ニアテ申候」とする説明を行ったのである。そして「王ノ字ハ古ヨリ高麗ヘノ書ニ不書也」云々と書かれたのは、元和三年（一六一七）朝鮮通信使（回答兼刷還使）が伏見滞在中のことであり、朝鮮あて徳川秀忠返書の起草と関わってのことだから、崇伝の認識が幕閣に共有されたことは間違いない。しかしそのことは、日本を朝鮮より上位に置く意識のあったことを示すものではあったが、外交をめぐるあらゆる領域がそうした意識で覆い尽くされていたとまでは言いがたい。

対等外交のすがた

一七世紀初頭に安南国から送られてきた外交文書では、差出者の肩書が「大都統」等の「控えめな」称号が用いられて「国王」号は使用されなかった。また、宛先は「日本国内太宰執原王」「日本国源王」「日本国国王」など、「国王」号を含みながらも多様な表現が用いられた。そして、年号はベトナム固有のものが用いられ、また一部の数字にはベトナムの国字が使われた。一方、暹羅《シャム》との外交文書の往復は、国王レベルのそれと閣僚級レベルのそれとにほぼきれいに分けて整理することができる。たとえば老中土井大炊頭利勝あて文書の差出名「暹羅国王握雅西潭麻喇」とあるうちの「握雅西潭麻喇」とは、諸都市からの徴税を司る長官を指す役職名（欽賜名）のことだから、この差出者は国王本人ではなく、閣僚クラスの人物である。そして文書に記した元号は、タイ固有の元号か、さもなくば干支であった。「大君」号成立後の日本から朝鮮あての国書では、「日本国源某」と自称し、日本年号を使用した。朝鮮国書の場合、「朝鮮国王」と自称して「大君」号を相手を指し示す称号として用い、使用年号は一六四四年までは明年号を、その後は干支のみを記した。

こうした通交のありようからうかがえるのは以下のことである。まず、互いに「国王」号をもって行う外交が敵礼（対等外交）だとする観念よりも、民族的自覚（中国からの自立意識）を保持した諸民族がそれぞれに自らの呼称と年号・国字を用いて行う通交もまた敵礼とする観念が読みとれる。それは日タイ通交の場合に顕著だが、国王レベルは国王レベルと文書の交換をし、閣僚レベルは閣僚レベルで文書を交換することが模索され、実現に至っている。「大君」号を用いることとなった最初の朝鮮通信使来訪に際し、江戸幕府では、使節のうち官位を帯びている者の官位の高下を事細かに調べている。これは、国王・閣僚以下の各層における対等の礼を実現するための準備であった。

ところで、正徳五年（一七一五）、幕府の発行する信牌携行の有無によって長崎貿易の統制を行った際、中国人商人が日本発行の信牌を携行していることが清朝で問題となった。そこでの議論のなかに、年号に関する記述が以下のように見える。

商人どもが朝廷に背いて外国に随い、外国の年号を用いることは決てあるまじきことである……年号のことは、外国にはその地の年号があるのだから、その地で発行された信牌であれば、その国の年号を書くことは理由のないことではない（広東船頭李韜士物語の覚、『華夷変態』下）

ここには、外国年号を用いることが「外国に随」うことを意味するとする当時の常識と、にもかかわらず外国では各地それぞれに異なる年号があるものだとする見解がうかがえる。その国の年号を用いた文書が、その国で発行されるのはある意味で当然なのだ、ともいう。こうした常識に照らせば、先述の日本と安南・暹邏・朝鮮との通交は決して上下関係にあるものではない。日本は相手国に日本年号の使用強制をしていないし、その逆もまた無かったからである。

「鎖国」

ところで、「鎖国」なる語の初見が、一七世紀末に滞日経験をもつエンゲルベルト・ケンペルによる『日本誌』の付論部分を訳出した志筑忠雄《しづきただお》「鎖国論」（一八〇一年）にあることは夙に知られてきた。ケンペルは、キリスト教の禁止を軸として、日本人・外国人の自由な海外往来と相互交流が禁止され、オランダと中国の商人も軟禁状態に置かれたところに「鎖国」状態を見、また琉球・朝鮮・蝦夷は日本領ではないがその守護下にあると見た。一方、日本人の海外渡航禁止を前提に、対外関係を朝鮮・琉球との「通信」及びオランダ・中国との「通商」に限定されている現状を「国法」と見なす態度が「鎖国祖法観」と名づけられた。それは一九世紀幕府による対外関係の枠組み認識であり、寛政四年（一七九二）から文化元年（一八〇四）に至る二度のロシア使節来日・通商要求と、それらに対応・交渉する過程で形成された観念である。一九世紀初めの幕府（及びその周辺）と一七世紀末のケンペルと、それぞれの現状認識は微妙な差異をはらみながらも、それを肯定的に評価する点で共通した。

ケンペルが「琉球・朝鮮・蝦夷は日本領ではないがその守護下にあると見た」のは、そのように秩序化されて見えるものが一七世紀末にもあったことを推測させる。しかし一方、一八世紀初めに至るまで、幕閣は琉球使節（謝恩使・慶賀使）江戸参府がもつ政治的効果に自覚的ではなかったともいう。琉球・朝鮮・蝦夷を日本の保護下にあると見たり、日本の対外関係を朝鮮・琉球との通信関係に整理してみせるような「日本を基軸に国際関係を秩序化する意識」は、一八世紀末から一九世紀初めの時期になって明確な姿を現した。

新井白石は「大君」号を「国王」号に戻すことにより、日本と朝鮮との対等外交を鮮明にしようとした。そうした試みのなされた正徳元年朝鮮信使ののち、崇伝の世界観が再発見された。崇伝の『異国日記』は広く読み継がれた書物ではなく、むしろ長い間人目につかないものだったという。『異国日記』は、正徳二年（一七一二）に新井白石によって『本光国師日記』とともに発見され、幕府に写本が作成・献上されたというから、崇伝の世界観はこの時期以後にふたたび注目されたのではなかったか。

あるいは一七五〇～七〇年代の一時期、日本人漂流民の送還にあたって清朝の地方官が咨文で「日本国王」あて文書を送付してきたことがあった。これは清朝地方官と徳川将軍とを対等とする書式であり、長崎奉行はこれを無礼として受け取りを拒絶した。朝鮮との関係においても、中国との関係においても、一八世紀の徳川将軍は二度と「日本国王」を名乗るわけにはいかなかった。

朝鮮との国交回復

豊臣秀吉の朝鮮侵略ののち一七世紀冒頭の日朝関係は断交状態にあった。そうしたなかでも、元和四年（一六一八）、朝鮮半島東北海岸に漂着した日本人が対馬島を経由して出雲に送還され、同九年、長州に漂着した朝鮮人の送還に対する謝辞が朝鮮から対馬州太守あてに送られた。鬱陵島（竹島）海域へは山陰住民や対馬島民が出漁し、寛永二年（一六二五）からは鳥取藩領米子町人が幕府年寄連署奉書（「竹島渡海免許」）を根拠に連年出漁し続けた。国交正常化が果たされる以前にも日本と朝鮮の境界領域における生業は日常的に継続し、海難事故のあと始末は対馬藩の仲介によって果たされた。

戦後処理と国交回復問題もまた対馬藩が積極的に関与した。それは、対馬藩は朝鮮貿易なしには立ちゆかなかったから復交へ向けての政治工作を行わざるをえなかったのである。慶長一一年（一六〇六）、前将軍（大御所）徳川家康名で朝鮮国王あてに送られた国交回復を誘う国書はそうした政治工作のひとつとして対馬で偽作されたものであった。この「家康国書」に対する回答の返書を持参した朝鮮信使（回答兼刷還使）が翌一二年に派遣されてきたが、返書は本来存在しない「家康国書」に対応して書かれていたから、将軍秀忠に披露するに際してつじつまの合わない不都合な部分があり、これまた対馬藩の関与で改竄《かいざん》された。

この改竄された朝鮮国書に対する将軍秀忠からの返書は、差出名が「日本国」源秀忠と書かれていた。「日本国王」と記さない（「王」の字がなかった）返書をそのまま持ち帰った三使（正使・副使・従事官）は流罪に処せられた。朝鮮では日本との外交を「朝鮮国王」と「日本国王」との対等関係と考えていたからである。

元和三年（一六一七）、二度目の回答兼刷還使が派遣されたときも、返書の差出は前回同様に「日本国」源秀忠だったから、「王」字の無いことに朝鮮使節側は強く抗議した。このとき文書起草者であった以心崇伝は「王ノ字ハ古ヨリ高麗ヘノ書ニ不書也」と述べて（先述）、徳川将軍は王を自称しないことを強調した。これに対して対馬藩重臣柳川調興《やながわしげおき》は「〔徳川将軍の〕

返書を勝手に開けて、王の字を書き加え」て改竄し、朝鮮使節側の抗議を容れた。寛永元年（一六二四）、三度目の回答兼刷還使に対する返書もまた改竄されたことが確実である。草稿段階での差出名が「日本国源家光」だったものが、朝鮮使節が持ち帰った書面には「日本国王源家光」と記されていたからである。

一方、対馬藩主宗義成《そうよしなり》の傍近くに仕えた外交僧規伯玄方《きはくげんぽう》および家老杉村采女《すぎむらうねめ》らは、藩主の意向を受けて寛永六年（一六二九）「準国王使」として漢城（ソウル）まで至った。このときを境にして、宗義成と柳川調興との関係は急速に悪化した。それまで一重臣でありながらも朝鮮貿易に強い権限を発揮してきた柳川氏に対し、この「準国王使」派遣を契機にして藩主義成側が巻き返しを図ることになったからである。柳川調興が、右に述べてきた「王」字の有無をめぐる日朝外交文書改竄を義成の仕業として幕閣に訴え出たのは寛永一〇年（一六三三）のことである。

尋問の現場

寛永一一年（一六三四）一二月に幕府役人が対馬へ派遣されて関係者の尋問が行われ、ひきつづき老齢者を除いて江戸へ召喚して審理が継続された。江戸に召喚された関係者たちは、連日のごとくに老中宅へ呼び出されて尋問が繰り返された。翌年三月七日に老中は「国書のすり替えは大罪だから、その経緯をありのままに述べよ」と諭している。

尋問の場では次のようなやり取りがあったという。

初日対決の時、〔中略〕やがて規伯玄方を呼び出して、一二年以前の信使〔寛永元年の回答兼刷還使〕の御返翰の草案は、長老〔玄方〕が作成になりましたかと〔老中が〕お尋ねになった。すると長老〔玄方〕がおっしゃるには「いやいや、拙僧は作成しておりません。〔中略〕朴同知〔倭学訳官の朴大根〕が言うには、「今度の御返翰は〔そのまま〕請け取り帰るわけにはいきません。書き改めてください」とのことでした。それで我々が「なぜそのようにおっしゃるのですか」と尋ねたところ、「王という字が無いからです」と言うので、拙僧が申したのは「それはちょっと難しいですね。と言いますのも、国師〔以心崇伝〕へこの王の字を書いていただけませんか」と申し上げましたところ、「ならぬ」との仰せだったからです。「それでは国主と書いてはいただけませんか」と申し上げましたが、やはりそれもできないとのことでした。ですから「〔いまの返書のままで〕我慢して請け取ってください」と話しました。すると、〔柳川調興の従者である〕松尾七右衛門が、「御返翰を書き改めることは先例がありますから、長老〔玄方〕もその先例にしたがって書きなおされたら良いでしょう」と言い、また〔七右衛門が返書に〕「柳川調興という字も書き入れたい」と言うので、拙僧〔玄方〕は「王の字をどうしても書き入れねばならないのであれば、一字こそげて〔削って〕でも書き入れたらどうですか。御返翰を最初から最後まで書きなおすといったことは私にはできません」とはっきりと申しました。〔中略〕書きなおしたのは、朴同知・七右衛門・伝蔵主の三人で談合をして、きっと彼らが行ったことだろうと思われます」と〔玄方が〕話した。

ところで、寛永元年朝鮮信使姜弘重の随行録『東槎録』には、「王」字のない返書を「玄方・義成・調興等処」へ渡して書き改めさせた記事がある（一二月二三日条）。『東槎録』翌二四日条には「王」字が記入され改訂された返書が全文掲載されるから、前記の三者が国書改竄に参与したことが推測される。幕府儒者林春斎《はやししゅんさい》による聞き書きによれば、「方長老〔規伯玄方〕ハ、松尾が申すにより「主」の字を削りたる罪があり、そのうえ藩主のそば近くに仕える身で何年にもわたって私曲のことをよく知りながら、江戸へ下向する際に老中に対してそうした不正行為を届け出なかったことが不届きであるとして、南部藩へ流罪となった」という。玄方自身が改竄を行っていたか否かははっきりとしないが、少なくとも「国書改竄の事実を知っていながら、幕府に何の報告もしなかった」というのが処罰された理由だというのである。

外交文書作成者の不在

柳川一件の裁許結果は寛永一二年（一六三五）三月一二日にまず口頭で伝えられた。藩主宗義成については不問に付し、対馬およびそのほかの領知は以前どおりであること、今年・来年中に朝鮮通信使来聘を差配すること、というものであった。義成を訴えた柳川調興は津軽へ流罪とされる一方で、義成に近侍した規伯玄方もまた南部へ流罪となった。

こうして以酊庵方長老が流罪とされたため、こののちの対馬藩には真文（漢文）で外交文書を取り扱える者がほぼ存在しなくなった。そうしたなかでも早々に朝鮮通信使来聘を進める必要があったから、宗義成は四月一一日、老中酒井讃岐守に対し、朝鮮あて外交文書が作成できる人材を保証するよう申し入れた。

この動きと同時並行して、対馬藩は朝鮮から馬芸（馬上才）の者を伴った訳官使派遣を求めており、馬芸者二名を含む総勢二一名の訳官使一行が江戸に到着したのが同年三月晦日であった。今次の訳官使は馬上才を見たいとする将軍家光の所望によって急遽派遣が求められたものであった。宗義成・柳川調興両者の対立が決定的となったなかで、将軍からのそうした急な要請を満たせるか否か、宗義成にそうした外交手腕が備わっているかが試された使節派遣であった。四月二〇日、将軍臨席のもと江戸城内で曲馬が実施され、五月七日、訳官使一行は江戸を出立して帰国の途についた。

曲馬上覧を終えた四月二二日と二六日、宗義成は老中土井利勝らに対し、訳官使帰国にともなって必要な外交文書を作成できる人材の指定を求めた。それがなかなか決まらないなか、五月七日には訳官使一行が江戸を出立した。同一二日、義成は、「返書は、どれほど遅くとも訳官使が対馬滞在中には渡さねばならない」から、江戸で京都五山を統括する金地院玄良にでも草案作成をするよう老中から依頼をしてほしいと懇願した。それで五月一三日、金地院玄良がその担当に当たることになったかにみえたが、翌々日（一五日）に玄良は「今回引き受けることで、国書のことまで任されるようになっては考えものなので、この際お断りする」として辞退した。

同じ一五日、南部へ流罪となった規伯玄方の弟子僧であった徐蔵司にその文書作成を任せてみることになった。一七日と一八日には老中、金地院、林道春（羅山）・永喜による草案の検討も同時に進められた。一七日には年号の表記、一八日には将軍の表記にかかわって議論がなされた。そこでは「殿下」「東都」ではなく、かつ「王」字を用いない何か相応しい称号が模索された。一方、徐蔵司作成になる真文草案は和文草案の主意を損なう不出来だと酷評され、金地院と道春・永喜によって「草案の大半を書きなおした」が、ここでは「大君」号はまだ現れない。

さて、四月一一日以来、宗義成は老中に対して対朝鮮文書作成ができる人物の指定を求め続けていた。また同二二日以後は同様にして、訳官使に持たせる返書の起草者を指定するよう求め続けた。これらに対する老中側の基本姿勢は、「対馬藩側で選べばよい」（四月一八日）とか「対馬藩側で下書きを作成せよ」（四月二六日）というものであった。ところが五月一五日に実際に訳官使返書を徐蔵司に委ねてみると、その大半を書きなおさねばならないような代物であった。このときの経験が、七月一三日の金地院に対する老中たちの指示、すなわち真文草案をきちんと作成できる者は老中側で指定しなければならないという態度へとつながった。

「大君」号の創出

外交文書における将軍の称号は、五月一八日の段階では成案が得られていなかった。その後、八月二〇日に宗義成が江戸を出立するまでに江戸で検討された二つの書面（柳川一件の裁許結果を伝える書面、朝鮮通信使派遣を要請する書面）の草案検討過程で、和文草案に「大君」号が登場した。「大君」号の案出は、おそらくは七月二三日から八月一六日までの間のことである。

通説では、「大君」号の創出に日本中心主義的志向性を読み取り、朝鮮より上位に立つ意識を「大君」号に読み込んできた。しかしながら、柳川一件ののち朝鮮あてに作成された外交文書の作成過程を眺めなおしてみると、朝鮮とのあいだでは対等外交の意識が濃厚である。ここでは一例だけ挙げておきたい。五月二三日、将軍家光の後見人として重んじられた井伊掃部頭直孝は「外交文書では対等であるのが当然です（中略）外国との交際にあたっては、その者の官職・位階の高下に関係なく互いに対等の礼に立つのが良いと思います」と述べる。日本と朝鮮の執権間は対等だとする考え方は、当然に朝鮮国王と徳川将軍の対等を導くこととなる。

とすれば、なぜこの時期にわざわざ将軍の対外的な呼称を新たに創出せねばならなかったか。柳川一件の審理中に以下のような問答のあったことが記録されている。

さて長老〔規伯玄方〕がおっしゃるには、「日本では朝鮮を御旗本の様にお考えでしょうが、朝鮮ではただ隣国の友好国のように考えております。それで、呉允謙が正使を務めた朝鮮通信使のときに「国王」と書いていない御返翰を持ち帰り、そのために三使ともども流罪に処せられましたので、その後は今回のように返書中の「王」字の有無について取り立てて気にするようになったのではないか」とのことでした。その話を聞いた列席の老中たちは「さてさて、そのときの三使は流罪に処せられたのですか。たしかにそのときの三使が流罪に処せられたことを聞き及んではいましたが、本当にそうだったのですね」とおっしゃった。

柳川一件を惹起した国書改竄が将軍国書の差出者名「日本国源某」の「日本国」と「源某」のあいだに「王」字を挿入する行為に端的に表され、そのことと「王」字を欠如させた国書を持ち帰った国使たちの流罪に直結することを、老中たちは噂としては聞いていた。しかし、それが確かな事実だったことを、老中たちは玄方の証言で初めて身近に知ることとなった。

将軍には「国王」を自称せずに「日本国源某」と書き続けたいこだわりがあった。一方で「王」「国王」に拘泥する限りは朝鮮との関係で必ず問題を惹起し、幕府側のこだわりを押し通すことは国書改竄を導くか、さもなくば必然的に朝鮮国使を悲劇の淵に追いやることとなる。

朝鮮国使の悲劇が事実だったと確信したのちに、それを回避してやりつつ国書改竄を防止しようとすれば、それは「国王」号にこだわらない新たな称号の創出こそが賢明であった。

　将軍の対外称号が「大君」となれば、「日本国源某」の「日本国」と「源某」のあいだに「王」字を挿入したところで無意味だから、そうした類の改竄行為はありえなくなる。そしてまた朝鮮使節の側からすれば、「日本国源某」と書かれた国書を持ち帰ったところで処罰されることがない。これこそが「大君」号創出の最大の要因だったのではないか。朝鮮より上位に立つ意識を表明するために新たに「大君」号を設定して朝鮮側国書にもその称号を書かせるとする既存の理解は、史料解釈としては素直さを欠いている。

天皇・朝廷を排除した外交

　本章の最後に、江戸時代における朝鮮通信使来聘が武家の外交行事であり、天皇や公家・朝廷はそこから排除されていたことを述べておきたい。

　朝鮮使節入京時の宿所が大徳寺であったのは豊臣秀吉のときから続く慣行であった。天正一八年（一五九〇）、豊臣秀吉のもとへ派遣された朝鮮使節は大坂から船で遡上したのち淀で上陸した。音楽を奏でながら入京する朝鮮使節を追いかける公家の姿が様々に記録される（「言経卿記」四、「晴豊記」、「義久公御譜中」『旧記雑録後編』二、六七七）が、このとき京都での宿所が大徳寺であった。一〇月、朝鮮使節を召し連れて参内したいとする秀吉に対し、勧修寺《かじゅうじ》晴豊《はれとよ》は「朝鮮人の参内などあり得ない（かうらいの物なとハ内参有間敷之由）」と断りを入れた（「晴豊記」）。その後も、参内の申し入れがなされたが、やはり晴豊は断っている（一〇月二五日条）。結局、一一月七日、秀吉は聚楽第で朝鮮使節を引見し、その場へ公家たちを招いた（「晴豊記」一一月五日条）。

江戸幕府樹立ののち慶長一二年（一六〇七）、元和三年（一六一七）、寛永元年（一六二四）いずれの朝鮮使節も宿所は大徳寺であった。天正一九年のときのようには史料が残されていないが、それでも使節一行の入京時に「貴賤群衆」したことは公家たちの記録に留められている（「言経卿記」十四、「慶長日件録」二「舜旧記」三・六、「泰重卿記」一）。

ところで、先の天正一九年の例では、朝鮮人を内裏に入れないのが朝廷での原則だったようにみえるが、慶長から元和にかけて、「紫宸殿」「禁中仮御殿」「御元服ノ間ノ北ノ庭」といった宮中で、高麗人の舞や芸能が披露され、多くの公家が参集し、天皇も臨席したことが記録される。細かな事情までは明らかではないが、朝廷や公家たちが異国人・異国の舞を宮中で行ったり朝鮮人を間近に眺めることに何らかの意味を見出していたことは確かである。

ところで、朝鮮使節一行が大徳寺に宿泊することは、上陸した淀から宿舎へと至る道すがら朝鮮使節一行が禁裏近くを通ることとなり、朝廷と朝鮮人との接触の機会を増やすこととともなった。宗義成によれば、入京時に朝鮮通信使と接触を試みた天皇は、対馬藩主に勅命をもってそうした機会の設定を依頼してきたといい、義成はそうした依頼への対処について幕閣に伺いを立てている。そして宿所が本圀寺へと変更されたのは、そうした伺いへの幕閣からの返答であった。

したがって、「大君」号設定ののち最初の朝鮮通信使のときから京都での宿所が大徳寺から本圀寺に変更されたことは、朝鮮通信使との接触を求める朝廷側の意図を挫くものとなった。禁裏は淀と本圀寺を結ぶ線上からは外れるからである。こうした経路変更は、朝鮮通信使と朝廷との接触を断ち切り、武家の主催する外交行事と朝廷との接触を断ち、とりわけ「勅命」によってそうした接触を実現する道を断つ、それらを通じて、朝鮮通信使来聘が武家の外交行事であることを明確にしたものであった。「大君の外交」とは、そうした性格を帯びたものである。

第二章　「武威」の国

「武威」という民族的特徴

見知らぬ台湾の大学生から電子メールを受け取った。日本の大学院へ進学して豊臣秀吉の研究をしたいから、受け入れ教員になって欲しいという。秀吉の大陸侵略構想を分析すれば近代日本の軍国主義が分かるはずだというのである。三〇〇年を隔てた二つの世紀末をいきなり繋ごうとする性急さに思わずたじろいだが、学生は至ってまじめである。あるいは韓国では、反日的な民族感情の根っこが、二〇世紀の植民地支配とともに秀吉の朝鮮侵略にもあると考えられている。それは感覚的な領域だけでなく、学問的にもそのように取り扱われてきた。アジアからの視線では、日本の軍国主義は秀吉から近代までまっすぐに連なっている。

一方、近世成立期日本における国際認識の特徴を「武威」を中核とする「日本型華夷意識」から説明した朝尾直弘は、のちに、一七世紀半ば以後「武威」の儀礼化が進んだと述べた。朝尾はここで「儀礼化されていた武威」を「凍結されていた武威」とも表現し、一八七〇年代に天皇制国家のもとで「完全に解凍された」とする。これは、近代日本の軍国主義を中世末以来の「日本型華夷意識」から展望する試みであるが、この視線は右に述べたアジアからのそれと重なっている。

ところで、桜井義之によれば幕末・維新期に朝鮮を主題として描かれた錦絵は一〇八種を得ることができ、江華島事件や壬午事変など同時代の事件を描いたものを除くと、主題は神功皇后三韓征伐と文禄慶長役の二つに絞られる。神功皇后三韓征伐は、史実か否かはともかくも、その物語に対外的軍事行動への志向性を読み込むことは可能だろう。とすれば、近世民衆に中世的神功皇后伝説が浸透しているとする研究動向は、近代日本の軍国主義を前近代からの連続性の上に展望することと同一線上にある。

　たしかに近世日本人が自らを「武」で特徴づけることは、同時代人のなすところでもあった。たとえば雨森芳洲《あめのもりほうしゅう》は、「日本人ハ武ヲ以利トス。朝鮮人ハ文ヲ以利トス。眼前ノ利ハ武ニアリ、他日ノ利ハ文ニアリ。史官ノ記述万世ノ亀鏡文ニアラサレハ伝ハラズ、然レハ其智ノ浅深遠近可知之也」（「交隣大昕録」、『続芳洲外交関係資料集』所収）のように言う。ただしここでは「武」が必ずしも肯定的にのみ捉えられているわけではない。また「武」や「武威」は生の軍事力（またはその行使）を直接的に意味するばかりではない。

　本章では、近世日本人が自認しまた対外的にも指摘を受けた「武」「武威」という民族的特徴を鍵として、朝鮮との関わりを主たる対象としなが

神功皇后三韓征伐図（歌川国芳、立命館大学ARC所蔵）

ら、近世日本の自他認識の問題に言及してみたい。

『交隣提醒』から

享保一三年（一七二八）一二月二〇日付で書かれた雨森東五郎（芳洲）『交隣提醒』は、既によく知られた著述であり、日朝間の諸折衝に際して心がけるべき点を細々と具体的に指摘したものである。わきまえておくべき事柄を具体的に記し置かねばならなかった背景には、当然のことながら戒めるべき逸脱行為が横行していたであろうことも推測できる。ここでは全五四項にわたる著述のうち数項をとりあげながら、対馬藩士・藩領民の朝鮮に対する態度を見てみたい。

たとえば第一四項では、日本と朝鮮とでは常識（嗜好・風義）が異なるのだから、日本の常識で朝鮮人の行動を判断・評価しては誤りを犯すと指摘する。類似の論調は他項にも頻出する（第一三・二三・二七・二八項など）から、文化の多様性に配慮することが必ずしも容易くなかったことがうかがえる。また、第一四項では、朝鮮人をうそつき扱いする風潮に対し、「国を挙げて皆うそつきのはずがあろうか」と述べて、「うそをつく」行為が通訳という職務に付随して生じるものであることを述べる。一般的な対外認識が先に成立するのではなく、個別具体的な事例を介して生じた印象が一般性を獲得する過程を「うそつき」に即して具体的に述べ、対外認識における偏りを戒めている。

また、第二七項に「武威」が、第三二項には「余威」という語句が現れる。

第二七項では、朝鮮通信使が江戸・大坂間を往復する際に京都方広寺で大仏参詣をたびたび行ったことが取り上げられる。それは、大仏とともに近在の耳塚を見せることで「日本の武威」を示そうと思って大仏参詣を行わせたのだろうと芳洲は推測する。耳塚は鼻塚とも言われ、秀吉の朝鮮侵略に際して朝鮮から送り届けられた朝鮮人の鼻を埋めて供養した塚という。それは国内の戦闘であれば戦功を示す首級のかわりに、敵将の鼻をそぎ取って樽に塩詰めにして何千という数量で送られたものであった。そうした塚を見せて示される「武威」とは、かつての戦争における日本兵の勇猛果敢ぶり、ということにでもなろうか。芳洲が「武威」そのものをいかに評価しているかまでは不明だが、耳塚を見せたところで日本人の犯した旧悪を再確認させることになるばかりで逆効果にしかならない、というのが芳洲の見解である。

第三二項では、「古館のころまでは、朝鮮乱後の余威があったので、朝鮮人を無理やり押さえつけて、（中略）成がたきことも成るようにしてきた」が「新館のころには余威もだんだん薄くなって、力ずくで対馬藩側の意向を朝鮮側に押し通すことが難しくなりつつあったのに、それに気づかないまま」以前と同様のやり方を踏襲していたものだから、元禄竹島一件などは七年かかっても成果が上がらなかったと述べる。ここでいう「古館」「新館」は、いずれも朝鮮半島東南端・釜山浦に置かれた対馬藩の出先機関＝倭館のことである。古館は豆毛浦《トウムポ》倭館とも称され、慶長一四年（一六〇九）に設置されたが、寛文七年（一六六七）以来数度の火災に見舞われ、同一一年（一六七一）一一月には「家屋一宇も残らず焼失」したという。そのため豆毛浦の南に新館建設が延宝三年（一六七五）三月から始められ、同六年四月に完成した。これは草梁倭館とも呼ばれる。「新館のころ」とはすなわち一六七〇年代、そのころを境にして「余威」が通用しなくなり、近年ではそうした力ずくでの交渉がなくなったことを芳洲は評価する。

元禄竹島一件

寛永二年（一六二五）から元禄四年（一六九一）に至るまで、鳥取藩領民が毎年一回竹島（鬱陵島）へ出漁した。江戸時代、日本で竹島（磯竹島）と呼んだのは鬱陵島のことである。当時朝鮮王朝は朝鮮人の鬱陵島渡海を厳禁し、この島を空島とする政策をとっていたこともあって、鳥取藩領民はこの海域における利権を排他的に独占することとなり、アワビやアシカ油を主たる収獲物としていた。ところが、元禄五年と同六年、鳥取藩領民が竹島（鬱陵島）で朝鮮人漁民と競合する事件が連続した。漁にならなかった鳥取藩領民は、鳥取藩を介して江戸幕府に利権確保を求めた。幕府は対馬藩に対して、朝鮮人の竹島出漁禁止を求めるよう朝鮮政府との交渉を命じ、元禄六年一一月以後、倭館で日朝交渉が始まった（第三章参照）。

幕命を受けた直後の対馬藩では、竹島が朝鮮領の鬱陵島と同じ島ではないかとの懸念が払拭しきれなかったものの、幕府への確認を怠ったまま「朝鮮人の竹島出漁禁止を求める」交渉に突入した。ときの朝鮮政府は穏便な交渉を志向したため、「弊境の鬱陵島」ですら朝鮮人の出漁を禁止しているから「貴界竹島」へは行かせない、とする妥協策を提示した。これに対して対馬藩側は「弊境の鬱陵島」なる文言の削除を求めた上で、朝鮮側提示の妥協策を受け入れる姿勢を示した。

こうした対馬藩側要求に接した朝鮮政府は、鬱陵島奪取の危険性を感じて態度を硬化させた。元禄七年九月、朝鮮政府は最終決定として、竹島と鬱陵島は同一の島で朝鮮領であることを主張し、この島への日本人渡航禁止をも求めた。対馬藩側を代表した家老多田与左衛門は翌年五月まで倭館に居座り続けたが埒はあかなかった。この間、対馬藩のなかには鬱陵島も日本領だと強弁する者も現れ、双方の言い分は平行線をたどり、交渉は行き詰まった。事態を打開できないまま帰国するに際し、多田は回答期限を三〇日限りに切った詰問状を朝鮮側にたたきつけたから、しばし朝鮮国内では壬辰倭乱（秀吉の朝鮮侵略）の再来あるかと恐れられたという。

右に見たあくまで対馬藩側の主張を押し通そうとする態度が、芳洲のいう力ずくでの交渉であった。膠着状態に陥った対馬藩は、元禄八年一〇月から年末にかけて幕閣と協議を重ねた。翌九年正月二八日、当初の交渉方針とは反対に、日本人の竹島渡海を禁止することが幕府より命じられた。こうした結論になったことについて老中阿部正武は「御威光あるいは武威をもって相手を言い負かせたところで、筋もなきことを申し募ることは不要である」と言い添えた。

ここで阿部のいう「武威」は「力ずく」というのに近い。

崔天宗殺害事件

宝暦一四年（一七六四）四月、徳川家治の一〇代将軍襲職を祝う朝鮮通信使が江戸城での儀礼を終え、帰国途中の大坂で崔天宗《さいてんそう》殺害事件が発生した。対馬藩朝鮮語通詞鈴木伝蔵が、四月七日早朝に通信使宿舎に侵入し、通信使中官崔天宗を槍の穂先で刺し殺し、逃走したのである。伝蔵は一二日間の逃避行の末、摂津小浜村で捕縛されて五月二日に処刑された（第八章参照）。

鈴木伝蔵が犯行に及んだ理由は、彼自身の手になる口上書によれば次の如くである。前日の夕刻、朝鮮官人の鏡が紛失した事件をめぐり、鈴木伝蔵と崔天宗が口論になった。崔天宗は日本人が盗んだと言い、鈴木伝蔵はそれを言いがかりとし、むしろ朝鮮人の方が通信使行の途中各地で盗みを繰り返していると反論した。怒った崔天宗は、衆人環視のなか、もっていた杖で伝蔵をさんざんに打擲した。他人から打擲されることは恥辱であった。朝鮮人から辱めを受けたら相手を殺した上で立ち退くべきとする対馬藩の掟にしたがって、伝蔵は崔天宗殺害を決意し、実行に移したというのである。

対馬藩国元に事件の発生が正式に伝わったのは、伝蔵処刑後の五月三日であった。処刑の報が未だ伝わらない同二〇日、前藩主宗義蕃《そうよしあり》は、非は一方的に朝鮮側にあることを主張した。曰く、朝鮮では、打擲することも当然視し、打擲されることを恥辱とも思わない下賤な風習がある。しかし、日本では、踏み蹴られたり、唾を吐きかけられたり、打擲されたりすることは恥辱であり、こうした行為は決して容赦しないことを予め朝鮮通信使側に伝えている。にもかかわらず崔天宗が伝蔵を打擲したところから殺人事件に発展したのだから、まずもって崔天宗こそが国禁を犯した罪人である、と。

ここでは、事件が風俗習慣の違いから生じた異文化衝突として捉えられているものの、芳洲が、相互に違いを認識することから始めて、相手の行動様式に対して想像力を働かせて軋轢が生じるのを回避させようとするのとは少々異なっている。前藩主は、異なる習慣に対し、いきなり「下賤な風習」と決めつけてしまっているからである。

ところで幕府は、四月一八日に捕縛した伝蔵を半月のちには処刑した。迅速な処刑も、刑場に通信使側からの立会人を認めたことも、幕府がこの事件が日朝関係に与える負の影響を最小限に食い止めようとする配慮の表れであった。処刑が済むまで帰国を見合わせていた通信使一行は、五月八日に大坂を発って帰国の途についた。

通信使帰国後にも事件の審理は継続され、その結果について幕府は朝鮮側へ子細に伝えようともした。これに対して宗義蕃は異を唱え、八月には老中に対して意見書を提出した。これらの発言や文章のなかで、「武威」がたびたび使用されている。

たとえば対馬藩士を前にした前藩主は、朝鮮人には「日本の御威光」「武威」により力ずくまたは義をもって厳しく対応することが肝要だとし、「父学之寛仁温和」なやり方に固執していたら、今後日朝関係にどのような問題が生じるか予測もつかないという物言いをする。また、これまで「日本の武威」によって朝鮮を押さえてきたのに、弱みを見せたら「武威」も衰えたとして侮られてしまう。そうなれば対馬藩の朝鮮押さえも行き届かなくなるから、審理結果をいちいち伝えるなどといった丁寧すぎることをしてはならない、と幕府方針に反対するのである。

「余威」も衰えているとされた一六七〇年代から更に一〇〇年ほども経った時期にあっては、現実には力ずくで意思を通すことはできなくなっていた。さればこそ、通信使随行員と対馬藩朝鮮語通詞とのあいだでもトラブルを未然に防ぐことができなかった。そうしたなか強調される「武威」であれば、それは現実の力というよりは力ずくでの解決に対する憧憬の念に近いものといえる。

鳥取藩領に漂着した朝鮮人

文政二年（一八一九）年正月、伯耆国八橋に一二人乗りの朝鮮船が漂着した。この一二人の姿は、鳥取藩絵師小田蛙村によって描かれて今に伝わる（八頁の図版参照）。当時の朝鮮人民衆の服装・髪型を丁寧に写すだけでなく、焼けた肌の色や目元に刻まれた皺などから、人々の生きた鼓動が伝わってくるような雰囲気をもつ絵である。

この一二人の朝鮮人が鳥取城下に到着した際に、通り筋が綺麗に飾り立てられていたことは、いくつかの史料に記されている。それはたとえば、柱を毛氈で巻いて飾り、金屏風・銀屏風そのほか珍器相応の飾物等を通路沿いの見えるところに並べたりするといった飾りようであり、城下を区切る千代川のほとりから城下中心部まで、朝鮮人の通る表通りは軒並みそのようであった。朝鮮人を一目見ようと見物人も多く集まったが、見物人もまた道筋の飾りように驚嘆した。不意に訪れた異国からの来客を、通り筋を飾ることでもてなそうとする心遣いと、素朴な好奇心とがうかがえる。

ところで、漂着地から鳥取城下へ移送される途中にあたる青谷町にも見物人が参集した。見物人たちの印象は芳しくない。朝鮮人たちの服装や履き物が薄黒く汚れ、しかも風呂も行水もしないため、たいへん不浄だと言う者もあった。そのうえ二尺ほどあるかと思われる長煙管でひっきりなしに煙を吐き続ける「けしからぬ煙草好き」と見えた。食事どきの作法も、見ていて違和感を覚えた。

たとえば朝鮮人は椀を手に取らない。平鉢に盛ったおかずを素手でつかんでみたり、主食だけを先に平らげてから、最後に汁をがぶ呑みするような行儀の悪さが気になった。「日本人のように「つぐまる」ということは一向致さぬことと相見え候」とも指摘されるが、ここにいう「つぐまる」は、山陰方言で「うずくまる」の意ととれないこともない。しかし食事の行儀作法に関わる文脈で使われているところからすれば、「口をつぐむ」意とする方が良いだろう。

日本人が途中で箸を休めながら行儀良く食事を進めるのとは異なって、朝鮮人はのべつ幕なしに食べ続ける。こうした作法の違いに違和感を覚えるというのである。身の回りの些事をとりあげて、見物人たちのあいだでは、朝鮮人についての、あまり良からぬ評判があれこれと立った。

外見から受ける印象は、それが表面的で些細なものであれ、意味は小さくない。右に見た鳥取藩領内を行く漂着朝鮮人をみた人々の感想とよく似たものが、大坂を行く朝鮮通信使一行に対して向けられたことがあった。宝暦一四年（一七六四）正月、当時鴻池家に仕えていた草間直方は、奥方の供をして高麗橋筋へ出かけたところで朝鮮通信使の行列と行き会った。直方が行列を見ての最初の感想は、聞いていたほどには立派なものではなかった、というものである。とくに下官クラスの者は「大いに汚く」、「なにぶん旅中ゆえか、ことのほか「むさきもの」（むさ苦しい）に御座候」とか「みな髭なともあり、みとむなき（みっともない）ものに御座候」という。朝鮮通信使の下官たちは袖口から糠でこねたような粗末な菓子を見物している若い女性に向かって投げつけたというが、その粗野な行動をあまり快くは感じていない。ところが同じ朝鮮通信使が帰国する途中、京都でこれを見た直方は「当春正月大坂で見物したときとは大いに違い、皆衣服をさっぱりと着替えていて、少しも見苦しいことはない」と述べる。見た目の違いが、与える印象に影響を与えている。もっとも、薄汚れたとする印象も「なにぶん旅中ゆえか」と推測されたから、こうした印象も固定的でなかった。

文政二年に鳥取城下を目指す朝鮮人漂流民たちについてあれこれの悪い評判が立てられたのに対して、青谷町商家石井家の当主は少し違った見方をする。風呂・行水は風俗習慣の違いであって格別に日本人と違うわけではないとか、色黒くなった服装・履き物も、漂流で日数が経ったからそうなったのであって、日本の船乗りに比べれば拵えが少々良い方ではないかなどと指摘する。日朝間における風俗習慣の違いを指摘したり、汚れにもかかわらず衣服の拵えの善し悪しを論じたりするところには、むしろ先入観のない客観的な現状認識に努める態度が示されている。

利七と音吉

水主《かこ》として摂津船栄力丸に乗船した伯耆国河村郡長瀬村出身の利七（与太郎・文太）は、嘉永三年（一八五〇）一〇月末、江戸から上方へ向かう浦賀沖で漂流し太平洋上をさまよった。米国商船に救助されて、サンフランシスコ・香港・乍浦を経て長崎に帰着するのが嘉永七年（一八五四）七月のことであった。利七の漂流談からうかがえるのは、彼が、髪型・服装・言葉や食事作法から異国と日本の違いを意識したことである。その際基準となる「日本体」とは、それぞれの郷土における日常の髪型・服装・言葉や食事作法のことであり、自らが身につけ親しんだ風俗習慣である。そして彼が「日本」なる語を書き記すのは、米国商船に救助されたときを初見とし、乍浦滞在中の用例が最後となる。乍浦を出て日本へ向かい、日本の山なみを遠望したときにはもう「日本」を使うことはなかった。

利七よりも早く天保三年（一八三二）、太平洋を漂流してアメリカに至ったのが尾張船宝順丸で漂流した音吉である。彼はモリソン号に乗って帰国の途につくも、打ち払われて望みを達し得ず（天保八年）、ついに日本に帰ることはなかった。上海で妻を娶り、通訳を業とし、日本人漂流民たちの帰国を援助するために働いた。嘉永六年（一八五三）、利七は上海で音吉と出会った。

その上海で、利七は音吉にペリー艦隊の浦賀行について話を聞いた。


乙吉胸を打て歎息していへるは、その儀ハ誠に何とも申方なき次第也。かの亜墨利加船は船十三艘を呼ひ集メぬれとも一向に集らす。されども一度日本へ行くに決し、諸方へ触出したれは、船の多少を論するいとまあらす。そのうえ此度《このたび》日本へ渡る儀に付ては、諸国の人もひそかにあさけり、此度の渡海、武勇無双の日本を的として其地へ踏込む事なれは、所詮その利を得る事思ひもよらす。（中略）身は日本海の水屑と成とも、行かてハ叶ハぬ義理と成たれは、竟《つい》に思ひを決し昨年四月日本へ進発し、同六月浦賀へ着岸せし迄ハ、御承知の事なるか、扨《さて》おもひもよらぬ事にて、打払等の気色は一向無之、これによりその虚を付け込ミ、既に浦賀内海迄乗入り、傍若無人の振廻致せしかども、強て拒ミ防かんものなく、竟に久里浜にて応接有之、（中略）おもふままに狼藉を行ひ、又来春早々返翰受取として参るへきよし申残し返りたるよし承れり、元来此度の儀は、右の通《とおり》ふかく日本の武威を恐れ居たる事ゆへ、近海におゐて唯一打に払給ハヽ、再ひ日本へ近寄る事ハあるましきに、かく穏便の御取計これある上は、いか成変とも成りゆき間敷《まじき》に限らす。此には定て御様子あるへけれとも、あつたら機会を失ひ給ひたり。

音吉は、ペリー艦隊浦賀来航に対する幕府の対応にひどく失望していた。彼は、ペリー艦隊の実力排除が客観的にも主観的にも可能だと信じていた。「武勇無双の日本」を相手にするのは無謀だと「諸国の人もひそかに嘲っていた」からでもある。他者から見れば日本は「武威」の国であった。ペリーたち自らも成果があるとは確信していなかったはずである。ところが現実には、幕府は、ペリー来航を阻止するどころか、上陸後の傍若無人な行為を黙過したうえ久里浜で応接までした。もともとペリー艦隊は「日本の武威」を恐れていたのだから、打ち払いさえすれば二度と日本に近寄ってくることもなかったのに、と口惜しいのである。

ここで「武威」という言葉を発したのは音吉である。利七はこれを記憶に留め、帰郷後、鳥取藩の儒者にこの言葉を伝え、漂流記に記録された。「武威」は自ら行使する実力のことでは勿論なく、この国はこうあって欲しいとする願望である。

神功皇后三韓征伐の物語

「近世における日本型華夷意識の中核をなしたのは「日本は神国」との意識であった」と朝尾直弘は指摘する。一五世紀後半の相国寺僧桃源瑞仙は、蒙古襲来について「日本は神国だから、夷狄は日本を征服できない」と捉えていた。武家外交を担った五山僧のこうした意識のありようを前提にして、豊臣政権期の「日本は神国」とする自己規定がなされていった。ともに日本中心の世界観を支える位置づけを与えられている「武威」と「日本は神国」をつなぐ場が織豊期にあるとすれば、豊臣秀吉の朝鮮侵略に際して神功皇后三韓征伐が想起された事実に行き当たらざるを得ない。吉川広家の従軍僧宿蘆俊岳が進軍の途上で神功皇后をたたえる詩文を遺したほか、朝鮮に侵略した武士のあいだに浸透した神功皇后伝説によって異国征服を是とする神国意識の内実が充塡されていった。また山鹿素行『武家事紀』が秀吉の朝鮮侵略と神功皇后三韓征伐を重ねあわせているところに、北島万次は近世朝鮮蔑視観の源流を見いだす。

ところで、宇喜多秀家の重臣戸川逵安《とがわみちやす》は、朝鮮侵略時にソウル郊外で「高麗王は日本国ノ犬也」と刻まれた岩を見たという。神功皇后が三韓征伐時に、弓の弭《はず》で「新羅国ノ大王ハ日本国ノ犬也」と書き付けたとされる伝説上の岩である。ここで、戸川逵安がくだんの岩をみた話は林羅山『梅村載筆』には現れるが、逵安の弟で備中庭瀬藩家老となった源兵衛がまとめた『戸川家譜』にはそうした記録が現れない。『梅村載筆』と『戸川家譜』との記載が違った理由を検討した倉地克直は、違いの生じた可能性をいくつか挙げたうえで、いずれの場合にせよ、神功皇后伝説は幕府中枢近くの知識人にとって重要だったが一般武士にとってはほとんど無用のものであった、と結論づけている。

日本中心の世界観を支える「武威」「日本は神国」が、豊臣秀吉の朝鮮侵略や神功皇后三韓征伐と連関をもっている。こうした神功皇后三韓征伐の「史実」は、どのように語り継がれただろうか。

村井章介によれば、神功皇后三韓征伐の伝説は、『古事記』『日本書紀』に記された内容が鎌倉時代末期の『八幡愚童訓』で大きな変化を被ることが指摘される。重要な変化は、なぜ三韓征伐を行ったかという動機説明のところにある。『書紀』では財宝への欲望とされていたものが、『八幡愚童訓』では仇討ちとされ、その前提として新羅の日本侵攻が創作される。また新羅を屈服させて馬飼としたとする話は、神功皇后が弓の弭で岩に「新羅国ノ大王ハ日本国ノ犬也」と書きつけた話に変化する。これらは蒙古襲来という対外的脅威およびその後の政治的危機を背景にした変化と見られ、そこに朝鮮に対する露骨な蔑視観の展開が読みとられてきた。

こうした朝鮮蔑視観が強められた伝説を「新神功皇后譚」または「中世的神功皇后伝説」として記紀神話のそれと区別し、これがその後における日本人の朝鮮認識形成に大きな影響力をもったと指摘される。影響力の及び方については、中世・近世を経て現代に至るまで一貫して新神功皇后譚の規定性を見る金光哲と、近世の知識人のあいだでは記紀への回帰が見られるとして歴史的変化への配慮をする塚本明など、論者間に差異がある。にもかかわらず、これまで絵馬・祇園祭（船鉾）・安産守等々に投じられた神功皇后の影を分析するに際しては、いささか直線的に朝鮮蔑視観（あるいは朝鮮侵略史観）に結びつけて論じる傾きがあった。

たとえばＲ・Ｗ・アンダーソンは、山口県と福岡県筑紫野市に分布する絵馬の主題はほとんどが神功皇后だと主張する。そして、絵馬の年代分布の特徴が、当該地域民衆の対外的志向性と絡めて理解される。絵馬が集中する一九世紀後半が国内的・対外的危機状況にあるとして、そこから翻って当時の地域住民に朝鮮侵略の志向が見いだせるという。分析にあたっては、絵馬に描かれた構図が大きく「神功皇后と武内宿禰」と「神功皇后の渡海」の二つに類別され、後者がより好戦的なモチーフだとする。好戦的な図柄が占める比率を、幕末維新期における征韓論政変にいたる長州・九州士族の動向をも重ね合わせて解釈するが、にわかには従いがたい。より広範囲に神功皇后関連絵馬を採集した金光哲の仕事を借りると、一八世紀末畿内にあらわれる「神功皇后の渡海」図の比率は決して低いものではない。この時期の畿内に征韓論の芽を見いだすのは困難である。とすれば、そもそも画

神功皇后絵馬（三十三間堂、国際日本文化研究センター所蔵）

題を好戦的か否かに分類する分析手法の当否が問われるように思う。

一方、金光哲の採集した絵馬の分布は時期的にも地域的にも広範囲に及ぶから、これをもって「新神功皇后譚」が広く深く浸透したことの表れと見なされる。しかし、金光哲が神功皇后絵馬と指摘したものの多くが各地ではそのようには受け継がれず、「八幡太郎義家図」や「巴御前」あるいは単に「武者絵」とされてきた。また、京都市中の絵馬を網羅して近世に出版された解説書には、神功皇后絵馬としては八坂神社「占出山」しか出てこない。絵馬をそのような画題で描くよう注文して奉納した側にあっては、その画題の何たるかは自明であったろうが、見る側にとっては必ずしもそうではなかった。しかも「占出山」は神功皇后鮎釣り説話（記紀神話）に基づくものであって、「新神功皇后譚」ではない。

近世都市民衆に浸透した神功皇后伝承について、塚本明が京都を対象に論じている。そこで挙げられた事例は多種多様で、教えられるところが多い。祇園祭の船鉾には神功皇后をはじめ数体の人形が飾られるが、そのうち本来は海神である安曇磯良は、一六世紀半ばから一七世紀冒頭までの時期に鬼へと転換する。ここに、豊臣秀吉の朝鮮侵略と神功皇后三韓征伐とが重ね合わされて、朝鮮人を「征伐」の対象としての鬼と表現するに至った民衆意識が読みとれるという。また、神功皇后の守札が祇園祭や桂女を介して安産守・疱瘡除けとして配られた。朝鮮人を鬼として形象した船鉾が巡行するなかで配られる安産守であるだけに、民衆の対外観に与える影響には深刻なものがあった。疱瘡が外来の（とりわけ朝鮮渡来の）病であるとする解釈の流布と併行した配札もまた同様であったろう。塚本はそこに負の作用をもった影響力を読みとっている。

一方、岡山藩領における神功皇后伝説の広がりについては倉地克直による検討がある。素材は「牛窓」という地名の伝承と牛窓・五香宮に伝わる神功皇后遺品（「御腹巻」）である。ここでは、神功皇后伝説の浸透にあたっては八幡神信仰だけでなく住吉信仰の広がりにも配慮する必要のあること、地名伝承の形成と伝播にあたっては林羅山の果たした役割の少なからぬことが指摘される。また牛窓・五香宮に伝わる神功皇后「御腹巻」が元文四年（一七三九）に開帳・勧化に付されたものの、評判は必ずしも芳しくなかったことが明らかにされる。開帳・勧化は岡山地域に神功皇后伝説を広める重要な機会ではあったが、しかし十分な浸透もしていなかったという。

また、安産守神としての神功皇后についても、岡山藩主からの安産祈願に際して五香宮の「御腹帯の切レ」が添えられた事例が紹介される。しかしながら天明四年（一七八四）を最後にこうした記録はなくなり、寛政期以後（概ね一七九〇年代）の岡山藩領域では、安産守も含め神功皇后の神宝に対する関心が薄れることが指摘される。

これら京都と岡山の事例を対比させるだけでも、「中世的神功皇后伝説」の無限定で広範な浸透を想定するのは難しい。あるいは、神功皇后守札に疱瘡除けとしての効能について記されるのは、医学書では一八世紀初め、触書の文面では一八世紀半ば以後のことである。しかも医学書の場合は否定的な文脈で語られている。また塚本によれば船鉾の鬼は一八世紀半ばには海神に回帰する。神功皇后腹帯譚も、近世中期の医者や産婆のあいだでは安産に対する効能の実否について意見が分かれていたという。神功皇后の名が人々のあいだに浸透する回路が広範に存在したことは明らかである。しかし様々な回路が一つの方向性を与えられる契機については明らかでない。

唐人と鮮人

近世史料上に現れる「唐人」なる語や画像史料の分析を通じて、近世日本民衆の対外認識の質的変化が追究されている。ロナルド・P・トビによれば、実際に「唐人」がそのような格好をしているか否かにかかわらず、フリルのついた服装を身に纏うか、髭を生やした面貌であること、あるいはその両方の特徴（「唐人」コード）を備えておれば、それが「唐人」として了解されたという。「唐人」コードによって描かれた唐人は、「無髭・月代《さかやき》という、毛髪の少ない自己民族像」の反転像であった。現実に「唐人」を目にしたことのない人々も、自己の反転像としてのコード画を通じて「唐人」を認識した。

近世の様々な絵図に描かれた「唐人」姿を分析した倉地克直は、洛中洛外図屛風の場合、南蛮人と朝鮮人の微妙な描き分けのあることを指摘しつつも、概ねそれらが方広寺大仏殿・二条城・内裏と関わらせて配置されることを述べる。実際にその地点に朝鮮人が立った歴史の有無にかかわらず、政治権力者の権威を飾る役割を果たしたことが特徴だとする。

唐人行列は各地の都市祭礼に見いだせる。権力者主催の祭礼（東照宮祭礼）には唐人行列がつきものだったが、岡山藩領の場合、東照宮祭礼から唐人姿が消えたのち、民衆主催の祭礼（菖蒲祭）に唐人踊りが盛り込まれた。祭礼図に描かれた唐人姿について、倉地は祭礼行列に参加した日本人民衆の、実際の仮装そのままを模写したものと理解する。そして無国籍状態が示される仮装について、民衆の側には特定の異国風俗を厳密に写し取ろうとする欲求は無く、仮装することで非日常性のなかに埋没できれば事足りたことの表れと見た。名古屋東照宮の祭礼時に茶屋町が出した唐人行列は、宝永元年（一七〇四）に始まったが、朝鮮通信使を間近に見たはずの名古屋民衆の仮装もまた無国籍なものであった。倉地は「（実際の朝鮮人の姿を）忠実に再現する気はあまりないよう」だとする。祭礼の非日常性に着目すると、そこに、厳密に対外認識の質を測りうる要素は見いだしにくい。

一方、史料上あらわれる「唐人」の用例から、トビは、おおよそ一六世紀後半から一七世紀はじめの時期においてのみ朝鮮人は他者と区別されていたが、それ以外の時期には中国人・朝鮮人・西洋人のいずれも「唐人」のなかに括られていた、とする。ここで朝鮮人が朝鮮人として認識されていた時期は、豊臣秀吉の朝鮮侵略と前後する時期である。とりわけ侵略時に被虜人として日本に強制連行された二万〜三万人の朝鮮人一世世代の存生中は、周囲の日本人に朝鮮人が朝鮮人として見えていた。

ほぼ同時期、秀吉の朝鮮侵略に従った僧天荊の従軍日記『西征日記』中に「鮮人」なる語が見え、金光哲はここに近代へと連なる朝鮮蔑視観を見いだす。しかし「鮮人」が蔑称として機能したのは植民地期以後のことであり、近世史料にまま見られる「鮮人」に蔑視意識を読みとるのは難しい。

あらゆる異国人が「唐人」という呼び名に括られた時期、それでも「唐人」なる語でまず第一に想起されたのは朝鮮人であった。四世鶴屋南北作「天竺徳兵衛《てんじくとくべえ》韓噺《いこくばなし》」（文化元年〈一八〇四〉初演）で「韓」に「いこく」とルビが振られる事実は、近世日本人にとって最も身近な異国・異国人が朝鮮・朝鮮人であったことを示している。

「朝鮮」なる冠詞

ところで、元禄三年（一六九〇）一二月、江戸・増上寺へ参詣に出かけた対馬藩士が途中で「朝鮮珊瑚珠」なる大看板をみつけた。売り主は玉屋藤七で、試みに購入すると似せ物の珊瑚珠であった。対馬藩江戸藩邸では、「朝鮮では珊瑚珠が採れないのに、似せ物に「朝鮮珊瑚珠」と名付けて商売するのはけしからん。「朝鮮」の字を外させるべきだ」として、玉屋へ掛け合うこととなった。これに対して玉屋は、「珍しい名をつけて売り出せば買い手も多くつくかと思って「朝鮮」の字を付けたまでであり、おっしゃることも尤もだから、直ちに外しましょう」と返答し、何らの騒ぎもなく事態は収拾された。

一方、加藤玄悦『我衣』によると、寛保年中（一七四〇年代）から似せ物の鼈甲細工が普及していく様子がうかがえる。「朝鮮鼈甲」はそうした似せ物のひとつであった。対馬藩が輸入した牛角爪が大坂に送られて鼈甲状に加工され、櫛簪の材料として利用された。文政七年（一八二四）の『江戸買物独案内』によると、江戸で四〇軒ある鼈甲細工店のうち二四軒で「朝鮮鼈甲」「朝鮮象牙」が扱われていたという。同様に、天保三年（一八三二）の『浪華買物独案内』によれば、大坂に一五軒あった鼈甲細工店のうち六軒で「朝鮮鼈甲」が扱われていた。「朝鮮鼈甲」は、本物の鼈甲が高価なのに対し、安価に入手できる代替品として民衆に知られ、普及した。

こうした事例からすると、現実生活のなかでは「朝鮮」に対してさしたる屈託がないともいえる。また漂着朝鮮人を目の当たりにした鳥取藩領石井家の当主が、日朝間における風俗習慣の違いを指摘したり、汚れにもかかわらず衣服の拵えの善し悪しを論じたりするところには、先入観のない客観的な現状認識の態度が示されている。

「武威」の担い手

一七世紀末、公家が幕府を蔑視していたことは、四代家綱の十七回忌法要に勅使を務めた野《のの》宮定基《みやさだもと》が、幕府を指して「凡そ夷狄礼儀を知らず」と述べたり、五代綱吉を「夷狄の酋長」と呼んだことからも分かる（『定基卿記』元禄九年〈一六九六〉二月一七日条）。ここには、日本における「中華」を自認しながらも現実の政治的経済的力量としては周縁化された公家の負け惜しみをないまぜにした矜持が示されている。

公武の力関係が変化してゆくなか、幕末期の公家史料に「武威」の用例が見いだせる。安政五年（一八五八）三月一二日、日米修好通商条約の調印問題を幕府の判断に委ねるとする勅裁案に反対する非蔵人三六人が、連名で関白九条尚忠《くじょうひさただ》に対して提出した嘆願書である（『大日本維新史料』三編の三）。そこでは、幕府の主張どおりに条約を認めて「恐れながら、皇国開闢已来の御武威がこれから衰えていったりしたら、いつかもし蕃夷が上陸して乱暴するような場合に皇国のために働く武士などもなくなってしまう（乍恐皇国開闢已来之御武威、今度委靡仕候得者、異日若蕃夷上陸乱暴仕候節、勤王事武士等も無之様成行）」から大問題である、と述べる。文脈からこの「武威」は天皇家の武威ではありえず、公家自身が武力を行使しないことは、同日付の有栖川宮熾仁《ありすがわのみやたるひと》親王建議書が元寇を例に「武夫ども戦争ニ心ヲ尽シ、（中略）神明ノ威風ヲもって西海ニ沈滅セシメ」たと述べるところからもうかがえる（『同前』同）。幕末期、「武威」は公家によって担ぎ出され、国家意識の主導権が公家の手ににぎられようとした。

一方、民衆の上昇志向が広範に認められる幕末期、民衆の言葉のなかで「武威」が使用された。漂流民が漂流体験のあいまに「日本（人）」であることを強く自覚させられた。それは第一に郷土における風俗習慣に根ざした意識ではあったが、「異国」と対峙するなかで意図せずに国家を背負い込む場面も多々あった。ペリー浦賀来航時の幕府に対する音吉の失意の大きさは、そうした国家を背負ってしまった意識のありようを示している。

それまで国家権力の中核を担ってきた武士にとって、「武威」とはより直接的に自覚的な意識のありようであり、しかし同時に行使することの困難さも感じていた。これに対し、それまで国家権力の中枢を担っていないか、または排除されてきた人々にとっては、「武威」とは国家の対外的危機に巻き込まれて他律的に自覚させられる意識のありようであった。この場合、具体的な実力行使の経験・歴史ももたなかっただけに、実力行使への願望は武士たちよりも肥大化し、現実離れの傾向を示すこととなった。凍結された「武威」が解凍されたところに問題が生じるのではなく、「武威」の担い手が変わってゆくところに問題が存するのである。

第三章　元禄竹島一件

竹島（鬱陵島）渡海の始まり

一五世紀以来の鬱陵島は朝鮮政府によって朝鮮人の渡航・居住が禁止されてもいたから、あたかも無人島のごとき様相を呈していた。その物産豊かな無人島を「発見」したのが、鳥取藩領米子町人大谷甚吉であった。島は江戸時代を通じて日本では竹島（磯竹島）と呼ばれ続けた。

大谷は同じく米子町人の村川市兵衛とともに竹島（鬱陵島）での収益をめざし、その排他的独占を目指して江戸幕府の免許を得た。その免許が発給されたのは寛永二年（一六二五）のことである。その免許の文面は以下のとおりである。

先年、伯耆国米子より竹島（鬱陵島）へ船で渡ったという。それを踏まえて今度また渡海したいと米子町人村川市兵衛・大屋甚吉が申し出てきたことについて、大御所と将軍の判断を仰いだところ、よろしいとの仰せであった。それで竹島（鬱陵島）への渡海を仰せつけることになった。

五月十六日

永井信濃守　尚政　判
井上主計頭　正就　判
土井大炊頭　利勝　判

松平新太郎殿　人々御中

酒井雅楽頭　忠世　判

東アジア海域図

さて、大谷・村川両家の由緒書にみえる免許発給の経緯は、概ね以下のように記される。元和三年（一六一七）、伯耆国米子に来ていた旗本阿倍四郎五郎正之に対して大谷が竹島渡海の許可を幕府から得たい旨を申し入れ、翌四年、大谷が江戸へ下向して、阿倍の仲介で幕府から免許を得るに至った、と。

たしかに阿倍四郎五郎は元和三年に米子に滞在した。元和三年三月、池田光政が鳥取城主となり、因幡国・伯耆国あわせて三二万石の大名となった。そのため、それまで因伯両国に散在した中小大名の城地は没収されるか転封させられた。それらの差配にあたったのが幕府から派遣された旗本阿倍四郎五郎であった。阿倍は、米子・鹿野両城の引き渡しを差配したのち、伏見に復命したという。元和三年七月～九月には、将軍秀忠および幕閣は伏見に在城していたからである。米子からの移動を考えると、八月中には伏見で幕閣に対する復命がなされただろうから、このとき竹島渡海の申請が幕閣に提起されたとの想定もありうる。

さて、阿倍が伏見に復命したであろうころ、江戸時代第二回めの朝鮮信使が伏見滞在中であり（元和三年八月二一日〜九月一〇日）、国書交換は伏見城でなされた。この朝鮮信使伏見滞在中に、老中土井利勝が対馬藩家老柳川調興に対して竹島（鬱陵島）をめぐる話題を投げかけたことが、朝鮮信使の一員である李景稷の使行録『扶桑録』一〇月五日条に記録されている。土井は、竹島渡海免許に署名した四人の老中の一人であり、秀忠付筆頭老中である。伏見在城中に土井が柳川に語りかけた内容は、かつて豊臣秀吉の時代に磯竹島（竹島＝鬱陵島）に入り込んだ日本人があり、その者は磯竹島で材木を伐採して帰り、秀吉から磯竹弥左衛門と名づけられた。しかしながら今は磯竹島へ往来する日本人も無くなった、というものである。そして、この対話が記録される少し前、一〇月一日条にある柳川と李景稷の対話にあっては、一六世紀末に断交状態に陥った日本と朝鮮との関係が徳川家康の平和を求める意向によって修正されたことと関連させて、磯竹島（竹島＝鬱陵島）が明らかに朝鮮領であることの確認がなされている。恐らくはその対話を踏まえて、柳川が伏見在城中の土井の話を一〇月五日になって李景稷に話題提供したものであろう。五日の対話では、磯竹島へ往来する日本人も無くなった状況を踏まえて、徳川家康が進んで朝鮮信使の来日を求めたことにも言及するからである。この二つの対話記録を通して、戦争による断交から平和と友好への転換と絡めて、磯竹島への日本人渡島断絶と朝鮮領としての確認が日朝間でなされていることが確認できる。

寛永一二年に発給された意味

ところで、慶長一九年（一六一四）、朝鮮王朝の東萊府使尹守謙・朴慶業と対馬藩とのあいだで、朝鮮領である磯竹島（鬱陵島）への日本人渡航・入島が事実上禁止であることが確認された。また、元和六年（一六二〇）、磯竹島（鬱陵島）に渡海・居住していた鷺坂弥左衛門父子が幕命にもとづいて派遣された対馬藩士によって捕縛され、伏見に送致されている。捕縛を幕命で行っている以上、幕府として、磯竹島（竹島＝鬱陵島）への日本人渡海が違法だと考えていたことは明らかである。さらに寛永一四年（一六三七）、村川船が竹島（鬱陵島）渡海後に朝鮮半島へ漂着した際に、釜山倭館に詰めていた対馬藩士は、日本人が竹島（鬱陵島）へ渡海することは「公義御法度」であると述べた。したがって、一七世紀初頭の江戸幕府・対馬藩はいずれも、竹島（鬱陵島）は日本人の渡航・居住が禁止された朝鮮領であると確認していたこととなる。

こうして、土井が磯竹島に日本人の入り込んでいることを元和三年には知っており、また同じ年に伏見で竹島渡海事業の提案を受けた可能性が高いながらも直ちに渡海免許を発給していない事実からすれば、土井はこの段階で竹島（鬱陵島）渡海の違法性を認識していた蓋然性が高い。そして元和六年の事件である。寛永二年の竹島渡海免許発給は、元和三年からすれば八年後、元和六年からは五年後である。違法性の認識が土井の脳裏からすっぽりと抜け落ちていたとは考えにくい。署名した幕閣が竹島（鬱陵島）は朝鮮領だと承知の上での渡海免許発給であったとすれば、そこに「竹島の領有を認める」とは書けず、「竹島への渡海を認める」としか書けなかったのも当然である。

そののち竹島（鬱陵島）渡海免許は、元禄九年（一六九六）幕府の竹島（鬱陵島）渡海禁止に際して幕府が没収するまでのあいだ、将軍代替わりや鳥取藩主代替わりに際して更新されたことは一度もなく、それゆえに少なくとも折々の幕閣が当該事業を幕府公認のものと認識していたとは考えられない。たしかに竹島（鬱陵島）渡海に際しては、鳥取藩から少なからぬ額の前銀が貸し出されて収獲物と相殺されることは寛永年間から元禄六年秋まで続けられた。収獲物はまず鳥取藩へ収められ、その残りを自由に処分することが認められた。竹島渡海時には藩の船手奉行から船切手が発行されて航路の保証がなされ、大谷・村川両家の江戸参府に際しても、鳥取藩から援助や助言・指示が与えられた。こうした点からすれば、大谷・村川両家の竹島渡海は鳥取藩の公認事業である。

一方で、竹島（鬱陵島）で収獲されたアワビが「竹島串蚫《くしあわび》」として毎年のように幕閣に献上されたし、幕閣からの謝状も残されているものの、幕閣等への目見えは自動的に設定されたのではなく、大谷・村川の側がそのつど要請することで初めて可能となった。したがって幕府の側が主体的に渡海事業を公認していたと呼べるかどうかは難しいが、客観的に見て、官民一体あるいは官の丸抱えによって行われた事業と見なしうる。しかしながら、それは、竹島（鬱陵島）を朝鮮領として政治的に確認する、そうした史実を換骨奪胎して渡海免許が発給された、そうした事情の上に繰り返された渡海事業である。

竹島における日朝漁民の競合

元禄五年（一六九二）三月、竹島に出漁した大谷・村川の船はそこで多数の朝鮮人漁民と出会い、何らの収獲をも挙げられぬままに帰港した。翌年四月にも竹島で朝鮮人漁民と競合した大谷・村川両家は、二年続けて漁にならなかった。大谷・村川の船は竹島に出漁していた朝鮮人のうち二人を米子へ連れ帰り、鳥取藩家老荒尾修理に善後処置を求めた。これを受けて鳥取藩は大谷・村川両家の利権保護を江戸幕府に求め、幕府は対馬藩に対して、竹島への朝鮮人出漁禁止を朝鮮政府に求めるよう命じた。

対馬藩と朝鮮政府との交渉は紆余曲折を辿ったのち膠着状態に陥り、元禄八年一〇月には幼少の藩主にかわって朝鮮外交を担当した元藩主宗義真《そうよしざね》が江戸参府のうえで幕閣と協議するに到る。元禄九年正月、幕府は、当初の指示とは百八十度異なって、日本人の竹島渡海を禁じることを命じ、この間の交渉に結論を出した。この方針はただちに鳥取藩に伝えられ、大谷・村川の竹島渡海の歴史はこの年をもって幕を閉じた（元禄竹島一件）。

さて、最初の競合事件について村川船の船頭黒兵衛は、鳥取藩の事情聴取に際して次のように述べる。元禄五年三月二六日に竹島に着船したところ、既にアワビがかなり収獲された様子で不審に思い、竹島の別の浦へまわったところ唐船が二艘見え、唐人三〇人ほどがいたという。朝鮮人のなかに日本語の通じる者がいたので、「この島は、公方様（将軍）より（われわれが）拝領して毎年渡海してきた島なのに、どういうわけでこの島へやってきたのか」と尋ねたところ、「国主の用」を果たすために三年に一度ずつ竹島（鬱陵島）より北方の島へアワビを捕りに行くという。その島を目指したところ竹島（鬱陵島）に漂着し、アワビの豊富なことに気づいて漁を行っているとのことであった。黒兵衛は「それならば早々に島を立ち去るように」と言ったとも、二度とこの島で漁をしないように脅し叱ったともいう。朝鮮人側は、漂流中に傷《いた》んだ船の修理が済みしだい島を離れると答えたというが、このとき竹島（鬱陵島）に漂着した朝鮮人は合わせて五〇人余ともいう。村川船の乗員は二一人だったから、多勢に無勢を心もとなく思い、やむなく漁をあきらめて帰帆したという。

この事件について鳥取藩から報告を受けた幕府月番老中阿部豊後守正武は、朝鮮人がその島から帰ると言っているのであれば問題ないと返答し、事態はただちにそれ以上進むことはなかった。また竹島（鬱陵島）渡海に際して鳥取藩から村川家に貸付けられていた銀二貫目についても、藩側が事情を考慮して次回の漁獲で相殺するとしたから、米子町人の側にとっても今年の不漁を我慢することで事態の収拾がはかられた。

翌年（元禄六年）の出漁期を迎え、船頭黒兵衛が再び竹島へ赴いたところ、島には朝鮮人の小屋掛けがあり、なかにはアワビやワカメが大量に納められていた。そばにいた朝鮮人に問うたところ、三艘に四二人が分乗して出漁してきたという。去年、二度と竹島で漁をしないよう朝鮮人漁民に求めたにもかかわらず、今年もまた同様の事態となった。このままでは今後竹島での漁ができなくなると懸念した船頭黒兵衛らは出漁中の朝鮮人二人を米子に連れ帰り、竹島出漁に対する保護を鳥取藩家老に訴え出た。

日朝間の係争のはじまり

米子町人からの訴えは鳥取藩を介して幕府月番老中土屋相模守政直に伝わった。ここで鳥取藩の求めた措置は「今後は竹島に朝鮮人が来ないようにして欲しい」ということであった。これは朝鮮人の出漁禁止のことであり、鳥取藩領米子町人が竹島産のアワビを排他的に確保できれば、これまで通り鳥取藩から幕府へのアワビ献上を継続したいことを幕府に申し入れた。つまりこの係争は、漁業権を中心とした竹島（鬱陵島）及び周辺海域の利権をめぐるものとして始められたのである。月番老中は対馬藩に対し、鳥取藩からの申し入れと竹島（鬱陵島）で捕縛連行した朝鮮人二人を鳥取から長崎経由で対馬へ送致することを伝えた。そして、今後朝鮮人漁民の竹島出漁禁止を朝鮮政府に求めるよう指示したのである。

九月四日、朝鮮人漁民の竹島出漁禁止を求める幕命について、対馬藩国元で議論が行われた。前藩主宗義真は、幕府が竹島に居住していた磯竹（鷺坂）弥左衛門親子の捕縛を対馬藩に命じたことを例に挙げて竹島の朝鮮領である可能性について論じ、今回の幕命を直ちに具体化することには慎重な姿勢を示した。弥左衛門親子の事件の当時、幕府が竹島を鳥取藩領と考えていたならば捕縛は鳥取藩主に命じられたはずである。ところが捕縛が対馬藩に命じられたということは、幕府は竹島を朝鮮領と考えていたからではないのか。とすれば、竹島をめぐるかつての経過について現在の幕府に再確認し、そのうえで朝鮮との交渉に入った方が良いのではないか、というのである。

こうした慎重論が宗義真だけのものでなかったことは、のちに陶山庄右衛門が賀島兵助に宛てた書簡のなかで「その節、対馬藩側から竹島（鬱陵島）のことについて公儀（幕府）へ申し上げるべきではないかと、心ある人はみなそのように話していた」と述べていることからも知れる。陶山によれば、しかしそうした議論は家老たちの同意するところとはならず、幕命のまま直ちに朝鮮との交渉に入った。幕府の意向を前面にたてて交渉に入れば問題は起こるまいとの判断であった。その交渉に任じられたのが国元家老多田与左衛門であった。

多田の派遣に先んじて事前折衝が行われると、朝鮮政府は使者の派遣そのものが不要であり、交渉を拒絶するという姿勢を示した。問題の竹島が朝鮮でいう鬱陵島のことだとすれば、それは「昔から朝鮮領」であり、そうである以上は交渉そのものが不要であった。これに対して対馬藩側は、竹島は「昔から日本領」であり、それを朝鮮領と述べるのは問題発言だと恫喝した。日朝交渉の朝鮮側窓口となる釜山東萊府の訓導・別差（倭学訳官）は、「竹島が鬱陵島だとすれば何ともお話にならない」としながらも、交渉開始については譲歩した。日本のいう竹島が鬱陵島とは別の島だというのであれば、使者を派遣なさっても構わない。いずれにせよ、日朝両国の紛争は避けたいものだ、というのである。

多田与左衛門は、竹島（鬱陵島）で捕捉された朝鮮人二人をも伴い、一一月二日に釜山・倭館に入った。公式の交渉は、ソウルから大差使正官接待役としての接慰官が東萊府に到着するのを待って始められる段取りであった。

ところで、事前折衝の過程でも、本題に入る前にまず竹島と鬱陵島の関係をどのように了解するかが議論の焦点となりつつあった。対馬藩側は竹島が「昔から日本領」だと言い切ったが、根拠が明確にあったわけでもない。

一方、朝鮮政府内では、竹島が鬱陵島と一致する朝鮮領と考える者が多かった。国王・政府中枢から東萊府の訳官に至るまでそのようであった。一五三〇年に完成した朝鮮王朝の地誌『与地勝覧（東国輿地勝覧）』に載せられた鬱陵島の方角・位置と、日本のいう竹島の方角・位置は一致するのではないかという疑念は拭いがたかった。そうでありながらも、とりわけ倭館で対日折衝に携わる東萊府の諸役人や、対馬に派遣されて交渉ごとを行う訳官使に任命されるような官僚層は、できれば日朝間での紛争は避けて穏便な措置を志向した。たとえば当時対馬島佐須奈浦に滞留していた訳官朴同知は、先ごろソウルに招集されて政府高官から鬱陵島・竹島の関係を問われた際、鬱陵島の方角に鬱陵島・于山島及び無名の島の三つがあると返答したという。これらのうちいずれか一つを「日本の竹島」とし、残るいずれか一つを鬱陵島とすれば、朝鮮政府の面目も立ち日本側も納得するだろうと考えたからという。

これに対して対馬藩では、『与地勝覧』や『芝峯類説』といった朝鮮の地誌を参照すると、そこに見える鬱陵島と于山島とは同一の島であり、朴同知のいうような第三の無名の島は恐らく実在しないと論じた。朴同知のように考えたところで「鬱陵島は朝鮮領」であることには変わりがないのだから、恐らく朝鮮人が鬱陵島（竹島）へ出かけることも変わらない。それでは事態の解決とはならないのだ、と。それで対馬藩では以下のように論じることとした。

鬱陵島を日本領竹島とすることについては、壬辰の乱（秀吉の朝鮮侵略）ののち現在に至るまで朝鮮側は鬱陵島の支配を放棄し、日本が長期にわたって支配してきたのだから間違いないし、朝鮮側にも異論はあるまい。土地の所有者が変わるのは何も日本国内・朝鮮国内に限ってのことではなく、もともと他国の土地であっても長期間日本に属しておれば日本の土地である、と。これが鬱陵島と竹島は同一の島であり日本領であると見なす論理となった。

第一次折衝

一二月七日、接慰官洪重夏が東莱府に到着した。竹島で捕捉した朝鮮人二人を朝鮮側に引き渡すとともに、幕命を受けた申し入れが正式になされて交渉が始まった。

洪重夏は、引き渡された朝鮮人二人について、越境して「日本之竹嶋」へ行ったことは処罰に値すると言明する一方、越境は故意ではなかった可能性を論じた。漁労目的で朝鮮領の鬱陵島を志し、誤って竹島へ到達したものであろう、と。そして、鬱陵島へはかねてから朝鮮人の渡航を禁じているから、竹島への渡航禁止も同然であるとした。

これに対し多田与左衛門は、竹島と鬱陵島は同一の島であり日本領であるとする立場から洪重夏を批判した。多田は、ひとつの島に竹島・鬱陵島二つの名前を与えておけば、鬱陵島へ渡航したとの名目で竹島へ朝鮮人が渡航することもありえるから問題だとする。そして、朝鮮人の鬱陵島渡航禁止が既に定まった法だというのであれば、今回の申し入れに対する返書にそうしたことを記す必要はなく、「日本の竹島へ今後朝鮮人を渡航させない」と記せばよく、わざわざ「鬱陵島」の名を書き載せることは不要である、と。

ここで、多田としては竹島・鬱陵島は同一の島であり日本領だとする立場から交渉に臨んだのだから、朝鮮側から「鬱陵島」なる島名を含む返答書が来たところで問題ない。にもかかわらず返書中に「鬱陵島」なる文言の記載を忌避したのは、返書が最終的には幕府に提出されることと関わっている。

すなわちこの間の対馬藩は、竹島を朝鮮領とするかつての幕府見解を質してから交渉に入るべきだとする異論が藩内にあるにもかかわらず、見切り発車をして交渉に突入し、しかも幕府見解とのすりあわせを怠ったまま鬱陵島と竹島は同一の島であり日本領であるとの立場を選択するに至った。その立場は、ひょっとすると幕府意志とは矛盾するかも知れなかった。そうしたときに、返書のなかに竹島の帰属について議論を蒸し返す可能性を含む文言のあることは好ましくなかった。また、この交渉で竹島・鬱陵島について領土問題として表立った議論をすれば、当然かつての幕府見解との調整が必要となってくるから、対馬藩はそうした議論のやり方もまた望まなかった。対馬藩がこの交渉を決して領土問題とはしたがらなかった所以である。

ところで上述の議論とほぼ平行して、洪重夏に随行した差備官朴同知と多田与左衛門に随行した阿比留惣兵衛とのあいだでも朝鮮人の竹島渡海禁止要求をめぐる非公式の議論が進められていた。ここで朴同知は、竹島と鬱陵島が同一の島で朝鮮領であることについては、朝鮮政府の多数意見であるだけでなく、七〇～八〇年以前に朝鮮政府と対馬藩との間で確認済みの事柄であると指摘した。これに対して阿比留惣兵衛は、今回の使者は「島の争論」(領土問題)を目的とするものではないと述べ、七〇～八〇年以前の確認事項については、そんな前のことなど覚えている者もいないから分からないし、自分たちも聞いたことがない、というあられもない反論を披露した。それは、史実に基づいた反論ができないし、そもそも史実の蓄積がないことを暴露したものである。このときの経験が、対馬藩をして朝鮮との折衝内容を子細に残すような記録の整備を促すこととなった。

返書受納をめぐる議論

元禄七（一六九四）年正月一五日、日本側の申し入れに対する朝鮮政府の返答書の写が届けられた。そこには「弊境の鬱陵島といえども、はるか遠方にある島だから（朝鮮人の）往来を一切許可しない。ましてやその外部にある島への渡航は許さない。いまわが方の漁船が貴界の竹島に立ち入ることとなり、それをわざわざ送還してくださったことについては、隣好の誼みを実にうれしく感じるものです」とあった。対馬藩側があれほど忌避した「鬱陵島」の文言が挿入されていた。

この点を質した多田に対し朝鮮側は次のように述べた。鬱陵島は捨て置いた島であることに相違なく、朝鮮人が二度と渡海することもない。ただ鬱陵島の名目を朝鮮に残し、土地は日本に付ける措置だ、という。それをさらに「鬱陵島」の文言を削除せよというのは義理もないものである。もしそうした主張をするのであれば、たとえ亡国となろうとも「鬱陵島」の文言は削除しない、と。多田が、鬱陵島は秀吉の朝鮮侵略後に日本領となったと再説したが、朴同知は戦後朝鮮領に復帰したと述べて肯んじなかった。

右の対談を踏まえて多田は国元家老に書状を送り、朝鮮側は「鬱陵島」の字句を削除するなどといった返書の書き改めはしないだろうこと、そこを敢えて押し通すと「島の論」となりかねないことを伝えた。

二月九日・一〇日の両日、多田は朝鮮側と「鬱陵島」の文言をめぐる議論を継続した。朝鮮側はこれまでの論点を繰り返すとともに、「鬱陵島」の文言が削除できない理由について、以下のように展開した。すなわち、今回の交渉の発端となった竹島での日朝漁民の競合事件に関し、捕縛された者を含む竹島出漁者に事情聴取したところ、いずれも鬱陵島へ出漁したと述べた。その鬱陵島が朝鮮領であることは国図にも明らかであり、宗主国の中国にも知られた事実である。それが捨て置かれた状態となり、日本に拾われたとなっては朝鮮政府の外聞も丸つぶれである。したがって名目の上だけでも「弊境の鬱陵島」という文言は削除できない。そこで朝鮮政府は、土地は日本に渡して名は朝鮮側に残す、ということで折り合いをつけることにしたのだという。

多田は返書正本の受け取りと帰国を決意し、二月二七日に対馬府中に帰着するとただちに他の家老たちと善後策をめぐる協議に入った。協議では、日本側の申し入れには無かった「鬱陵島」の文言が挿入されたことで、返書の概要が「一島二名の仕立て」となったことが問題とされた。返書の文面ではあたかも二つの異なる島があるかのごとく読めるが、対馬藩が鬱陵島と竹島が一つの島であることを知らないかの如く装って、返書をそのまま幕府に提出するわけにもいかないだろう。一つの島だと幕府に知らせれば、いかなる一つの島かについて説明をしないわけには行くまい。とすれば、竹島はもとは朝鮮領の鬱陵島であったが、年来日本が支配してきたので日本領となったと説明することとなる。そうしたときに幕府は、日本領の竹島すなわち鬱陵島へ朝鮮人の渡海を禁止するよう再度の交渉を命じてくるかもしれない。しかしそうなったのでは、朝鮮側の対応次第で事態がますます紛糾しかねない。一島二名と読める紛らわしい書面を幕府に提出するのは問題であり、あらためて返書正本から「鬱陵島」の文言を削除することが求められた。こうして、帰国したばかりの多田与左衛門が、再び交渉のために派遣されることとなった。

第二次折衝

再び多田与左衛門を派遣することについて、五月五日、東萊府は竹島一件は既に済んだことだとして多田の派遣は不要だとした。しかしながら多田は対馬府中を出船し、閏五月一三日に倭館入りした。

朝鮮側は八月一九日、今回の申し入れの趣旨が「一島二名」についてであることが、文書でなくとも正官の口上でもなされれば新たな返書を作成するとの政府中央の意向をもたらした。九月一〇日、書き直された新しい返書が倭館にもたらされたが、それは内容および伝達方法の二つの面で違例であった。第一に、返書は、「竹島と鬱陵島は一つの島で、かつ朝鮮領である。そうした島へ「朝鮮人の渡海禁止」を求めてくるのは両国誠信の道に外れる」とするものであった。また第二に、この概要は口頭で伝えられ、返書正本が未開封のままで引き渡されようとした。まず下書きを確認し、それで問題ないと判断されたときに正本を受け取るのがこれまでの流儀であった。返書正本を未開封のまま受け取る前例など無かった。下書きを示すこともなく口頭で概要を示し、正本をそのまま引き渡すというのは、あたかも内容訂正には一切応じないから朝鮮側の言うがままに受け取れというに等しかった。

多田は直ちに、竹島への朝鮮人渡海禁止を求めることが「両国誠信の道」に外れるとするのは理解できないと反駁したうえで、何よりも返書中には「貴国辺海の人は鬱陵島には往来させない」とすら書かれており、これでは交渉の当初の要求＝朝鮮人の竹島渡海禁止とはまるで正反対であった。多田は「もはや大事の目前にて亡国の節到来と存じ候」と慨嘆した。

多田はこのようなやり方が前例には無いことをもって、自身では新しい返書を受け取らずに帰国することとした。その旨を国元に伝えたところ、前藩主宗義真および家老たちから厳しく叱責された。すなわち、多田の帰国は認めない。何年かかってでも今回のような非法・非道を認めてはならない。こうした先例破りを容認したのでは、今後の日朝交渉にも悪影響が出るというのである。しかし、いかに倭館滞留を続けたところで対馬藩側が望むような結論は得られなかった。

あくる元禄八年（一六九五）五月になって多田の帰国が命じられた。ただしそれは無条件ではなく、新たな返書の内容について御隠居様（前藩主宗義真）の疑問点を東萊府に問いただし、その返答を待ってから帰国させるというものであった。

ここで宗義真の提示した疑問点とは、おおよそ四点に整理できる。第一に、竹島一件の原因は、朝鮮側がこの七〇～八〇年来、鬱陵島に日本人が出漁していることを知りながら放置してきたことにある。次いで、最初は捨て置いた島のように言っておきながら、次には我が国の鬱陵島と言い始めたことは首尾一貫しないとする点。さらに、そのように朝鮮側は首尾一貫しないにもかかわらず、日本人が越境したとして専ら日本側を責めることの非。最後に、新たな返書の文言のうち「犯越する」「侵渉する」「誠信に欠ける」とする部分は削除すべき、という四点である。

宗義真が提示した疑問点の趣旨を踏まえつつ、多田が史実を踏まえながら個別具体的な論難を行ったのがいわゆる「詰問四ヵ条」である。それは、①鬱陵島へは朝鮮政府として公差（巡検使）を派遣して管轄しているというが、竹島渡海を行ってきた鳥取藩米子町人たちが元禄五年に至る数十年間にわたって公差と一度も出くわしたことがないのはどういうことか、②日朝両国通交後、竹島渡海の日本人が朝鮮半島に漂着した事件が三度あった。それら漂流民の送還時に添えられた書契には「犯越犯渉」の文字はない。なぜそれらを「犯越犯渉」としなかったのか、③一島二名をいうなら、なぜ最初の返書中では「弊境鬱陵島、貴界竹島」とし、あたかも二島あるかのごとき返答をしたのか、④八二年前に磯竹島の帰属が議論されたときに「我国の鬱陵島」と述べて「他人の冒占を許さず」としておきながら、七八年前に鬱陵島に出漁して朝鮮半島へ漂着した対馬人を処罰しなかったのはなぜか。

かつて竹島一件の交渉過程にあって、七〇～八〇年以前の史実を挙げて論じる差備官朴同知に対して阿比留惣兵衛が直ちに反論できなかった苦い経験があった。多田が右の「詰問四ヵ条」のなかで、七〇～八〇年以前の史実を列挙しながら朝鮮側を論難できた背景には、この間の惣兵衛による関係資料の収集作業があった。

これら疑問点は五月一五日に東莱府へ伝えられ、回答期限を三〇日間とした。しかしながら、疑問点に対する回答が届かないまま、多田を初めとする一行は六月一〇日に倭館を出船し、同一七日に対馬府中へ帰り着いた。

陶山庄右衛門の建議

六月末には、再交付された返書の書き改めを求める方針が提案されもしたが、延期された。恐らく、朝鮮との直接交渉を再開する前に幕府との協議を必要とする意見が藩論を動かすことなったからである。そうした意見を宗義真に提案したのは陶山庄右衛門であった。陶山は七月七日、宗義真の江戸出府に随行するよう命じられた。

陶山は、恐らくは多田の第一次交渉が不本意な結果となってまもなくの元禄七年（一六九四）四月、宗義真から竹島一件についての意見を求められたことがある。陶山は二つの策を提案し、そのうち上策としたのが、これまでの交渉経過をすべて幕府へ報告して指示を仰ぎ、その上で朝鮮側との交渉に臨むべき、というものであった。しかしながらこのとき宗義真は陶山の進言を採用しなかった。陶山は元禄八年五～六月に朝鮮に派遣されて帰国したのちにも、同趣旨を繰り返し進言したという。

藩内で今後の交渉に何らかの見解・展望をもつ者の意見を文章化して提出させ、今後竹島一件の解決に資する意見を集約するよう進言したのも陶山であった。しかしこれも、そのままでは宗義真には受け入れられなかったようである。

陶山の意見が藩を動かすこととなったのは、家老杉村采女の後押しによるところが大きい。陶山は、西山寺・加納幸之介・瀧六郎右衛門・平田茂左衛門を名指しして、それぞれの見解を文章化して宗義真に提出させるよう杉村采女に申し入れた。「対馬藩じゅうの知恵を尽くさせることが御用のためになりますから、右四人のことをお頼みになってください。もし竹島を丸取りにしようとする見識を述べる者がいれば、私が議論の相手をいたしましょう」というのである。

瀧六郎右衛門は、竹島を日本領とするよう交渉を進めるべきとし、交渉の勝算は日本側にあると考えていた。また、竹島が朝鮮領となり、日本から朝鮮に返還するのはまことに口惜しいことだ、と陶山に常々話したともいう。平田茂左衛門もまた「竹島が日本の属島だと思われる証拠は私の手元にもあります」と述べる人物であった。

これらに対して陶山は、「地図・書籍・弁論の労なく」竹島が朝鮮領であることは明白な事実だとする立場であった。また、竹島一件の交渉経過自体にも疑義を呈しており、朝鮮側から得た最初の返書に「貴界竹島」とあることを論拠にして竹島を日本領として確保しようとする態度を批判する。他国の島を無理に取って「日本の公儀（幕府）」に差し上げるようなやり方は、「不義ではあっても、忠功とは言えますまい」という。

したがって、陶山が提案した試みは、当時竹島一件について威勢の良い発言を繰り返していた強硬論者を、陶山が論破するという目論見であった。元禄八年七月四日、実際にその試みが実施されたのであろう。その三日後に陶山は宗義真の江戸出府に随行するよう命じられたのだから、交渉経過をすべて幕府へ報告して指示を仰いだ上で交渉に臨むべき、とする陶山の意見にしたがって竹島一件解決の方途が探られることとなった。その陶山は竹島を明白な朝鮮領とする立場であったから、江戸幕府との協議は、まさに抜本的な見直しが図られるはずであった。元禄八年（一六九五）八月晦日、対馬府中を発った宗義真は、一〇月六日に江戸入りした。しかしながら随行した陶山庄右衛門は病のため京都に留まり、江戸に至ることはなかった。

宗義真と幕閣の協議

宗義真の江戸到着後はじめて幕閣と竹島一件について協議できたのは一一月二五日のことである。宗義真の見解と初度・再度の往復書簡の写し合わせて四通および『与地勝覧』『芝峯類説』それぞれの抜書が幕閣に提出された。

対馬藩側から提出された諸文書を検討した老中阿部正武は一二月一一日、交渉のもつれる要因となった竹島渡海について、折衷案を提示する。すなわち、日本からはこれまで数十年間竹島渡海を行ってきたのだから日本人の竹島渡海はこれまで通りとする。一方朝鮮人の竹島渡海もまた認める。明確に線引きをするのではなく、曖昧模糊としたかたちで両者共存させてはどうか、というのである。

この折衷案については、対馬藩側は即座に疑義を呈した。日朝双方からの竹島渡海を認めた場合、「入交」り「御法度之商売等」すなわち「抜船」を行う者が現れる懸念がある、という。一二月二〇日、対馬藩側は、今回の幕府との協議を踏まえて朝鮮へ交渉を申し入れる際の文面案を老中に提示した。文案には「本邦竹島」とあり、日本人が連年に竹島渡海を行っていたあいだ一度も朝鮮人と出会うことはなかったのに、近年になって朝鮮人がたびたび竹島渡海を行うのは「不誠信之至」だとする。したがって、以前のごとく朝鮮人の竹島渡海禁止を求める、というものである。ここに示された認識は、先述した宗義真の疑問や多田与左衛門による「詰問四ヵ条」と基本的には変わらない。対馬藩の議論はいったん転回の兆しを見せたかに思えたが、陶山庄右衛門が江戸まで同行できなかったことの影響が、こうしたところへ現れた。

幕府方針の転換

一二月二四日、阿部は鳥取藩江戸藩邸に対して竹島（鬱陵島）に関する七点の問い合わせを行ったが、その第一条は「因幡国・伯耆国に附属する竹島は、いつの頃から因幡・伯耆両国に附属するのか。藩主の先祖が因幡・伯耆に領地を与えられる以前からなのか、与えられてからのことなのか」というものであった。鳥取藩側は翌日、第一条めに対する返答として「竹島は因幡・伯耆に附属するものではありません」と述べた。この問答が阿部の認識を転換させ、元禄九年正月九日、阿部は招き寄せた対馬藩家老平田直右衛門に以下のように述べた。

竹島はもともと明らかに日本領だというわけでもない。伯耆から渡って漁をしているというので鳥取藩に尋ねたところ、竹島は因幡・伯耆に属する島というわけでもない。二人の米子町人が「先年の通りに渡海したい」と願い出てきたので、当時の藩主であった松平新太郎（池田光政）殿から打診があり、「以前のごとく渡海しても良い」と新太郎殿へ老中奉書をつかわした。その奉書は（中略）おおよそは台徳院（徳川秀忠）様の時代のことかと思われるものの、「先年の通り」という「先年」がいつごろまで遡るのかははっきりしない。そうした経過で鳥取藩領民がそこへ渡海して漁を続けてきたものに過ぎないという。もともと朝鮮領であったものを日本領としたわけでもなく、日本人が住んでいるわけでもない。また竹島までの距離は、伯耆から一六〇里ほどなのに対して朝鮮からは四〇里ほどである。とすれば、竹島とは「朝鮮国の鬱陵島」のことでもあろうか。こうしたことからすると、日本人が住んでいるか日本のものにした島であれば、今さら返すというわけにもいかないだろうが、そうした証拠も無いのだから、今回の一件は、こちらから敢えて問題としないほうが良いのではないか。アワビ取りに行くだけの無益な島ごときのことで、日本と朝鮮の両国関係がもつれてしまい、ねじれた関係が解けずに凝り固まって、これまで継続してきた友好関係が断絶するのも良くなかろう。本来は筋の通らないことを御威光や武威でもって相手をねじ伏せるようなやり方でこちらの意見を通そうというのも要らないことである。

元禄竹島渡海禁令

元禄九年(一六九六)正月二三日、幕府は鳥取藩江戸藩邸に対して改めて竹島渡海に関わる問い合わせを行い、九ヵ条にわたる返答書が提出された。その第一条めでは、鳥取藩領米子の大谷・村川両家に雇用された者のほかには鳥取藩領の者でも竹島(鬱陵島)渡海を行わないこと、まして鳥取藩領以外の者は竹島(鬱陵島)渡海を行わないことが述べられる。ただし、竹島(鬱陵島)渡海に際して大谷・村川両家が出雲・隠岐の者を雇用する場合もある、と返答している。また松島(竹島)に関わっても言及する。そこでは、松島は、因幡・伯耆いずれの国に附属する島というわけでもない、松島へ出漁するのは、竹島(鬱陵島)へ渡海する途中にあるから立ち寄って漁をするのであり、鳥取藩領(因幡・伯耆国)以外の者が松島へ出漁するというのは聞いたことがない、という。

こうした回答を踏まえて、正月二六日、幕府は松江藩に対して領民の竹島(鬱陵島)渡海について六点にわたって問いただした。松江藩による回答は、出雲・隠岐の者は竹島(鬱陵島)渡海に積極的な関わりをもたないことを述べるものばかりである。したがって、幕府として

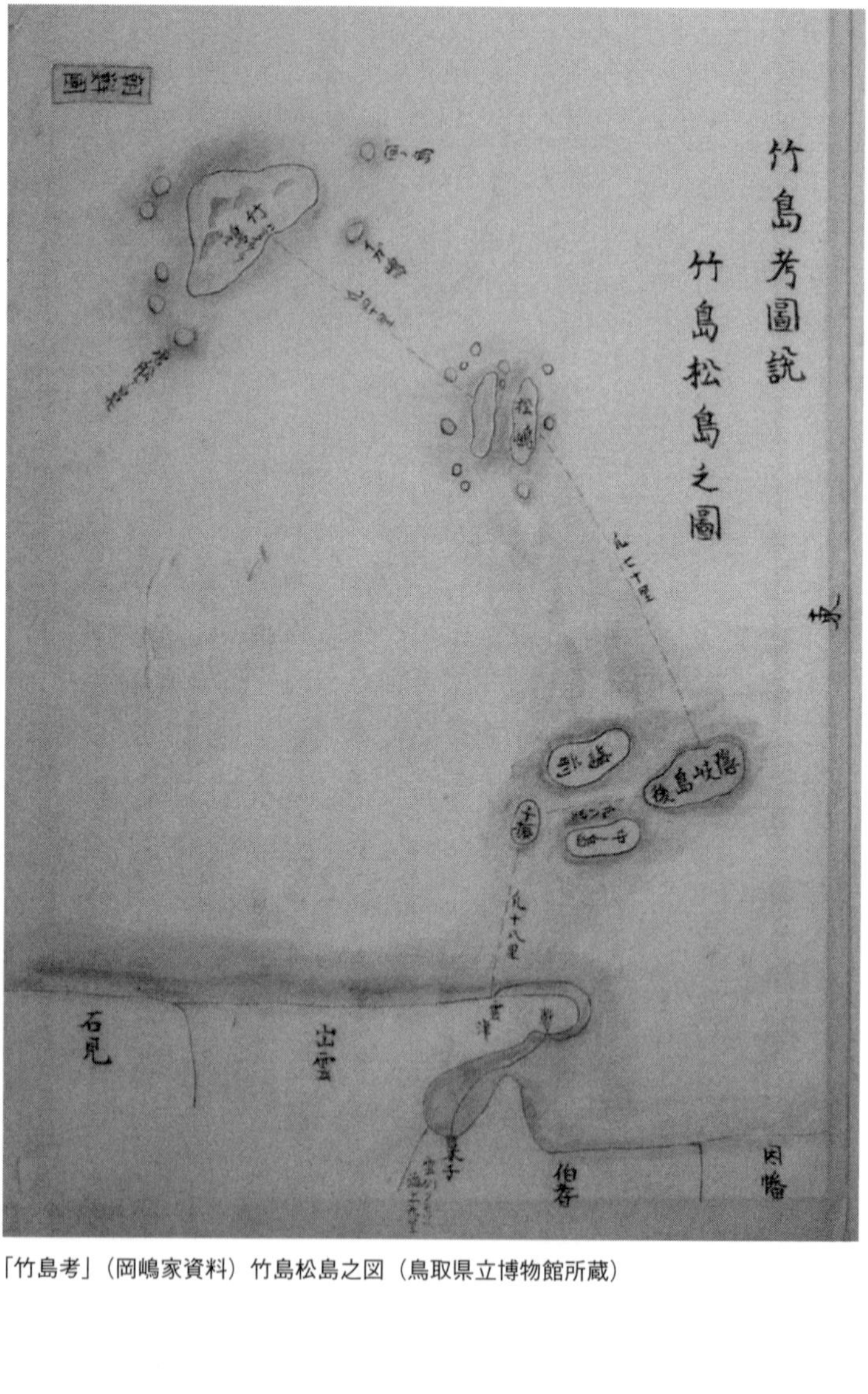

「竹島考」（岡嶋家資料）竹島松島之図（鳥取県立博物館所蔵）

は、竹島（鬱陵島）渡海を規制しようと思えば、鳥取藩領（因幡・伯耆）民の動向（とりわけ大谷・村川両家）さえ把握できれば事態は収拾できると判断できた。

それで元禄九年正月二八日に出された竹島渡海禁令は全国法令ではなく、鳥取藩に対する個別法令となった。現実に渡海を行ってきた鳥取藩領民に対する規制さえなされれば渡海禁止の実があがると判断されたからである。こうしてこの問題に一通りの決着がつけられた。

古老の言

鳥取藩士岡嶋正義は、文政一一年（一八二八）八月に「竹島考」を書いた。百年以上も前に鳥取藩領に生じた問題を、藩政史料に探りながら編んだものである。そのなかで岡嶋は、様々な「衆説」をも拾い上げる。そうした「衆説」のひとつとして、ある古老の言を次のように伝える。

故老の伝説に曰く。このとき、こなたの船人どもが物ごとを穏やかに収めようとしたならば、日本人も朝鮮人もともに島での収益があがるようになって、その後も島への渡海が継続できたものを、彼らの思慮が浅く時勢をもわきまえず、将来にわたって朝鮮人が出漁してこないようにと理不尽な譴責をしたものだから朝鮮人を怒らせてしまい、結局のところ日本の船が出漁できなくなってしまったのだ、と。この説は的を射ているものの、事態に結論が分かってからの論評のように見える。何ごとにつけても先見どおりにはいかないと言うものだろうか。

古老のいう「このとき」とは、元禄五年（一六九二）の竹島で初めて鳥取藩領民と朝鮮人漁民が出会ったときのことである。古老は、このとき鳥取藩領民が叱責の声をあげるのではなく、朝鮮人漁民とともに竹島周辺を利用してともに収益を得られるようにしておれば、その後も鳥取藩領民による竹島渡海が継続されたであろうのに、というのである。竹島周辺における利権をいずれか一方が排他的に独占するやり方ではなく、資源の共同利用と共存をこそ望ましいとする考え方である。

岡嶋は、右史料の引用文最後で、古老の言を「結論が分かってからの論評」として斥ける。但し、岡嶋もまた大谷・村川船の乗員側が朝鮮人漁民に対して発した叱責の声をこそ「理不尽な譴責」としているのだから、彼も「故老」の立場を全面否定しているわけではない。岡嶋の立場は、基本的に竹島は伯耆領だと見なす。しかし、時間的・空間的に当事者の立場を離れて考えてみれば、古老の言にあるような考え方もふさわしく思える、というのである。

竹島渡海によって生じた利益は、大谷・村川両家のみが享受するものではなく、渡海船に乗り組んだ人々から、藩庫に納められた竹島串蚫を将軍献上物として活用した鳥取藩に至るまで、鳥取藩領の地域社会に広がりをもった。したがって、竹島渡海の利権にかかわる意識は、地域社会を巻き込んだ意識となった。

地域社会（生活圏）で継承され積み上げられた歴史像と、国家レベルでまとめられた「正史」とのあいだに大きな落差が存在するとき、地域社会に生きる人々を尊重しつつ二つの歴史像を摺り合わせてゆく作業はいかにすれば成し遂げられるであろうか。名案はないが、歴史の過程のなかでいったんは捨て去られた考え方に思いを馳せるのも一案である。

第四章　漂流と送還

近世東アジアの漂流民

こんにちでは中国（清）・朝鮮・日本および琉球とのあいだには、一七世紀から一九世紀にかけて漂流民の相互無償送還制度が成立し、機能していたことが明らかにされている。

清朝中国では、康熙二三年（一六八四）、朝鮮に漂着した山東省民が送還されたのを機に、中国人漂流民の本国送還が朝貢諸国王に対して指示された。また、乾隆二年（一七三七）には中国漂着外国人の本国送還が規定され、同四年、海寧に漂着した朝鮮漁民の陸路送還が、以後の中国漂着朝鮮漁民に対する救恤の先例となった。そして日本との関わりでいえば、第一に、日本漂着の中国人は漂着地から長崎に送り届けられ、中国大陸沿岸部および周辺海域に漂着した日本人は乍浦に送り届けられるのが手順であった。したがって第二に、送還過程の最終段階は長崎（日本側）と乍浦（清朝側）の二港で結ばれており、この両港間は対日貿易商の中国船でつながれていた。一六四四年から一八六八年までの二二〇年余のあいだに中国から送還された日本人の漂流事件は六四件と数えられる（六五頁の東アジア海域図参照）。

朝鮮・日本間における漂流民送還は豊臣秀吉の朝鮮侵略による断交状態のなかでも行われていたが、相互無償送還の規則的な運用はおおむね一六四〇年代を起点とする。一五九九年から一八七二年までの二七〇年余に日本から送還された朝鮮人の事件は、九七〇件余（人数では九七〇〇人を超える）であり、一六一八〜一八七二年に朝鮮から送還された日本人の事件は九〇件余（人数は一二〇〇人を超える）であった。日本に漂着した朝鮮人は漂着地からまず長崎へ送られ、そこから対馬を経て本国に送還された。また、朝鮮に漂着した日本人は漂着地から釜山・倭館へまず送り届けられ、そこから対馬府中へ送られた。その後は出身地によって長崎奉行または大坂町奉行いずれかへ管理が委ねられた。

シーボルトが描いた長崎の朝鮮人漂流民図（シーボルト『日本』、雄松堂より）

一方、琉球に漂着した朝鮮人の本国送還は、記録上の初見となる一六六一年の事例から一六六九年に至る三例だけは薩摩・長崎を経由して対馬藩が送還過程を担ったが、そののち一六九七年の事例以後は清朝を介しての送還が規則的に繰り返された。琉球から福建まで船で送られたのち陸路経由で北京へ送られると、そこで朝鮮側に引き渡された。

一六〇〇年を前後するころから一六八〇年代に至る明清交替の激動が終息し、安定した地域秩序が東アジアの広がりで成立することを背景にして、こうした漂流民の相互無償送還が東アジア世界規模で制度的に運用され始めたといえる。そして翻っていえば、こうした送還の規則的な繰り返しが、東アジア世界の秩序安定に大きく寄与したのである。

漂流民相互無償送還制度

日本に漂着した朝鮮人の本国送還には政治的・経済的価値が伴い、漂着地の領主が個別に朝鮮政府と接触をもちながら送還がなされていたが、やがて一五世紀半ばころに対馬島主を介して送還される手順が規則的に運用されはじめる。したがって朝鮮との間に生じる利権は対馬島主のもとに一元化されることとなる一方で、対馬島主は漂流民を回送してきた地域領主に対して相応の対価を支払った。朝鮮漂流民が漂着地から直ちに対馬へ回送される事例の下限は寛永二〇年(一六四三)石見国漂着のものであり、それにやや先行する同一一年(一六三四)石見国漂着の場合では対馬藩博多藩邸に送り届けられ、そこから対馬島経由で送還された。こうして漂着各地からの漂流民を直接に引き受けることは、漂着地領主に対する対価支払いの発生をも意味し、対馬藩主にとっては経済的な負担を抱え込むことでもあった。そうした負担を忌避したい意図と、統一政権の下に漂流民送還の主導権を確保したい徳川政権との意図とが交錯するところに、漂流民の長崎送還が制度化された。

漂着地領主の責任による長崎送還に際して幕府が対価を支払うことはなかったから、漂流民にも漂流民送還なる行為にも利権は存在しなくなった。これを統一政権による相互行為としての「国民」保護なる観点から評価することも可能である。しかしながら、漂流民送還の最初の段階を担ったのが地域領主や統一政権ではなく漂着地住民であった点に鑑みれば、漂流民（送還）を利権の対象としない歴史段階は、漂流民を送還するか否かの判断が漂着地側に委ねられた段階から漂流民側に委ねられる段階への移行と見なしうる。

すなわち、漂着地住民が漂流民を略奪や殺戮の対象や売買可能な奴隷として見なしたり、送還することによって利益が享受できると見なす段階が前者であり、これは極めて中世的なあり方である。これに対して、漂流民をその人の本来あるべきところに返す、というのが後者である。後者の常識が共通して成立し普及したことを背景にして、近世東アジア三国間で漂流民相互無償送還制度が成り立った。

たとえば、寛永二一年（一六四四）に漂流した越前国三国浦の五八人のうち四三人は沿海州の漂着地で殺害され、寛文八年（一六六八）尾張国大野村の一五人は馬丹《バタン》島で略奪に遭い奴隷とされ、二人が殺害された。宝暦一四年（一七六四）、ミンダナオ島に漂着した筑前国伊勢丸の二〇人もまた略奪に遭って奴隷として転売され、かろうじて生き延びた孫太郎のみが奴隷主の善意によって帰国の途についた。これらは東アジア三国間の漂流民相互送還の網目から外れた地域への漂着例である。弘化元年（一八四四）ころ、朝鮮のどこかに漂着した薩摩国の漁師二一人は、「定例の送還」を願ったが聞き入れてもらえず、「通事と思われる朝鮮人」は漂着地から直接に帰国するよう勧めたという。そして結局は夜中に多数の朝鮮人によって船を沖合に押し出され、長崎へ戻りついた。この事例は、近世漂流民無償送還制度からの逸脱ではある。しかしながら、「定例」を忌避した結果は、漂流民からの略奪や殺戮に向かうことはなく、「直接に帰」るようにと沖合に船を押し出す行為として具体化された。したがってそれは漂流民は本来あるべきところに返すという常識の表れでもある。

日朝間の漂流民送還

天明四年(一七八四)三月、ある対馬藩士が、長崎奉行所における朝鮮漂流民取り扱いに懸念を表明しつつ「彼国〔朝鮮〕と御和交を取り結んでから現在に至るまで誠信の効果が見られるのは、漂流民を丁寧に取り扱って速やかに送還してきたことによって、百年来、何ごともなく推移してきたからである」と述べる。また、文政二年(一八一九)七月、朝鮮半島西部に漂着した二五人乗りの薩摩船に対し、漂着地を管轄する庇仁県監尹永圭は、「貴国とわが国とはすでに修好の間柄なのだから、貴国の船が海難事故に遭って苦労するのをそのまま座視することなどありえましょうか」と真っ先に述べた(第六章参照)。あるいは明和四年(一七六七)に鳥取藩領に漂着した朝鮮人は筆談も困難であったが、「朝鮮・長崎」のふたつの単語が漂着地の人々とのあいだで通じた。さらに天明四年、長門国に漂着した二四人の朝鮮人の一部は自力で長崎へ向かおうとして日本側官吏と衝突しているが、そうした漂流民の逸脱行為が実は「長崎へ行けば朝鮮へ帰れると思った」からだと後に証言された。こうした事例によれば、漂流民の相互無償送還が日朝関係の安定につながっていることは両国支配層の共通認識であっただけでなく、長崎を経由して本国送還がなされるという送還システムの規則的運用が民衆レベルにも浸透していたことが知られるのである。

ところで江戸幕府が漂流民に関わって公布した法令は、送還手続きの簡略化と漂流民取り締まりの強化を命じた天明四年令（一七八四年、『御触書天明集成』二九三五）と漂流船の保護をあらためて喚起した寛政七年令（一七九五年、『御触書天保集成』六五三一）の二つに過ぎない。前者は、漂着後の滞在期間の長さに業を煮やした漂流民が騒動を起こした（悪党漂民一件）のを踏まえて発令され、後者はいったん日本に漂着した朝鮮漁船が浦人たちによって再び漂流させられた事件（長州涌浦一件）を踏まえて発令された。

悪党漂民一件

天明四年（一七八四）正月二日、長門国玉江浦に一艘の船に乗った朝鮮人が漂着した。乗り組んでいたのは、京畿道陽城の人が六人と慶尚道漆原の人が四人、それに江原道蔚珎の人が一人、都合一一人であった。また同月一三日、同国須佐浦に慶尚道金海と同道豆毛浦出身の人、合計一三人乗りの船が一艘漂着した。出帆地・出身地を異にする朝鮮人が二四人ほぼ同時期に長門国へ流れついたのである。長州藩はこれらの漂着民を一括して長崎奉行へ届け出た。そして長崎奉行からの返答を待って漂流民一行を長崎へ護送する予定であった。そのため護送にあたる責任者も選任して道中の支度を命じ、長崎奉行からの指示が到着し次第国元を出立する手筈を進めていたのである。ところが漂着民が「何としてでも帰りたいと言って、ことのほか大荒」の様子であったため、漂着地の浦方に留め置いていた漂流民に代官を添えて、とりあえず浦方から城下へ向けて出立を命じた。しかし、そうした領内通行の最中にも漂流民は「たいへん荒れた」ので、手錠・縄を用意し、一部では実際に手錠を使用したという。

城下に到着後も、城下を出立し長崎に至るまでの道中でも事態に大きな変化は見られなかった。城下滞留中の漂着民たちは「度々《たびたび》市中を好き放題に駆け回り、気が変になったのかとでも見えるほどの不作法な様子」であったし、長崎に到るまでの道中でも「段々不作法な行動を行い、気が変になったのかとでも思われるようなことが度々あった」という。到着した長崎市中では「店物を押取り、往来の婦女の簪《こうがい》や櫛を奪い、市場で酒肴を奪い取る」といった具合で「盗み取ったものもかなりあるはずだった」。さらに長崎から対馬に回送される途中の「壱岐においてすらこうした悪行の数々があって不届至極」だった。それで彼らは「長州悪党漂民」と史料に記された。

「悪党漂民」たちは長州から長崎へ送り届けられ、長崎から対馬府中を経て天明四年五月一九日に倭館まで送り届けられた。そこで朝鮮語通詞からの事情聴取を経ることで初めて、漂着地での事情が以下のように明らかとなった。

出帆地・出身地を異にする朝鮮人二四人のなかには、このまま長門に滞留していたのではいつまで経っても帰国できる見込みがない、と考えるグループ（京畿道陽城・慶尚道金海出身者）があった。彼らには「長崎を経由すれば帰国できる」という知識があり、荷物を整理して背負い、長崎まで自力で向かうことを提案した。もうひとつの漂流民グループ（豆毛浦出身者たち）もいったんは同意したが、このグループのなかに日本語を解する者がいて、その相談ごとのあった翌日には長門を出立する予定であることを知った。そのため先程の話には加わるまでもないことだと判断して断りを申し入れた。すると、陽城・金海グループは、豆毛浦グループの者たちが他国人（日本人）の話を優先して同国者同士の申し合わせを破ったと見なし、豆毛浦グループに対する打擲事件を引き起こしたというのである。そして、この仲間割れがもととなって様々な悪行が繰り返された。

幕府（長崎奉行）の対応と対馬藩

天明四年（一七八四）三月二四日、対馬藩長崎聞役佐治軍吾は長崎奉行から呼び出しを受けた。先頃の漂流民のような「我がまま」「手余り」が今後あった場合に、「あまり穏便すぎる対応では公義の御威光にも関わる」し、また漂着地の大名にも迷惑だろうから、漂流民の取り扱い方についてはこの際あらためて決めておきたいという。具体的な提案内容は五つの項目に整理して示された。

それは全体に、長崎奉行の取調べに際して朝鮮人漂着民たちが「わがままを申し募ったり狼藉に及んだ」場合の処置について述べたものである。第一条めでは「頭立候《かしらだち》もの」の取り扱いについて、第二条めでは手向かいをしてきたときの処置、および万一死亡させた場合の送還方法。第三条めは大勢で騒いだときの処置、第四条めは漂着民の待遇について。第五条めは漂着民たちが各地で「掠取候品々」をどう処置するか、である。

佐治軍吾は長崎奉行の提案書に自らの意見を添えて対馬藩国元に送付した。その際軍吾は、長崎奉行の見解にいくつもの懸念を示すが、例えば提案の第二条めで「朝鮮人漂流民が手向かってきたら十手で打ち伏せる」と提案したことを批判する。丸腰の朝鮮人に対して「最初から打ち殺すかのような恰好」を見せたのでは深刻な問題に発展しかねない。そうした懸念について長崎奉行所は理解していない、という。

対馬藩国元の家老たちは軍吾に対して次のように返信した。

漂流民を縄で縛るのも入牢させるのも臨機応変のものであって構わない。とはいうものの、誤って漂流民を死なせてしまうような取り扱い方をしたときには「日朝間に紛議を引き起こすもととなり、たいへん不安」である。とりわけ「日本と朝鮮の間に立つ対馬藩にとっては大いに迷惑なこと」である。長崎奉行所の提案をそのまま認めてしまうと、「この先、たとえ非法なことをしていなくても（長崎奉行側が）非法者だと申し立てて打ち殺してしまえば証拠がない」。それでは奉行の都合次第でいくらでも「非法者」が作り上げられることになってしまうから、それは到底容認できるものではない。

そうした対馬藩側の主張の根本的な背景には次のような認識があった。

結局のところ彼国（朝鮮）と御和交を結んでから今に至るまで御誠信の様子が明らかに示されているのは、漂民を御丁寧に扱い速やかに送還してきたからこそ、これまでの百年のあいだ何ごとも問題なく過ぎてきたのである。

漂流民に対して丁寧な取り扱い方をし、速やかに本国送還をする。こうして漂流民送還がつつがなく継続されてきたがゆえに日朝間の関係も順調に推移してきた、との認識である。今回の長崎奉行所の提案の中には、そうした現状を阻害しかねないものがあると見てとったのである。

天明四年令発令とその後

悪党漂民一件を自ら体験した長州藩では、漂着民が取り扱いに困るような行動を起こす最大の原因は、漂着地点から長崎へ送り出すまでに時間がかかるからだと考えた。この点を解決すれば、今春発生したような事件を食い止めうるのではないか、という。そして、天明四年九月末に幕府から廻達された朝鮮人漂着民取り扱いに関する新方針は、そうした要望をくみ上げた内容であった。法令では、朝鮮人漂着民があった場合には長崎奉行へ届け出を行なうとともにただちに長崎へ向けて護送を開始し、月番老中へも連絡する。もし護送中に騒動が発生した場合には、漂着民を駕籠に閉じこめて長崎まで送っても構わない、という二点からなっていた。手続きの変更と取り締まりの強化の二点である。

こうして朝鮮人漂流民は漂着地から長崎へ出立するまでの期間が短縮された。彼らは速やかに帰国できるようになったはずである。したがって漂流民たちがふたたび問題を引き起こすことはなくなっていくはずであった。しかしながら、文政七年（一八二四）二月八日、石見国那賀郡津摩浦に漂着した慶尚道蔚山出身の一六人は警護の役人との間で騒動を引き起こし、「至って悪党者」と呼ばれた。

彼らはいったいどのような悪事を働いたのだろうか。

浜田城下に逗留中は、宛《あ》てがわれた住居の門を打ち破り錠を打ちぬいて脱走して町なかへ出かけ、荒々しい行動をし、町方の者がそれを恐れて戸を閉めていると、その戸を打ち砕いて悪さをした。また寺へ参詣するといって出かけると、ほかの来客の接待用に準備された酒肴を取り荒し、和尚の私物の扇などを取り帰り、さらに飼われている鯉や鳥などを勝手に捕まえては食べ散らかすなど、荒々しいことが毎日行われた。さらに浜田を出立して長崎へ向けて護送される途次、折居・津和野・青原・鷹の巣といった各地において、馬の脚を折り、民家の鶏を奪い、盗みを重ねたともいう。そして長府藩領通過の際には、警護に付き添った長府藩役人の所持していた杖を奪い、長府藩役人を打擲する事態まで引き起こす。長府藩はこうした事態を容認できず、幕府に事情を訴えることを主張する。

これに対して対馬藩は、なるべく穏便に事態の収拾をはかろうとする。今回の護送に随行した対馬藩の家中以下に対しては、漂流民が仮に殴りかかってきても堪忍するよう申し付けて、長崎に至る護送途中でさらなる問題を発生させないよう努めている。また漂流民のうち主立った者三人ばかりを呼んで、天明四年の事件の首謀者孫古男が死刑になったことを聞かせて諭し、彼らの放埓な行為を抑制しようと試みた。

この事件にかかわる対馬藩の認識は、文政八年九月、国元家老六名が連名で江戸家老に宛てた書面のなかに明瞭である。

相手が異国人だからといって「幕府の御厳命・諸大名の武威」に依存してむやみに取り締まりを強化するのは後々のために良くない。とりわけ相手が言語の通じない異国人であることから、他領の役人が些細なことを不法と言い立てて安易に取り締まりの対象とすることを懸念する。些細な行為を咎めて直ちに手錠・縄で拘束するということになれば、朝鮮人も抵抗するであろうし、そうした小競り合いの結果、怪我をしたり死に至ることもありうる。そうした場合、おそらくそれは日朝両国の友好関係を維持してきた原則と抵触する。また本国に帰った漂流民たちが日本での厳しい取り扱いについて喧伝すれば、朝鮮半島に漂着した日本人の取り扱いにも影響することになる、というのである。

右の書面には「両国御和交の根源」なる文言が見える。これは、先述した天明四年の発言から一貫している。すなわち、朝鮮との「御和交」が維持されてきたのは、漂流民を丁重に取り扱い、速やかに本国送還を行ってきたことによる、というのである。したがって、これまでの日朝両国の友好関係を継続しようとする立場からすれば、些細な事柄を取り上げて直ちに縄や手錠を掛けることは戒めなければならなかった。

長州涌浦一件

寛政七年令は、その内容からすれば漂流朝鮮漁民保護法令とでも呼びうるものであり、長門、石見、出雲、肥前、筑前、壱岐の六ヵ国を対象に発令された。法令はまず、朝鮮漁船などがたびたび漂流してきたときに、浦方の漁民のなかには心得違いをして、そうした漂流船・漂流民を救助するための待機をせず、かえって海岸へ近寄らないようにとりはからうような事例のあることを指摘する。そうした行為は不法で無慈悲なものであり、とりわけ朝鮮漁船のような異国船に対するそうした仕打ちはなおさら問題である。そうしたことが無いように、とする命令である。

たしかに、法令の対象とされた六ヵ国は朝鮮人の多く漂着する地域であった。しかし、この法令はそうした一般的な意味合いで出されたものではなく、その背景にはおそらく次のような個別事情があった。

寛政六年（一七九四）閏一一月七日、咸鏡道徳源出身の五人の朝鮮人が長州湯玉浦へ漂着した。通常の送還手順にしたがって同月二一日に長崎まで護送されてきたところ、五人が対馬藩長崎役に対して内々で次のような供述をしたという。

自分たちは、実は湯玉浦へ漂着する前に別のところに漂着した。ところがその浦人たちは、米・水・薪などをくれた上で、数艘の漕船で自分たちの乗った船を沖合に連れ出して捨て置こうとした。そこで自分たちは海上で様々に嘆願したけれども言葉が通じなかった。そのうえ、浦の人々はおよそ二尋もあるかという包丁を振りかざして、自分たちの方に突っ掛かってくる様子だった。そこで漂民のうち老人が一人、死を覚悟して包丁をかざした人の方へ向かっていったところ、その浦人も包丁を納めたという。

寛政七年正月一二日の対馬回着ののちに漂民たちは再び同内容を述べた。そこで対馬藩（国元）は、今後類似の事件が起こらないように幕府へ伝えるべきと考え、江戸藩邸に伝えた。六月一五日、対馬藩江戸藩邸が幕府に申し入れを行って半月後の同月二八日、先の漂流朝鮮漁民保護法令が出されたのである。

ところで寛政七年のはじめ、長州藩国元へ長崎奉行所でのこんな話が伝わってきた。昨年冬、長府領（実は長州湯玉浦）に漂着した朝鮮人が、その前にいちど漂着した場所（実は長州涌浦）で米・薪などを与えられた上で追い出されて再び漂流の憂目にあったというのである。その朝鮮人は「無情な仕打ちを受けた」と述べたというが、その場所は長州藩領内のようにも思われた。長州藩江戸藩邸が幕府関係者に内々で様子を窺ってみると、「何やら長州藩領内で無情の取り計らいがあったかのように聞こえてきた」。そうした噂をどうやって打ち消したものだろうか、と悩ましくもあった。

幕府評定所での審議

長州藩側が事態の掌握に手間取っている最中の六月二八日、先述の漂流朝鮮漁民保護法令が下達された。そののち八月九日には長州涌浦庄屋・湯玉浦庄屋らが江戸へ召喚され、さらに一〇月二一日には涌浦の住人八人が追加指名され、江戸へ召喚された。これらは評定所一座中からの指示に基づくものであり、漂流朝鮮人を沖合へ連れ出して放置した嫌疑に関わってなされたものであった。事態は長州藩の頭越しに進んでいった。

数ヵ月にわたる評定所での審議を通じ、先の漂流朝鮮人たちの訴えた仕打ちが長州涌浦の人々によるものであることがわかってきた。ただし、涌浦の人たちからすれば、最初から酷い仕打ちをしようと思ってしたことではなかった。寛政八年（一七九六）二月、涌浦住人一四名が連名で評定所に提出した口上書には次のようにあった。

寛政六年閏一一月七日の夕刻、天候の様子が思わしくないので漁を仕舞っていたところ、朝鮮人と思われる五人乗りの漂流船を見付けた。われわれは持ちあわせの米・水・薪などを少しずつ渡したうえで、岸へ引き寄せて助けようと一同申合わせ、漂流船に綱をわたしてわれわれの漁船につなぎ曳船した。ところがそのうち次第に風波がつよくなってきて、漂流船を曳いていた船は自由がきかず、われわれも危うい状態になってきた。それで誰から発意したともなく、やむなく繋いでいた綱をはずし、漂流船を解き放した。漂流船の人々は嘆きながら助けを求める風だった。しかし、もし漂流船の人々がわれわれの船に乗り移ってきたりしたら、われわれの方も溺死するかもしれなかった。それで、言葉が通じなかったため、銘々がもっていたやす・包丁を振り上げて乗り移ってこないように脅してその場を切り抜けた。

幕府の議論はなかなか結論が出せなかった。寛政八年五月半ば、長州藩江戸藩邸から内々で問い合わせをうけた評定所留役兼御勘定組頭甲斐庄武助は、結論が出ない事情を次のように述べた。

評定所全体としては、涌浦住人にさほどの不法行為があったとは考えていない。しかし、老中たちは「異国へ対して不調法なことがあったのだから、御咎めがあって当然だ」ないしは「外国へ（審議の結果を）伝えることだから、少々重たい処分を下す方が良いのではないか」という。これに対して評定所のほかのメンバーたち（寺社奉行・町奉行・勘定奉行ら）は「異国へ対してのことだからこそ、さほどの不調法ではなかったとすべき」または「外国へ伝えることだからこそ、軽い処分で済ますべき」という。ここで後者の主張は「重たい処分を下すことになれば、外国人に対して日本人が不人情なことを実際に行ったから重たい処分になったと見なされてしまう。処分が軽ければ、さほど不人情なことは行わなかったことになる」というのが論拠であった。

二つに割れた議論は、流れは後者の方へ傾きつつも容易には決しなかった。七月半ばに長州藩が再び甲斐庄武助に様子を聞いたところ、評定所での議論は済んだという。ただし「こうした件は公方様（将軍）の決裁を仰ぐ必要があるが、まだ月番老中のところで話が止まっている」とのことであった。そして寛政八年も押し詰まった一二月一日、涌浦の人たちはようやく無罪放免となり帰村が許された。幕府は結局後者を選択したこととなる。

さて、天明四年令にせよ寛政七年令にせよ、漂流民送還に対する幕府の原則的立場を表明したものである。その立場は後者にとくに明瞭に示されている。漂流船は「懇切ニ救」うのが当然であり、漂流船に対して「不法無慈悲なる」扱いがあってはならない。とりわけそれは「異国に対し」てのことであるから無慈悲さは大問題である、と指摘する。そして両法令はともに朝鮮人を念頭に置いた法令であることが文中に明記されている。「漂流民送還制度」の対象として幕府が考慮したのは、まずもって正式な外交関係にあった朝鮮の船であった。

眺め／眺められる関係

日本の場合、長州藩など一部の例外を除き、各地に外国語通訳（朝鮮語通詞など）が配置されることはなく、また通訳が漂着地に派遣されることもなければ漂着地側が通訳の派遣を要請することもなかった。長崎には中国語・朝鮮語等々の通訳が配置されたから、漂流民送還が制度として機能し、漂流民を漂着地から長崎へ回送しさえすれば本国送還への次の階梯へと自動的に進んで行けたからである。これは中国漂着日本人の場合も同様であり、大陸各地から長江河口にある乍浦へと送り届けさえすれば、乍浦には対日中国商人が集住したから日本語での意思疎通に支障はなかった。朝鮮の場合は、漢城（漢陽、ソウル）、釜山などいくつかの拠点には国家的に養成された日本語通訳（倭学訳官）が配置され、配置のなかった地域への漂着事件に際しては最寄りの訳官が派遣されて事情聴取にあたった。漂着日本人の記録によると訳官の到着によって安心したことが記録に再々見えるが、それでも釜山に回着してからの安心感には及ばなかったようである。釜山浦には対馬藩の出先機関たる倭館があり、対馬藩の日本人が常駐していたからである（ただし、漂流日本人が倭館内に立ち入ることは許されなかった）。

したがって、長崎・乍浦・釜山に回着するまでのあいだ、とりわけ漂着地での意思疎通は必ずしも容易ではなかった。日本漂着中国人の場合は漢文による筆談記録が少なからず残されており、漂着地から長崎までの移送途中で漢文・漢詩のやりとりのあったことが知られている。しかし、日本漂着朝鮮人の圧倒的大多数は漁民であり、ほとんどが筆談も不可能であった。また海外に漂着した日本人は、最初に出会った人々の前で「日本」なる単語を書き示す場合がたびたび見られるが、漢字・漢文が必ずしも通じたわけではなく、十分な意思疎通が可能なほどの漢文運用能力をもった日本人の海外漂着事例はさほど多くない。

ところで、朝鮮人が漂着した日本各地では朝鮮語の単語を採録した史料が見つかることがある。また日本に漂着したベトナム人が日本語の単語を書き留めた記録も残されている。あるい

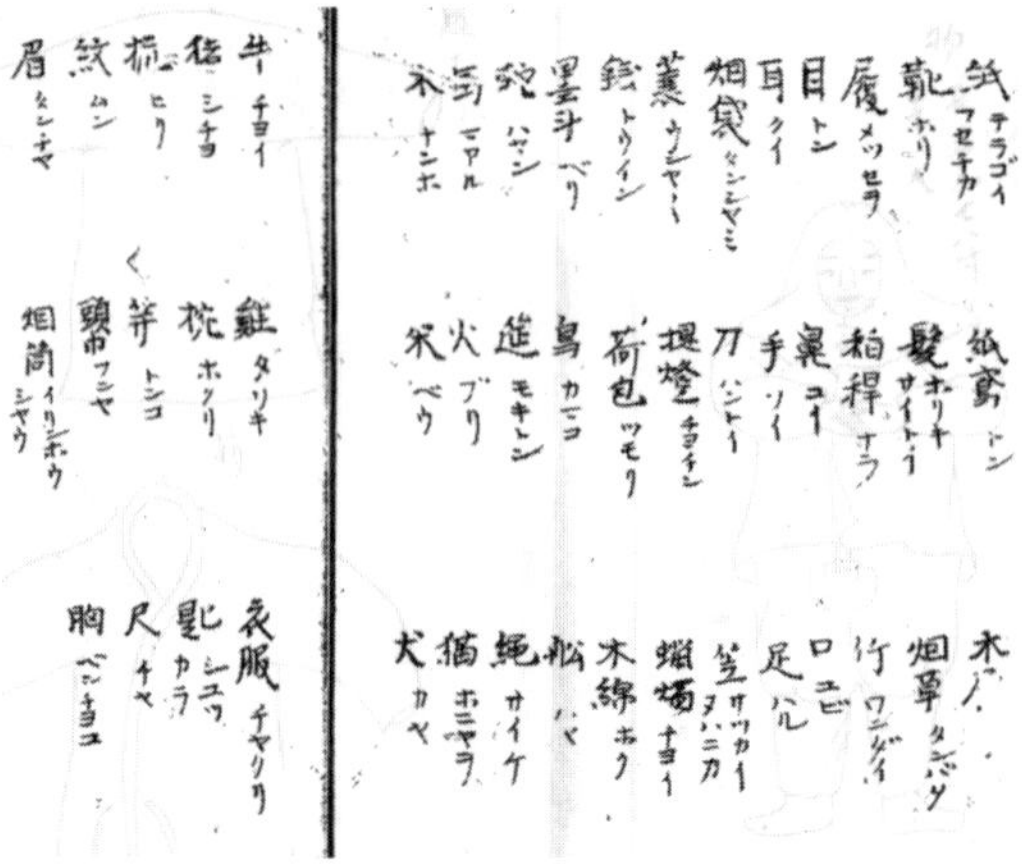

但馬出石領で書き留められた朝鮮語（「朝鮮人漂着聞合書」京都大学文学研究科図書館所蔵）

はバタン島に漂着した神力丸の日本人たちが多くの現地語を採録して残している。たとえばベトナム人は「一、二、三、……、十」「筆、紙、銭文」「水、飲茶、飲酒」「猫、蚊、蠅」「暑、寒」など五七単語を漢字表記のベトナム語発音とともに収録し、但馬出石領漂着朝鮮人については「匙　シュッカラ」「烟草　タンバヲ」のように朝鮮音がカタカナで併記された五〇単語以上が漂着地の日本人によって記録される。採録された単語が数詞や身のまわりの品々にかかわるものであるところに特徴があるから、外国語の採録行為は、異国文化に対する素朴な興味関心というよりは漂着地での意思疎通をより良く行いたい切実な気持ちの表れといえる。

そして結局のところ断片的な言葉のやりとりと身振り手振りと想像力が意思疎通を大きく規定したのであり、必ずしも十分に意思疎通がかなわない環境を強いられるなかで、漂流民と漂着地の人々の相互関係は多くは眺め／眺められる関係に終始した。

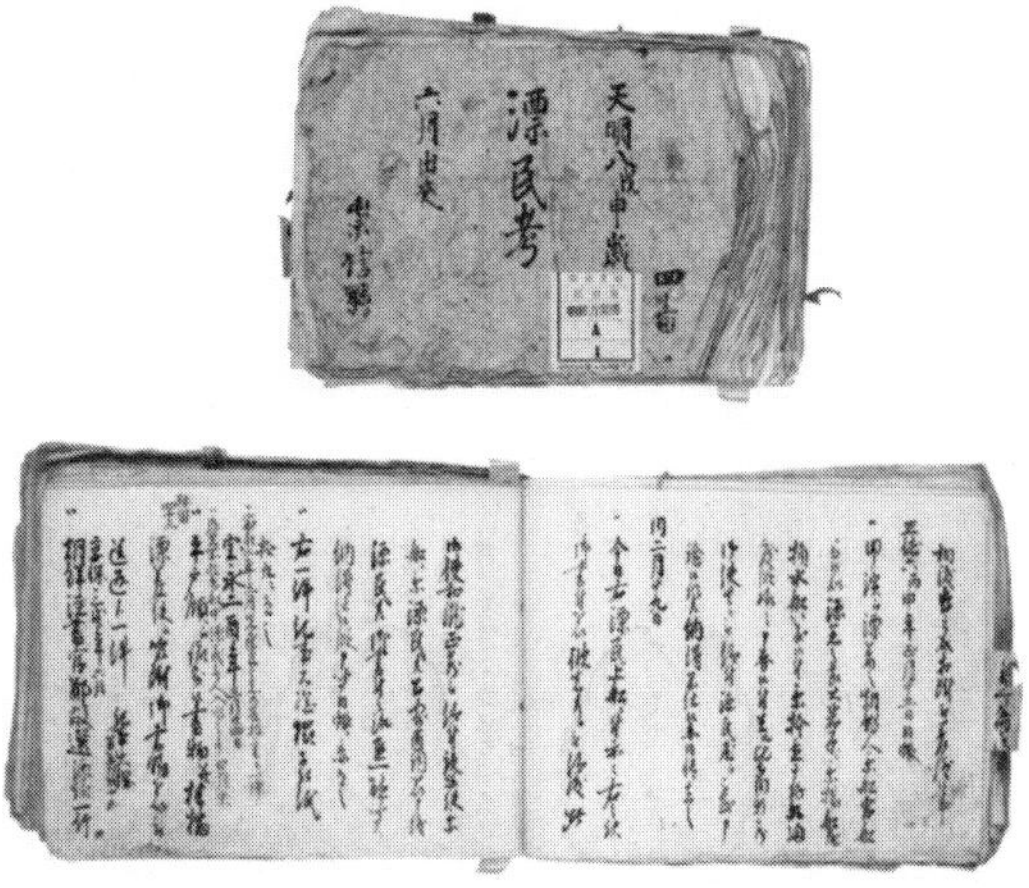

対馬藩による漂流民関係資料

リンデン伯爵の描いた長崎の朝鮮人漂流民（上下とも、『特別展「対馬藩と朝鮮通信使」図録』〔長崎歴史文化博物館、2013年〕）

漂流民たちは漂着した海辺からまずは領主の城下町等へ移送され、領主ごとに設定された宿所に収容された。江戸や長崎では対馬藩屋敷のなかに宿所が置かれ、対馬府中には恒常的な施設「漂民屋」があった。宿所の周囲には番人が置かれ、漂流民たちは行動の自由を制約されることの方が多かった。一方、宝暦一三年（一七六三）の長崎では、回送されて対馬藩長崎屋敷内の「朝鮮人小屋」に収容されていたはずの漂流民たちが「市中を猥りに徘徊している」ことが様々に記録されている（対馬藩政資料『漂民考』、長崎県立対馬歴史民俗資料館）。長崎市中を「独歩」する朝鮮人漂流民があり、魚町や出島蘭館の橋際で佇んでいるのが目撃された。そして「独歩」に留まらずに人家に入り込み、「米舂《つ》きをしたり薪を割るなど、日雇稼ぎ同前の所業に及ぶ者もある」という風聞すらあった。

対馬藩長崎藩邸敷地内に朝鮮人小屋を増設した絵図面は、年未詳だが敷地の形や増改築時期からすると天明七年（一七八七）から天保九年（一八三八）のあいだと思われるものだが、門塀あたりに朱書で構造変更が指示される。その朱書によれば、小屋の増設によって「朝鮮人は……勝手次第に外出することが簡単にはできなくなるし、そのうえ他所の人が〔朝鮮人を〕見物することもできなくなる……ので、取締まりも厳重になる」ので都合がよい、という。これは翻って考えれば、これら朝鮮人小屋増築前にあっては、朝鮮人漂流民が容易に敷地を抜け出して市街地を徘徊し、また長崎の人たちが対馬藩屋敷を訪れて塀越しに朝鮮人見物を繰り返していたことが分かる。安政二年（一八五五）に長崎へやって来たオランダ国王侍従長リンデン伯爵は、対馬藩屋敷の朝鮮人小屋脇に、河口縁に佇み、木に登り、釣糸を垂れたりする九人の朝鮮人を対岸から描く。朝鮮人民衆を示す白い服装と髪型はいかにも所在なげな様子であり、帰国を待つ漂流民の雰囲気がしみじみと伝わってくる。

朝鮮語通詞小田幾五郎

近世東アジア三国間にあっては、漂流民と漂着地の人々の双方に漢文運用能力が備わっていた場合、「直接的な」意思疎通が可能となった。「直接的」とはいっても会話体でもなく母語でもなかったから、必ずしも万全な意思疎通とはいえないが、それでも眺め／眺められる関係より遙かに深い交流がなされた稀有な例もある（第六章参照）。

そして、通訳もまた比較的自由な意思疎通ができた人たちである。それは本人の意思疎通はもちろん、通訳として日本語と朝鮮語それぞれの話者相互の意思疎通を媒介した。日本語のできない朝鮮人漂流民と日本官吏とのあいだをつないだのも朝鮮語通詞であった。その力量には個人差があり、それにともなって交流の質にも差異を生じることとなるが、近世後期の対馬藩を代表する朝鮮語通詞小田幾五郎は、単に言葉の橋渡し役を務めるだけでなく、朝鮮（人）と朝鮮文化に対する深い理解を心懸けた名通訳である。

彼は異文化理解に関わる著述をいくつも残しているが、そのひとつ『象胥紀聞《しょうしょきぶん》』のなかで「済州島の朝鮮人は日本に漂着しても済州島出身とは決して明らかにせず、全羅道南部の地名を出身地として詐称する」とするエピソードを書き留める。漂流した済州島民の出身地詐称は歴史的事実だが、それは現代の歴史学研究が明らかにしてきたことであって、江戸時代の当時にこの詐称に気づいた人物はほぼ皆無である（第五章参照）。それは単に朝鮮語の運用能力に長けているということだけでは明らかにしえない事実であり、小田の朝鮮（人）に対する深い理解があって初めて可能になったものといえる。

ところで小田は『象胥紀聞』の巻末近くで「朝鮮小説」「朝鮮国編集ノ冊」なる二項を設け、『象胥紀聞』がまとめられた寛政六年（一七九四）に知られていた朝鮮の小説・歴史書の書名を列挙する。前者はたとえば張風雲伝、九雲夢、崔賢伝、蘇大成伝や淑香伝など一一点であり、三国志などがハングル訳されていることも併記する。後者は高麗史記、海東諸国紀、東国通鑑、東医宝鑑、東国輿地勝覧、芝峯類説など一九書目となる。おそらくこれらは小田ないしは対馬藩のもとに入手され、内容も概観されているのだろう。通事の文化交流に果たした役割は、同時代的・即時的な媒介項というだけでなく、後世に異文化を伝え行く性質のものでもあった。

第五章　出身地を詐称する漂流民

朝鮮人の弁別

近世日本列島に漂着した朝鮮人の出身地について、当時の日本人がどの程度弁別しえていただろうか。一六世紀末から一九世紀七〇年代に至る時期に朝鮮人が日本列島に漂着した事件を、漂着民の出身地にしたがって道別に分類すると、全羅道が三八〇件余、慶尚道が五二〇件ほどとなる。その他六道の合計が一一〇件ほどであるから、日本列島に漂着した近世朝鮮人の出身地域は全羅・慶尚二道に集中していることが明らかである。このような漂着朝鮮人の出身地に顕著な特徴が見られるとき、漂着地の側ではそうした事実をどこまで把握できただろうか。

たとえば近世日本人は、漂着民の発する「ちょせん」という音、または書かれた「朝鮮」という漢字熟語、および髪・衣服の型などを通じて、異国人一般と朝鮮人との区別についてある程度判断できた。しかし、漂着地の人々には、はっきりとそうであるとまで断言できる自信はなかった。護送先の長崎で対馬藩による確認を経て初めて朝鮮人であったと記録しえた。

また、対馬藩においても、一八世紀はじめまでは、漂着朝鮮人の出身地について道・郡・県レベルで把握することについて、客観的な傍証の必要性も感じなければ関心もなかった。たとえば朝鮮王朝の一六歳以上男子は必ず戸牌を身に帯びることとされていたが、これは出生地・居住地・年齢・名前等を記載した身分証となる小さな木片である。しかし対馬藩は戸牌に十分に着目することがなく、調書には戸牌所持の有無は記録されるものの、そこに記載された内容には注意が払われなかった。

また、対馬藩が戸牌所持の有無に関心を注ぎ始めた一七五〇年代以降幕末に至るまで、実際には戸牌を所持していた人数は微々たるものにすぎない。対馬藩政史料『漂民被仰上』一三冊には五〇〇件四九三一人の漂着事件が記載されるが、うち戸牌の所持が確認されたのは二一件六一人（件数で約四％、人数で約一％）に過ぎない。ここで戸牌所持者が少なかったのは、漂流の途中で戸牌を意識的に捨てたことによる。宝暦二年（一七五二）二月、薩摩に漂着した一三人は誰も戸牌を所持していなかったが、それは破船の際に紛失したからだという。しかし他方で戸牌は朝鮮人が「ことのほか大切に」しているものともいうから、遭難時の衝撃によるとはいえ自然に外れたとは考えがたい。同六年一一月、長州に漂着した一二人のうち九人は戸牌を所持していたが、残る三人は「風波の節に捨てた」といい、同七年九月、出雲楯縫《たてぬい》郡に漂着した七人のうち戸牌を所持していなかった三人も「洋中で捨てました」という。したがって仮に対馬藩が、戸牌に着目することで漂着朝鮮人の出身地を道・郡・県のレベルまで客観的に検証しようと考えたところで、意図を達することはできなかったのである。

対馬藩側には朝鮮人漂流民の記録文書が膨大に伝来し、そこではたしかに朝鮮人の出身地が道・郡・県のレベルで記録される。しかしながら、それらは漂着民自身の供述に基づくものであって、何らかの客観的な判断に従って記載されたものではなかった。仮に漂着民が自らの出身地を偽って述べたときに、そこに疑問をさしはさむだけの能力までは対馬藩とて無かったのである。あるいは、出身地を詐称する事例に気づいた場合でも、対馬藩は漂着民の申告するままに出身地を記録し続けた。とすれば、より情報量の少ない日本列島各地の日本人が、漂着朝鮮人を見て何道何郡何県の出身者であるかを特定することなどはありえなかった。日本人と対比しての朝鮮人という弁別が関の山だった。

済州島出身者がいない

日本列島に漂着した近世朝鮮人の出身地域は全羅・慶尚二道に集中していた。このうち、全羅道を出身地域とする朝鮮人漂着事件三八〇件余について、日本側史料にのみ基づいてその出身地を調べたときに、そこに済州島出身者を見いだすのは難しい。日本側史料に、出身地が済州島であることを明示するものは、わずか二〇件にも満たない。一方、中世においては、済州島は東アジアに開かれた空間であり、一五世紀以前の日本列島に漂着する朝鮮人の多くは済州島人であった。それは中世における済州島民の活発な海上活動を背景としていると考えられたから、近世に済州島出身者の漂着事件が忽然と無くなるということは、彼らの海上活動もまた近世に入って突如として消滅したとでも言うのだろうか。

この点を明らかにするために、同一の漂着事件について日本側史料と朝鮮側史料とを突き合わせ、日本側史料で全羅道を出身地域とすると記録されたものが朝鮮側史料でどのように記載

近世日本に漂着した全羅道出身の朝鮮人

	？－全	全－全	全－？	全－済	説明の類型 (A	a	b	c	d)	？－済	済－済	済－？
1599 － 1645		3										
1646 － 1655		1								1		
56 － 65		9										
66 － 75		3										
76 － 85		3		1								
86 － 95		4										
96 － 1705		14		6	(4	2			)			
1706 － 15		4		5	(1	2			1)			
16 － 25		7		9	(	6	2		)			
26 － 35		8	1	4	(	1			)			
36 － 45		5		2	(	2			)			
46 － 55		3		5								
56 － 65		2	12	9							1	
66 － 75		1	7	7							1	1
76 － 85		2	11	5								
86 － 95		5	11	3								
96 － 1805		3	4	5							2	1
1806 － 15		1	19	2							1	2
16 － 25			13	4								
26 － 35			27									2
36 － 45		10	22	2	(			2	1)			1
46 － 55		9	1	14	(			8	4)			
56 － 65		20	2	6	(		5		2)			
66 － 72	2	7	4	14	(		9		10)		2	
73 － 88	10	1	2	11	(				5)	12		
1599 － 1872 の総計	2	124	134	103	(5	13	16	10	18)	1	7	7

［凡例］数字は漂着件数。「全」は済州島を除いた全羅道、「済」は済州島を指す。そして「△－▲」は、△が日本側史料に記された漂流民の出身地域、▲が朝鮮側史料に記された漂流民の出身地域、である。たとえば、「全－済」は、日本側史料では済州島を除いた全羅道を出身地としており、同一の漂流民を朝鮮側史料では済州島を出身地としているものである。また「？」は、該当史料が無いかまたは記述の無いことを示す。また、「全－済」欄の「説明の類型」については、本文中で述べる。

されているかを整理してみよう。

日本側（対馬藩側）の取り調べで漂着朝鮮人の出身地が全羅道（済州島を除く、以下同じ）だと把握され、朝鮮政府でもそのように確認された事例は全部で一二四件ある。ここに、日本側では不明だったが朝鮮側で全羅道出身者と確認された二件を加えると、近世を通じて確実に全羅道出身者の漂着件数は一二六件となる。

一方、日本側では全羅道出身と把握されながら朝鮮政府側で済州島出身者と確認された事例は、合計一一件である。また日本側で済州島出身と把握できたものは七件ある。済州島出身でない者が済州島出身者と詐称した事例は皆無だから、朝鮮側に対応する記録がなく日本側で済州島出身と確認されたものもまた確実に済州島出身と考えて良い。したがって、近世を通じて確実に済州島出身者の漂着件数は一一八件となる。

こうして、日本側史料だけでは済州島出身者の漂着事件は少ないように見えながらも実際にはそうではなかったことが分かる。右のほかに、日本側史料で全羅道出身と把握されながら対応する朝鮮側史料の欠如によって実際の出身地を確定することができないものが一三四件ある。ここでこの一三四件が、先に示した確実に全羅道出身者であるものと確実に済州島出身者であるものとの比率（一二六対一一八）に従って分けられると仮定すれば、済州島を出身地とするものの漂着事件は一八〇件を超えることとなる。この数字は、日本側で済州島出身と把握された数値の二〇倍を超える。

出身地の詐称

どうしてこのようなことになったのだろうか。この点を明らかにするために、日本側記録では全羅道出身者だが、朝鮮側記録には済州島出身者と現れる者について検討しよう。

そうした事例の初見は、延宝七年（一六七九）一二月四日、対馬豆酘浦に漂着した四一名の事例である。彼らは対馬藩側の記録によると全羅道康津出身者で、都から郷里へ向かう際に漂流したという。ところが翌年二月釜山へ回送されて朝鮮政府側が取り調べると、漂流民たちが所持していた紙牌（戸牌の一種）の記載から、実は済州島民であるとわかった。

ただしこの一件の場合、なぜ康津民を詐称したかは十分に明らかとはならない。釜山へ向けて対馬を発つ際に護送使から「おまえたちは本当は康津出身ではないいな」と言われ、不慮の問題が発生するのを懸念して咄嗟に「康津出身だ」と述べたという。

このように、日本側・朝鮮側両者の記録の違いの背景には、漂流民たちが日本側の取り調べに対しては出身地を詐称し、釜山まで回送されて日本側の所管を離れ、朝鮮側役人の管掌下に入って初めて自分たちの本当の出身地が済州島であることを明らかにした事実があった。

済州島民が、なぜ日本では出身地を詐称するのか。その背景が明らかになるのは、元禄一二年（一六九九）一二月七日、薩摩領屋久島に漂着した五四人の事例からである。この五四人の場合、粛宗二五年（一六九九）五月に対馬から漂流民護送使児島甚五右衛門が朝鮮人漂流民を釜山に護送してきたので、釜山僉使李泓が訓導朴有年・仮別差韓重億らを通じて事情聴取したところ、児島は漂流の事情を次のように述べた。全羅道羅州の商人五四名が昨年一一月二三日、全羅道楸子島へ向けて出船したところ漂流し、一二月七日に薩摩領屋久島に流れついた、と。

こうした事実経過の説明は、対馬藩国元で述べられた漂流民の口述書に基づいている。ところが、朝鮮側の取り調べが進むにつれて、彼らの出身地が実は済州島であることがわかってきた。そこで日本ではなぜ羅州商人と名乗ったのかが厳しく問われることとなった。以下に示すのは、漂流民たちの弁明である。

済州島は周囲がごつごつした岩礁で囲まれていて、潮の出入りも激しく、他国の船は済州島に接岸する安全な水路に習熟していないため、破船することが多い。そのため他国の人たちは、そうした事態をとらえて済州島人に殺されたと考えているかもしれない(①)。そうであるから他国の人たちは済州島人に出会うと直ちに殺害してしまう、という説が昔からある(②)。だから自分たちは殺されないために羅州貿穀商人に名を借りたのだ。

これが本当の出身地を明かさずに羅州商人を詐称した理由であった。

近世済州島人の自我認識

ところで、日本側・朝鮮側両者の記録に食い違いが見られるもののうち五七例については、その背景が明らかになり、その説明の仕方を整理するとおおよそ五つの類型に分けられる。

第一は、先に挙げた薩摩領屋久島漂着（一六九九年一二月）の事例とほぼ同じ構成のものである。そこではまず済州島を取り巻く自然環境の厳しさが済州島周辺海域での海難事故多発状況をもたらしていることを述べ、他国人のなかにはそれを済州島人が済州島に近付く他国人を殺害したものと誤解しているもののあることを述べる（前段）。そのため、済州島人と出会った他国人は、これを直ちに殺してしまうという説が以前からある（後段）。だから済州島以外の地域名称を出身地として詐称する、という説明の仕方である。これを類型Aとしておこう。

次に、倭人（日本人）が済州島人と出会うと直ちにこれを殺すという説が以前からある、だから出身地を詐称するという。これを類型aとしておく。さらに、済州島人が日本に漂着した際には直ちに皆殺しに遭うと前々から聞いているので、自分たちは日本では済州島人だとは名乗れないのだとするものがある。これを類型bとする。また、済州島民が異国に漂流・漂着した場合には出身地を詐称するという説明があり（類型c）、済州出身と称するのを忌み嫌っていたからとするものがある（類型d）。類型aからdは、いずれも類型Aの後段部分の派生形態である。

さて、以上にみるように、おおよそ済州島人が済州島人を名乗らなかった理由は、自分たちが済州島人であると相手に知れた場合に殺害されるおそれがあるからであり、また殺害とまではいかないまでも済州島人と称すること自体が憚られると観念されていたからであった。

ここで類型Ａａｂは相互に関連もなくまったく別個に生じたものとは思われない。とりわけ類型ａｂのような発想が独自に生じたとするならば、その発想の前提として近世日本人が漂着朝鮮人のうち済州島人だけを識別して殺害する事態を想定せざるをえない。しかし本章冒頭でも検討したように、近世日本人が漂着朝鮮人を見て済州島人か否かを区別するのは土台無理な話である。

そこで各類型が現れる時期的分布を見る（一二一頁の表参照）と、まず類型Ａが現われ、次いで類型ａ、類型ｂ～ｄへと推移していることが指摘できる。一方、類型Ａおよびａ～ｄの形式および内容に留意すると、以下のことが指摘できよう。類型ａは類型Ａの後段部分が独立したものであること。かつ類型Ａでは済州島人を殺害するのは他国人一般であったのが、ここでは倭人に限定されているところに特徴が見られること。また類型ｂは、類型ａがさらに転化したものと思われる。類型ａでは倭人が済州島人と出会う場所が特定されていなかったが、類型ｂでは場所が日本に限定される。「日本に漂着したときに済州島人だと知れると、直ちに皆殺しに遭う」と聞いたので、日本では済州島人だとは名乗れないというのである。そして類型ｃでは場所の限定すら外され、類型ｄに至っては理由すら分からずに自称することが憚られるとの観念のみが生き延びている。

こうした点からすれば、祖型は類型Ａにあるといえよう。それは、済州島人が他者からの殺害の危険にさらされているとの意識であった。そしてこうした意識は、近世朝鮮人一般には広がりをもちにくい発想でもあった。寛保元年（一七四一）五島に漂着した慶尚道昌原出身の三人は、「自分たちは済州出身者ではないが、済州の人たちは日本に漂着すると倭人たちがこれを皆殺しにすると考えて、それで身元が割れるのを恐れて號牌（戸牌）を海中に投げ捨てるという」と述べる史料がある。ここからすれば、漂着地で（日本人によって）殺害されるかもしれないとの観念は朝鮮人漂流民一般のものではなく、あくまで済州島人のみに限られたものであることが、他地域の朝鮮人によっても知られていることが分かる。これは、異国と対比させて形成された近世済州島人独自の自我認識である、ととらえてよい。

地域と時間の広がり

ところで、済州島をめぐる漂流・漂着事件を、日本との関わりに留めるのではなく、もう少し広域的に眺めてみよう。そうすると、済州島への漂着も、済州島からの漂流も、日本、中国、琉球各地域との関連が認められる。そして済州島への漂着民のなかでは中国人の漂着が目立ち、また済州島民が漂流して他地域に至る事例のなかでは、日本が圧倒的に多い。済州島をめぐる漂着・漂流の範囲は日本、中国、琉球に及んでおり、その広がりが、先の済州島人の自我認識を支えるもっとも根底的な要因をなしているのではないか。

近世琉球に漂着した朝鮮人の事例を集めてみると、漂着した済州島人が出身を詐称する事例は九つある。それらのうち詐称理由が明らかになるものについてみれば、先ほどの類型cに該当するものが二つ、類型dに該当するものが三つある。これら五つの事例が現れる時期的分布を点検すると、日本漂着の場合と特徴が一致する。類型cdいずれも一八四〇年代以降に頻出する点で傾向が同じだからである。つまり、漂流民たちが述べる限りにおいて、詐称する事情は日本漂着の場合と変わらない。またひとつの例外を除き、琉球側の史料で漂着朝鮮人の出身地が済州島であると記録されたものは皆無である。とすれば、済州島人は琉球でも自らの出身地を秘匿する必要性を感じ、詐称していたこととなる。

次に清朝中国の領域に漂着した場合についても、ほぼ同一の傾向が見いだせる。およそ一八四〇年代以後、中国大陸および台湾に漂着した済州島人が出身を詐称していることが指摘でき、詐称理由の説明は、先の類型c・dのいずれかに該当する。これらは時期的分布のありようからいっても、日本・琉球漂着の場合と共通するといえよう。

一方、こうした済州島人であることを隠そうとする意識は一六世紀以前にも見いだしうる。たとえば成宗八年（一四七七）二月一日、済州島を出船した金非衣ら八人が琉球に漂着した。彼らは琉球で通訳から二つの問い「あなた方は何国人か」「釣魚をしていて漂流してきたのか」を受け、「自分たちは相談してから、朝鮮国の海南人であり、進上米を都に運ぼうとしていて漂流した」と答えている。わざわざ八人で相談してから「海南」つまり全羅道海南県出身であると詐称しているのである。

また一六世紀以前において、他国人からも、済州島外の朝鮮人からも、済州島周辺海域が生命を落としかねない危険地域であると認識されていた。たとえば『今昔物語集』巻第三一〈鎮西ノ人至度羅島語〉には次のような言葉が引かれている。

其レハ度羅ノ嶋ト云フ所ニコソ有ナレ（中略）然レバ、案内知ラズシテ、人其ノ嶋ニ行ヌレバ、然集リ来テ人ヲ捕ヘテ、只殺シテ食スルトコソ聞侍リシカ。（中略）近ク寄ナマシカバ、百千ノ弓箭有リトモ、取付ナムニハ不叶ハズシテ、皆被殺ナマシ、ト。

ここで「度羅ノ嶋」とは済州島を指すと考えられているが、そこに近付くと島の人々によって殺されてしまうというのである。

あるいは、全羅道羅州の人で、当時済州島に官吏として赴任していた崔溥は、成宗一九年（一四八八）閏正月に済州島から羅州へ向けて出船して漂流し、中国大陸に至った。その漂流記『漂海録』の中で、崔溥は「朝鮮人が公用・私用を問わず済州島に往来する際に、海難事故に遭遇して行方不明になる者が数えきれない。運良く生還できた者は十百のうちの一、二に過ぎない」と指摘する。済州島への渡航が困難を極めたことがここに示されている。ただし、そうした遭難・落命の理由について、ここでは済州島人が殺害したから、というような立場はとらない。崔溥は済州島に到達できないまま更に南の諸国（暹羅・占城）へ漂着し、生還できない事例のあることを想定しているからである。

さて、こうして一六世紀以前の段階から、済州島人は漂流した場合に自らの出身を詐称する必要性を感じていたと思われ、それは日本、琉球、中国大陸のいずれに漂着した場合でも変わりはなかった。また、他国の人々が済州島周辺海域を危険視している、と済州島人が感じるだけの客観的根拠もあった。

認識の形成

こうした済州島人が自らの出身を詐称しようとする自我意識は、そうした歴史的に培われた意識を下敷きにしつつも、おそらくは一七世紀後半に具体的なものとして形成されたと考えられる。その理由は、自我意識の類型の推移の仕方にある。

先にも述べたように、この自我意識は類型Aから類型ａへ、そしてさらに類型ｂ～ｄへと変遷したと考えられる。その推移の大きな特徴は、説明の仕方が次第に単純化、簡略化され、具体性を失っていくという点にある。逆に言えば、祖型であると考えられる類型A以上には複雑な説明の仕方はありえない。そして、この類型Aは、一六二〇年以来の漂着事件を記録した『漂人領来謄録』のなかで、一六九八年になって初めて登場する。類型Aとしての定式化は、この時点をさほど遠くまで遡り得るものではなかろう。

そうした事情を以下の事例から推測してみたい。孝宗三年（一六五二）三月、中国商船が済州島に漂着し、乗員二一三人のうち一八五人が溺死するという凄惨な事件が発生した。さらに粛宗一四年（一六八八）にも、乗員六三人中溺死者四八人という漂着事件が発生している。また、これらの前後には、死者を出すには至らないものの、顕宗八年（一六六七）に九五人、粛宗一四年には七五人の中国人が済州島に漂着している。そうした大量の漂着民・大量の死者を目のあたりにした済州島人たちは、おそらく先の類型Aの前段に示されたことを実感したのではなかろうか。そうしたときに、済州島人が他国へ漂流し、殺害されるような事件が発生したとすれば、そこに類型Aの後段部分が実証されることになる。

延宝七年（一六七九）正月二四日、薩摩領甑島で破船と二六遺体が打ち上げられる事件が発生した。生存者はなく、打ち上げられた諸荷物から朝鮮人であろうと推測されたが、何道出身であるかについてまでは、口述書が取れないため不明であった。遺体はすべて甑島に埋葬し、残された船荷だけが釜山に回送された。朝鮮側がそれら雑多な品々を点検したところ、なかに進上用の柑子を入れた箱があり、粛宗四年（一六七八）一〇月に済州を出たものと分かった。この漂着事件は、漂着地の日本人が済州島人を見いだして殺害したものではなかったし、そもそもそうした識別能力が近世日本人に備わっていないことは先にも述べたとおりである。しかしながら、大量の漂着民・大量の死者を目の当たりにしてきた故郷の済州島人たちにすれば、済州島人が二六人も大量にまとまって死亡したとの報告を受けた時に、それをそのまま溺死とのみ受けとめることは困難だったのではあるまいか。

この甑島の一件を伝えた漂流民送還使高瀬與右衛門が釜山を離れてから、わずか二週間違いで、康津出身を名乗る四一人の済州島人が釜山に護送されてきた。彼らが、対馬藩の役人から「おまえたちは本当は康津出身ではないな」と言われてなお「康津出身」を詐称した背景には、詐称しなければ不慮の問題が発生するかもしれないとの懸念があったという。ここからは、済州島人が自らの出身地を詐称する理由をいまだ整序しきれていない様子を読み取ることができる。類型Ａが登場するのは、こののち最初の済州島人の日本漂着事件に際してであった。

こうして出来上がった類型Ａが、やがて類型ａｂに見られるように「日本（人）」のところに収斂していくのは、済州島人の漂流先のうち日本の占める割合が圧倒的に多かったことによると思われる。

異国と対比させて形成された近世済州島人の自我認識は、日本との何らかの関わりのみにその形成の根拠をもつものではなく、より広く済州島をとりまく周辺海域との、一六世紀以前からの関わりを通じて形成され、一七世紀後半に具体化された意識なのである。

ところで、一八七九年一二月、島根県に漂着した済州島人の事例以後、日本に漂着した済州島人が出身地を詐称する事例を見出すことは無い。一八八五年鹿児島県与論島に漂着した人々は、漂着地で出身地を問われたのに対し「朝鮮国全羅道済州人」と答えたという。清朝中国領に漂着した場合には一八八〇年九月の漂着事件に詐称事例を見出すことができるものの、ここでもおおよそ一八八〇年代には詐称しなくなってゆくと見て良い。

出身地詐称とナショナリズム

近代朝鮮人のナショナリズム形成に関わっては、その核としての斥倭＝反日の感情が論究され、そうした反日感情は豊臣秀吉による朝鮮侵略戦争（壬辰倭乱）の体験・記憶に淵源をもつものとしばしば指摘される。池《チ》明観《ミョングアン》は、日清戦争の契機となった東学農民戦争に際し、崔済《チェジェ》愚《ウ》の思想が民衆の間に急速に広まった背景には「壬辰倭乱による反日感情は朝鮮の農民の間に深く刻まれて、二六〇年の歴史を生き長らえた」ことを置く。そして「『壬辰録』のような軍談小説によって、壬辰倭乱の記憶が民衆の意識の中に深く刻み込まれた」ことに注意を喚起する。

一方、済州牧使李元鎮らによって編纂され、一六五二年頃に刊行された「耽羅誌」（『邑志』六〈済州道〉）」は、済州島の自然環境から地名、風俗、名所・旧跡、さらにはご当地出身の名臣・孝子・烈女等を列挙した、いわば済州島民の自我認識を示した郷土誌である。そこに壬辰倭乱の痕跡を訪ねたときに、行き当たるのは「名臣」の項に挙がっている金秀文ただ一人である。そこには「金秀文　牧使として倭賊を城に囲むこと三日にして退ける。秀文は軽銃を率いて（倭賊を）追撃して斬獲し、さらに倭船九隻を捕獲した」と記される。しかし金秀文の名前と事績は、正祖年間（一七七七～一八〇〇年）刊行の「済州邑誌」や一七九三年頃刊行の「済州大静旌義邑誌」には掲載されず、復活するのは一八九九年頃刊行「済州郡邑誌」に於いてである。

こうした壬辰倭乱の体験・記憶に対するいわば冷淡さは、済州島が壬辰倭乱の直接的な惨禍を被らなかったことに由来すると思われる。壬辰倭乱と朝鮮人の自我意識との間には、その共感の程度において地域的な濃淡の差があったのである。そこでは壬辰倭乱と照らし合わせて自我意識が形成されたというよりは、これまでに述べ来ったような済州島に固有な自然環境と歴史環境をもとに独特な自我意識が形成されたと見える。

ここで、済州島人にあって出身地を詐称しなくなる動向と壬辰倭乱の記憶を自らの歴史に重ねてゆく動向がいずれも一八八〇年代から萌していくととらえて良いとすれば、この時期に済州島人が朝鮮人としての単一の自我意識の獲得に向かったとしても良いであろう。このとき地域的な自我意識の差異を一つにまとめ上げる機能を付与されたのが、壬辰倭乱の体験と記憶であった。

壬辰倭乱の体験・記憶は、ただ連綿と受け継がれてきたと見るべきではない。それは、地域的に自我意識の差が存在した朝鮮人を一つにまとめ上げる役割を果たし、そのことによって近代朝鮮人ナショナリズムの核たり得たのではあるまいか。そしてこの壬辰倭乱の体験・記憶は、直接そこに共感をもち得ない人々をも巻き込みながら、目前に展開しつつある日本（人）の政治的・経済的侵略に当面することとあいまって、強固な反日感情を基礎づけることとなったのである。

第六章　ひとの交流

安田義方と金弘祖

江戸時代の日本人と朝鮮人が直接に対話を重ねた事例を探すのはなかなかに困難である。会って話をしていることが推測できたり、一方的な観察記録はそれなりに残されているにしても、なされた会話の具体的な内容や記録者の感想等々まで明らかになるものは必ずしも多くない。そうした交流の跡を具体化できるほどの資料として考えうるのが個人の日記だが、日本と朝鮮のそれぞれが「鎖国」状態にあるなかで、日本人と朝鮮人が一定期間をともに過ごしながら、その間の会話や感想を書き留めたような日記に行き当たることはめったにない。本章では、その稀有な日記資料を日本人のもの・朝鮮人のものそれぞれ一点ずつ取り上げながら、そこに示された交流の跡を具体化して、江戸時代における日本人と朝鮮人の相互認識の一端に触れてみたい。

ひとつは薩摩藩士安田喜藤太義方の残した日記である。文政二年（一八一九）七月、朝鮮半島の西海岸（忠清道庇仁県）に薩摩藩の武士三人を含む二五人の日本人が漂着した。江戸時代に日本人が朝鮮半島に漂着した事件は九二件一二三五人を数えるが、そこに武士が含まれる事例は多くない。一方、民衆が漂着した事例の場合、彼らは漂着地での意思疎通が困難であったため事情が詳しく伝わらない。漂流者の一人である安田義方（当時は沖永良部島代官付）は漢文による詳細な日記を残しており、漂着地における朝鮮人との交流が具体的に分かる。

もうひとつは、享保一九年（一七三四）に朝鮮から対馬に派遣された訳官使に随行したひとり金弘祖の日記『海行記』である。金弘祖は数々の訳官を輩出した牛峰金氏の一族に連なる人物で、祖父金指南は天和二年（一六八二）朝鮮通信使に訳官として随行し、使行録『東槎日録』を残した。また金指南が子息金慶門とともに編纂《へんさん》した『通文館志』は、朝鮮王朝司訳院（通訳機関）の機能や対中国・日本外交を概観する資料として有用である。さらに金慶門の弟金顕門は倭学訳官（日本語通訳）であり、正徳元年（一七一一）朝鮮通信使に押物通事として随行し、享保一九年の訳官使には正使となった。また、同じ訳官使一行にはもう一人の叔父金瑞門も伴人として加わった。したがって、金弘祖は二人の叔父（金顕門・金瑞門）とともに享保一九年に対馬に渡った。金弘祖自身は漢学訳官（中国語通訳）だったが、享保一九年訳官使に随行する以前に釜山・東莱府へ下向して倭館での折衝経験をもち、そこで対馬藩の人々との交流があった。

庇仁県監尹永圭との出会い

安田と朝鮮人との交流は、五つに分類できる。第一は庇仁県監尹永圭、第二は馬梁鎮僉使李東馨・忠清道巡察従事官李膺祐・折衝将軍李宗吉ら地方官僚、第三は金始基・張天奎・金基昉・金達秀ら下級官吏、第四は倭学訳官趙明五、第五は舒川郡萬戸朴泰茂・古群山僉使趙大永、である。

尹永圭（安田義方「朝鮮漂流日記」より。所蔵：神戸大学附属図書館　住田文庫）

まずは庇仁県監尹永圭との交流である。尹永圭は漂着地を管轄する地方官として漂流船と漂流民に対する責任を有したところから、安田と接触する機会が最も多かった。安田の日記では、漂着した七月三日夕方から、庇仁県を離れる同月二六日まで、ほぼ連日のように尹永圭の名が現れる。

七月四日、漂流船を訪ねた尹永圭は安田に向かってこう言った。「貴国と我国とはすでに修好のあいだがらなのだから、貴国の船が海難事故に遭って苦労するのをそのまま座視することなどありえましょうか」と。その上で、「国法にしたがって、船内の荷物をひとつひとつ点検させていただきたい」とも述べている。こうした発言の背景に、江戸時代における日朝間に平和で安定した友好関係が存在していたことは明らかである。しかし、安田の尹永圭に対する第一印象は、必ずしも良いものではない。安田がただちに日本語通訳の派遣を求めたのに対し、尹永圭は、通訳の派遣は荷物の点検を終えてから中央政府に申請するといって譲らなかったからである。点検後でなければ通訳派遣はできないものなのかと食い下がる安田に対し、尹永圭は、漂着船内の点検は国法であり、まずそれをなさねば官吏は処罰を受ける、として応じなかった。

しかし、次第に両者はうち解けてゆく。七月五日、尹永圭は安田の煙管に興味を覚え、安田が国分産の煙草を詰めて手渡すと、太守はふうっと煙管を吸ってから返した。そして自らの煙管を、一口吸ってから安田に勧めた。煙管は長さ三尺ほどの中国趣味であった。太守は安田の煙草を清香だと誉めた。七月七日、安田が琉球泡盛を見せると、尹永圭はそもそも酒をあまり嗜まない人だったが、異国・琉球の品と聞いて好奇心がうずいた。泡盛を一滴なめると他に類のない強い香りを感じ、この酒をなぜ泡盛と呼ぶのかと問うている。安田が、小さい器に注ぐと泡が盛り上がるからだ、と答えると、実際に注いで見せよという。ところが実際に注いでみると、どうしたことか泡が立たない。粗悪品か、漂流しているうちに悪くなったかと言い訳しながら、安田は「赤面寒顔」と筆談で恐縮の意を表した。尹永圭は、たしかに顔は赤いが、それは寒かったからかと微笑するので、安田は汗をふきふき「汗顔」と書き直す。そして酒を飲まない尹永圭は、懐からおもむろに煙袋を取り出して、安田に一服を勧めた。先日のより美味くて香りがずっと芳しいと誉めると、尹永圭はあれよりは少し落ちるんだがと首をひねりながら、恐らく煙管の傾け方が良い味を引き出すのだろうと補った。安田が礼に煙草入を贈ると、尹永圭はその「たばこいれ」という日本名を何度も唱えた。

日本画と和歌

七月一一日、尹永圭と漂流船内で対座したとき、安田は手近にあった家蔵の画を掛けてもてなした。森狙仙と月岡雪斎による二幅である。尹永圭は狙仙の画について、猿猴の毛なみに勢いが感じられて動きのある名作だと誉めた。狙仙は写生的な画法で動物画に特色をもち、大坂で活躍した。猿の画を数多く遺したことでも知られるから、安田の掛けたのもそうした猿猴のひとつであったろう。一方、雪斎の画幅には数人の女性が描かれていたとみえる。尹永圭は「綽約嬋娟《しやくやくせんけん》（たおやかで、容姿のあでやかなさま）」と誉めながらも、「化粧姿はたしかに女だが散髪姿がよく分からない、これが絵空事でないとすれば女ではないということか」と述べる。雪斎は京都で活躍し、人物画・花鳥画に優れた絵師である。

このほかにも、日常的な戯言ひとつにも中国の古典を踏まえるなど中国文化に由来する教養を前提にした筆談の数々が両者のあいだで交わされ、詩文贈答はもちろんのこと、話題は書画へも及んだ。そして尹永圭と安田は互いに尊敬の情で結ばれる関係となった。

二人の交流のうち、もっとも印象的な場面は以下のようなものである。七月二五日、安田ら三人の武士は、尹永圭に留別の倭歌をつくり、短冊にして贈ることにした。倭歌を贈られるというだけでも尹永圭はたいへん欣《よろこ》び、草書体で認《したた》められた「ひらがな」を眺めながら、龍が飛び蛇が走るような美しい書だと誉めた。もちろんそのままでは意味が通じないから、安田がひとつひとつ漢文に直して意味を伝えた。

しらくものやへたつをちにかえりみは　きみかなさけのふかきゆゑかも（安田作）
わかれてハともに見しよのつきかけに　よせてそきミをしのひやハせん（日高作）
いつのよにそこひもなけのやまの井の　ふかきなさけをわすれはて、ん（川上作）

倭歌は短冊に認められて、まずは詠みあげられたのだろう。尹永圭は、安田作の末尾二字「かも」に味わい深い余韻を感じ、また日高作の末尾四文字「やはせん」の響きに余情を感じるという。そして「かも」「やはせん」とはいったいどのような意味なのか、と問うてもいる。

安田と尹永圭のあいだで、こうした交流が実現した背景には、二人の接触の多さや各人の知識量もさることながら、尹永圭の旺盛な好奇心・探求心もあった。尹永圭は酒を嗜む方ではなかったが、琉球泡盛に対しては疼く好奇心を抑えきれなかったようだった。日本語を日本語のまま覚えようとしたり（「たばこいれ」）、日本画や和歌の美を美として受け止める尹永圭には思考の柔軟性があった。同じ漢字文化圏で育まれながら、そこから派生して異なるすがたかたちを見せる文化に対しても、それをそれとして受け止め得たからである。

地方官僚・下級官吏との交流

馬梁鎮僉使李東馨・忠清道巡察従事官李膺祐・折衝将軍李宗吉ら地方官僚たちとも詩文贈答を行い、また同時に中国古典に淵源をもつ教養を共有したことも安田の人物評から想像できるが、あまり具体的にはならない。お互いに接した時間が尹永圭と比べてはるかに少なかったことに由来するのだろう。

また、金始基・張天奎・金基昉・金達秀ら下級官吏たちとは、詩文贈答や詩作をめぐる評論を互いに行ったりもしたが、酒やたばこを呑みながら膝を突きあわせての談笑が交流の特徴である。最初の出会いからしてそうである。七月四日、張天奎・金基昉は漂流船へやって来て、船内にあった日本酒を目ざとく見つけると安田に飲んで良いかと問い、やがて「長鯨が百川を飲み干す」ような勢いで飲んだ。安田と彼らは煙草をのみ、酒を飲み、誰がもっとも酒に強いかを議論しあったりもした。その上で、下級官吏らは安田たちのことを心から思い、帰国後はどのような処遇を受けるだろうかと心配し、倭学訳官の到着が近づくと、倭学訳官は中央官僚だから言葉遣いには気をつけるようにとか、服装はきちんとせよといった細々したことまで気遣わしかった。

あるいは次のようなエピソードを挙げることもできる。七月一九日、金基昉と張天奎、金達秀、李宗吉らが漂流船に安田を訪ねてきた際に、金基昉は戯れに「僕の酒はまだ残っているか」と安田に声をかけた。「君の酒なんて知らないな」と安田が答えると、「では、尊公の酒も行方不明ってわけだ」と反問する。「まあ、そうだね」と答えながら、安田は酒を準備し、皆に勧めた。酒を飲みながら、金達秀は言い訳のように言った。いつも手ぶらでやって来ては酒を飲ませてもらうのも失敬な話で、まことに恥ずかしい次第ではある。けれど、尊公を慰めようとやって来ても、僕らにはこんなやり方しかできないんだ、と。安田は、四人ともみな日本酒好きだ、と短く記す。金達秀は安田を旧知の人のようだと述べるが、安田にとっても四人は気の置けない間柄にみえた。安田と下級官僚たちとの交流は、どちらかといえば俗世間にまみれた話題を肴に酒を酌み交わす姿が似合っている。筆談の数々には「秘密の情談」も混じっているから後々に残さないでほしい、とする七月一二日の懇願は交流の雰囲気を示唆してくれる。

倭学訳官・護送官との交流

ところで、尹永圭や地方官僚・下級官僚たちと安田とのあいだでは、ときに深刻な誤解を生じながらもやがて氷解し、相互理解の進みゆく様子が感じられる。しかし、倭学訳官趙明五とだけは、安田はどうしても良い関係が築けなかった。

七月一二日にようやく倭学訳官が現れたとき日本人一同は歓迎の声をあげたが、やがて趙明五の話せる日本語が「はじめて」と「左様でござります」の二つしかなく、結局のところ日本語がまるで通じないことが明らかになると漂流民はみな失望の色を隠せなかった。倭学訳官であるにもかかわらず日本語が堪能でなく、漢文も得意ではなかった。安田が趙明五と詩文贈答を行ったことはまるで無く、中国の古典を介した対話も存在しなかった。

ここで趙明五の日本語が安田らを落胆させる程度のものでしかなかったことは、相互理解を深めえなかった原因の一部分に過ぎない。趙明五は倭学訳官として、日朝通交の実態についての専門的な知識をそれなりに保持していた。しかしそうした専門的知識は不正確な水準に留まりながら、根拠の曖昧なままに確信と化して私的な利権追求の論拠とされた。つまり趙明五は、現実には専門的な力量のないままに中途半端な専門性を振りかざして権威的に振る舞おうとし、おまけに誠実さと柔軟さを欠いていた。中央官僚としての自負心だけは強かったからである。そうした一切合切が安田を不快にさせ、趙明五を「韓官第一の凡俗」と酷評するに至った。出会ったときから別れるまで、両者のあいだに良い関係が築かれることはなかった。

舒川郡萬戸朴泰茂・古群山僉使趙大永は、釜山へ向けての送還に際しての護送官である。安田はこの人たちと詩文贈答を少し行ってもいる。また八月六日に船を乗り換える際に、趙大永は「貴国の大切なる書（緊要書冊）があれば拝見できないか」と安田に声をかけたから、この人も書籍に対する関心がまるで無かったわけでもない。ただし趙大永も朴泰茂も自身では筆談ができなかった。直接的な意思疎通手段を欠いたから両者とはいずれも親密な関係にまでは至らなかった。

武士の日記

ところで、安田「漂流日記」は日本の支配層としての武士が書いたものである。たとえば安田は、豊臣秀吉の朝鮮侵略に関わっては、薩摩藩領苗代川の朝鮮人（七月三日）や「文禄中征韓之役」における島津氏先祖の戦功（一〇月一日）に言及する。そこには朝鮮人の連行を懺悔する姿勢は見えないし、戦争それ自体を否定的に述べたりはしない。むしろ先祖の苦戦に思いを馳せて感涙にむせぶといった構図さえうかがえる。この戦闘は近世武士の歴史にあって小さからぬ事件であり、朝鮮王朝の歴史にあっても避けて通れぬ重大事件であった。しかし「日記」を見るかぎりでは、朝鮮官人とのあいだで話題に上ることはなく、その歴史が朝鮮官人との交流に阻害要因として働いたわけではなかった。

「日記」にはときおり日本武士としての自尊心が垣間見える。たとえば七月八日、尹永圭からいきなり日本では文武いずれを尚《たっと》ぶかと問われた安田は、即座に武と答えた上で、文もまた日本独自だと付け加えた。県監がさらに漢詩文に長けた安田を武に似つかわしくないと言い切ると、安田は家宝豊後行平の刀を披露し、刃の閃きは斗牛を射るごとしとする尹永圭の「誉め言葉」に溜飲をさげた。あるいは七月二〇日、安田の座右に『周易大全』を見つけた尹永圭は、こうした書物は武職の人には関わらないものと思っていたと意外感を表した。すると安田は、文武いずれか一方が欠けてもならず、自分は武職ではあるが、日本では天下国家を担う基幹的な役割は士分が果たしているので、これらの書物を座右にしていると反駁している。ただし、ここに見えるような日本武士としての自尊心がただちに朝鮮人に対する日本人の優越感の根拠となったわけでもない。

小中華の意識

また一七世紀前半に明朝中国（漢民族の国家）から清朝中国（女真族の国家）へと変わったことを以て「中華」の喪失と捉え、ホンモノの「中華」ではないが「中華」の正統を受け継いだとする「小中華」の意識が近世の朝鮮と日本を特徴づけたとも考えられてきたが、そうした小中華の意識も「日記」には希薄である。唯一の例外が、七月一七日に朝鮮士人から贈られた七言絶句の後半二句に「小中華」なる語句が現れることである。そこには「帰報我邦消息日／衣冠文物小中華（帰りて報ぜよ、我が邦消息の日／衣冠文物小中華）」となっており、小中華たる朝鮮の姿を日本に伝えよ、という。しかしながら、この詩の作者名は記録されず、また安田の感想はひと言も記されない。詩から朝鮮士人のあいだに自らを小中華になぞらえる意識のあったことは分かるから、そこに日本に対する見下した姿勢を読み取ることも全く不可能ではない。また、敢えてその作者名を記録せず、また感想も記さなかった安田の姿勢に、朝鮮の「小中華」意識に対する日本の「小中華」意識を潜在的に読み取ることもあり得ないことではない。しかしながら、「日記」全体を貫く基調として、そうした朝鮮への対抗意識を読み取ることは難しい。むしろ、等しく教養を体得した者どうしの交流、そうした階層に属する者どうしの交流を重んじる姿勢こそが、この「日記」全体に流れる基調である。

さて、安田日記が武士の日記である以上、民衆の姿は視野の外である。薩摩船に同乗した日本人水主《かこ》たちが日記に登場することも稀である。個人名が現れるのは、漂流中に檣《ほばしら》を切り倒した知覧村三四郎と、七月八日午餐の席で舟歌を披露した楢野と吉村、七月二九日に朝鮮人と喧嘩をした権左と平助くらいである。あるいは、名前は分からないが、無断で上陸して浅瀬に幕を張り、朝鮮人ともども酒を酌み交わした船人の姿が書き留められてもいる（七月一一日）。

喧嘩

これらのうち権左・平助と朝鮮人との喧嘩について見てみよう。七月二九日の日暮れどき、護送官趙大永が数人の従者を率いてやって来た。そのうち一人が、船倉の梁に立て掛けてあった安田の槍をじっと眺めていた。槍の穂先は紙袋で包んであった。くだんの従者が紙袋に手を掛けた瞬間、権左がそれを制した。動きに気づいた日高は男を睨みつけ、安田は短く厳しい声を発した。権左が身振りで再び制したが、にもかかわらず広袖の男は紙袋を破り、槍の穂先が露わになった。

たちまち権左は傍らにあった材木を手にすると、奮然として男を打った。広袖の男も応戦したが、権左は男の冠を散々に打ち砕いた。それでも権左の憤りは収まらず、平助も加わったから喧嘩は闘争となった。何度も打つものではないと日高が制止して、ようやく権左は材木を手放した。

打たれた男は趙大永のもとへ走り、愁訴したのだろう。趙大永が安田に書簡をよこしてきた。貴隷がわが卒を打ったのは無礼も甚だしい、是非とも厳罰に処して欲しい、と。安田は、それは少し話が違うと応じた。貴卒が我輩の槍袋を破ろうとしたので下隷が制止したが、聞き入れなかったので打擲に及んだまでである。貴卒もまた材木を手に応戦したではないか。貴卒に礼が備わっていたとはとても言えまい。そもそも我輩の槍は我輩を意味するから、軽々と弄ばれてよいものではない。厳罰に処せよというならまず貴卒からというのが礼儀というものである。その次第にしたがって我が下隷も処分しよう、と。これに趙大永は一言の反論もできず、貴隷に過ちが無ければ放免されよとさえ言った。

知人との再会

金弘祖を乗せた訳官使船は、享保一九年(一七三四)正月一〇日釜山湾の永嘉台前で出船の儀を行い、一二日午前一時ころには西北風に乗って対馬島を目指して出帆した。同日午後二時ころに対馬島の北端にある佐須奈浦に到着して上陸し、三日ほど滞在した。

その滞在中、対馬藩大目付加城六之進なる人が金弘祖の近くに座っていたことがある。その顔をはっきりとは覚えていなかったが、六之進が金弘祖に向かって「私は以前に朝鮮へ渡ったことがあり、そのときに、ひょっとするとお目にかかったことがあるかもしれません」と言うのを聞いて、その顔をはたと思い出した。前年夏、対馬藩から藩主の代替わりを告げる使節が派遣された折、その随行者のなかに松之助という少年がいた。松之助は釜山で重病にかかって生死の境をさまよい、たまたま金弘祖の施術によって全快した。使節の正使は深く謝意を表し、六之進は常に正使の傍らにあったから、それでお互いの顔を覚えた。金弘祖は「大海の外でこうした人と邂逅できたことは欣慰に足るというものだ」と記す。

その後、訳官使船は島沿いに南下して対馬府中（厳原）に到着し、正月二二日に対馬藩主居城で最初の接待儀礼が行われた。食事を終え、酒のやり取りを終え、糖果・乾鳥魚・柑橘などがすべて下げられたころ、朝鮮語通詞広松茂八が一人の人物を伴って金弘祖の前にやってきた。その人は辞儀をして敬意を表し、「尊公が千里の海路を無事に越えてこられたことは欣賀にたえません」と言った。いったい誰の使いだろうと訝しく思っていると、その人は、勘定奉行の平田助之進、松之助の父だと名乗った。そして、子息が命を長らえたこと、金弘祖の力によって蘇生したことを深く恩義に感じ、今回の使行に金弘祖が加わっていることを知り、ぜひ謝意を述べたくやってきたという。

朝鮮船入津之図「朝鮮訳官行列之図」（慶應義塾大学文学部古文書室所蔵）

二月六日の朝、高崎七左衛門が金弘祖を訪ねて客館までやってきたが、この人は以前に釜山で見知った人物である。同七日、平山郷左衛門が客館まで訪ねてきて、金弘祖に外へ出てきて話を聞いてほしいと求めた。この人も釜山で見知った人である。平山は金弘祖に対し、対馬島にいる病人たちは金弘祖の来島を聞いて明け方から多数集まっていることを述べた。三月朔日には嶋村理左衛門が客館にやってきた。釜山で再々会うことがあり、たびたび贈物を交わしたことがあった。理左衛門は再会の感激を述べ、また手を挙げて縷々謝意を述べることが尽きなかった。

雨森芳洲と子孫たち

正月二二日の接待儀礼のとき、雨森芳洲の次男松浦賛治が金弘祖の叔父金顕門に挨拶をし、手紙を差し出した。返事は金弘祖が書いた。まず、松浦賛治の手紙文である。

私の本姓は雨森で、名は徳允。正徳三年（一七一三）に雨森芳洲に随行して貴国〔朝鮮〕に渡りましたが、そのときはわずかに一一歳。ときに足下〔金顕門〕はたまたま草梁〔釜山倭館〕にいらっしゃったので、たびたび拝謁することがありました。その後、無沙汰のまま打ちすぎること二十余年、思いもよらず本日お目にかかれることとなりました。この先も引き続いてお目にかかれる機会が得られるかどうかは定かではありません。私は雨森芳洲の次男ですが、松浦霞沼の養子となって改姓した次第です。

正徳三年(一七一三)年二月、雨森芳洲は対馬藩の役儀として釜山倭館に渡海しており、松浦賛治(雨森徳之允)は元禄一六年(一七〇三)生まれだから正徳三年には確かに一一歳である。芳洲は正徳三年七月には帰国するから、随行した賛治の倭館滞在は半年ほどである。そのわずか半年のあいだの倭学訳官金顕門との具体的な交流の跡は分からないが、二十余年を経てなお再会を求めたくなるほどの懐かしさがあったということである。

正月二五日、前藩主による接待儀礼のために行列を組んで登城する際、道筋の左手に雨森芳洲宅があった。芳洲は家の門口に立って金顕門の乗った輿が通るのをあらかじめ待っていた。それに気づいた顕門は輿を降りようとしたが芳洲が押しとどめ、輿のままに短く挨拶を交わした。

行列の後ろにいた金弘祖は、そのとき見た芳洲を「年齢は七〇近くだが顔も容貌も衰えがなく、ふたつの眼は瑩々と輝いて人を動かすように見えて、世俗を離れた清らかさがあり飾り気がない」と描写する。芳洲は寛文八年(一六六八)生まれだから実際にも六七歳であった。二月一二日、居城で行われた二度めの接待儀礼に雨森芳洲と松浦賛治が現れた。二人と金弘祖は朝鮮語で対話をし、それで十分に意思疎通が果たされたという。

芳洲は、正徳三年の倭館での金顕門との交流を振り返り、二〇年を経た今次の再会を嬉しく思っていると述べた。また、芳洲の長男顕之允が病気のため挨拶に来られないことを詫びる。一方、金弘祖はこれに対し、対馬に来る前から芳洲との交流を叔父から聞かされていたこと、面識を得たいと願いながらなかなか叶わなかったこと、いまその願いが叶ったことを述べた。

同一五日、松浦賛治が兄顕之允の子亀之允を連れて客館に現れた。亀之允は懐から手紙を出して金弘祖に手渡した。そこには「小生乃雨森院長孫児、名亀允也」とあり、書体はいかにも幼なかった。朝鮮語通詞を介して「これは自分で書いたものか」と尋ねてみると、そのとおりだという。八歳にして文字を能くするというのは珍しいことではないか、世に虎は犬を生まずというのはこのことだ、と金弘祖は亀之允を誉める。

同二六日、雨森芳洲が孫亀之允とともにやってきた。芳洲が亀之允について「この子はほぼ書字を解するので、ここで書を書かせてみては如何か」と言ったので、紙筆を用意させた。訳官使の一団が見守るなか、亀之允はその場にあった杜牧の七言絶句「蘆花深澤静垂綸／月夕煙朝幾十春／自説孤舟寒水畔／不曾逢著獨醒人」を筆写した。

大書された二八文字の配置、書体はいずれも驚くに値するほどみごとであり、訳官使のある者は紙筆墨を与えて亀之允を賞した。金弘祖もまた多くの菓子を贈るとともに、亀之允の父顕之允あての手紙のなかで大書された二八文字を誉めた。

医術の要請

二月七日、客館の外に病人が集まっているという。平山郷左衛門からの知らせにもあったように、草梁倭館での金弘祖の評判が対馬の人たちの知るところとなったようである。金弘祖の医学知識がどのようなものであったか、享保一八年（一七三三）夏に釜山で重篤の松之助を救ったのもどのような知識・医術を背景にしたものか、判然とはしない。日記の記述からすると鍼灸術ではなかったかと思われるが、ともかくも松之助を救った行為が対馬島内にも知れ渡り、金弘祖に対する診療要請が繰り返しなされるようになった。

たとえば二月二一日、倭館勤務から戻ったばかりの家老杉村采女から治療の依頼があった。杉村は長らくの倭館勤めで患ったこと、対馬島は僻遠の地で医者を求めるのは容易ではないことを述べた。金弘祖は朝鮮語通詞ふたりと采女の館へでかけた。症状は通詞の説明では分かりにくく、筆談で確認しながら診察した。終わってみると、邸の外には治療を求める老少男女数十人が立ち並び、一斉にそれぞれの症状を口にして騒がしかった。二九日には藩主の外戚にあたる樋口孫左衛門から診察の要請があり、朝鮮語通事ふたりとでかけ、三人ほどの診察をしてから辞した。三月二日は前藩主の子村岡左京から乞われて診察に行った。一八歳で、両目がほとんど失明状態だった。そこを辞するときに、また老少男女が集まってきて口々に一斉に病状を訴えた。さらに一九日にも依頼があって家老杉村仲邸へ病人の診察に行った。これらの診療要請が朝鮮医学に対する尊崇の念を背景にしたものかどうかは明瞭ではない。要請する側は、対馬が「僻遠の地」であって良医を求める手段に乏しいことを再三繰り返すからである。

一方、三月四日、朝鮮語通詞花田重右衛門が鍼灸術を身に付けたいという若者を伴ってやってきた。春日玄意といった。対馬は僻遠の地でそうした技術を容易に得難いところ、金弘祖のことを聞きつけたという。玄意は五日にもやってきて、亡父が朝鮮の鍼医李秀甫から与えられたという書を見せてくれた。一〇日も日暮れまで筆談をして帰り、一五日には玄意に穴法を講論した。二〇日、しばらく寒疾を得て臥せっていたという玄意がやってきた。もうじき金弘祖が帰国すれば朝鮮と対馬と遠く境界を隔てることとなり、限りあるなかで次はいつお目にかかることができるかも分からないので、病を押してやってきたという。

金弘祖の限られた滞在期間に鍼灸術の伝授を実現するのは難しかった。金弘祖は向学心にあふれる玄意に対してこう助言する。「あなたの国の筑前や大坂といった都市には賢者が多くいると聞きます。そうしたところへ学びに出ることを面倒に思ってはいけません」と。金弘祖自身が医師として不十分だとの自覚もあったろうが、朝鮮医学を学びなさいと助言するのではなく、筑前なり大坂なりへ出てゆけば、それなりの水準の医学知識が得られると助言した点に留意が必要である。医術を学ぶにあたって大事なのは朝鮮・日本の医学水準の問題ではないとする判断が示されているからである。なお、伊藤信博の教示によれば、江戸時代の筑前は鍼灸術に必要な針の名産地であり、江戸時代における中国・朝鮮・日本それぞれの鍼灸術で用いられた針は長さに違いがあるという。日本で鍼灸医になるならば日本の鍼灸術を身に付けよというのが金弘祖の意図だったのかもしれない。

別れの涙

ふたたび安田義方に戻ろう。漂着地での約一ヵ月の滞在ののち、用意された朝鮮船に乗り換えて釜山へ向けて送還が始まることとなった。薩摩船（漂流船）は浸水して役に立たなかったからである。

漂着地を発つ前日、詩文贈答を望む者が早朝からひっきりなしに船を訪れた。荷物の積み込みの傍らで安田は終日筆談に明け暮れたから、心身ともに草臥れ果てた一日となった。眠りこんでいると、船の下から「安田、安田」と呼ぶ声がする。起き上がってみると、李東馨と李宗吉が既に枕元までやって来ていた。太守尹永圭が飲食を準備して、今から船に来るという。李宗吉は言った。これまで何日にもわたり尊公らとともに語らい楽しんできた。別離の気持ちは言葉に尽くせない。いつかまた逢える日がくるだろうか、と。安田は謝意を示しながらもこう答えた。別れの悲しさ、寂しさは余りあるけれど、恐らく再び逢うことは叶わないでしょう。残念です。

やがて太守が到着し、安田は太守尹永圭、僉使李東馨、折衝将軍李宗吉とともに宴を囲んだ。揃えられたのは一二品。半月餅、真荏餅、黄清、雪糖、麪、牛肉、鶩肉、海月糖汁、王瓜、水鶏卵、加里膏、猪肉が、それぞれ皿や碗に盛って並べられた。味も香味も芳醇で、いつもの宴に一〇倍するかと思われるほどであった。そういえば鶩肉は王羲之《おうぎし》の好物でしたねと安田が言うと、太守は微笑んだ。

ふだんは酒を嗜まない太守も数杯を傾けて、しばらく前に安田が詠んだ絶句を書にするよう乞うた。安田は留別の五言律詩を新たに詠み、ふたつ併せて太守に贈った。太守はさらに一枚の紙を広げて、画を描くよう求めた。安田は二匹の蟹の画を描いた。太守は安田の多彩ぶりを絶賛して、文の韓退之《かんたいし》、筆の王羲之、画の顧愷之《こがいし》にも比肩すると述べた。そして書・画・律における安田の名を永くわが国に留めようとも言った。「文の韓退之、筆の王羲之、画の顧愷之」とはずいぶんな誉めようだが、ここで留意したいのは、こうした物言いが尹永圭と安田義方とのあいだで「誉め言葉」たりえた事実の方である。それが「誉め言葉」たりうる文化的な共通基盤があってこそだからである。

太守が帰ったのは、明け方近くになってからであった。そして昼前になると、積荷を送還船に移すために小舟の往来が頻々と始まった。朝鮮官僚たちは岸壁から作業を見守る一方で、太守と僉使は依然として漂流船に留まった。安田は旅装に着替えて帆柱のあたりに佇んだ。

荷物を移し終えると、安田ら三人の武士は漂流船を下りた。沖合の送還船までは小舟に乗り、太守と僉使も同乗した。小舟が送還船に至ると別れのときがやって来た。安田らが送還船の舷側に立つと、太守は三人の手を一人ずつ握った。誰しも別れが惜しくて言葉にならなかった。太守は、三人が無事に故国に戻ることを願うと述べ、安田もまた太守の永く無事であることを祈念し、無事に戻ると誓うばかりだった。みなさめざめと涙を流して泣き、別れを躊躇したが、やがて小舟は太守を乗せて離れていった。胸がふさがるような思いで船上から望むと、岸へ向かう小舟の太守は何度も何度もふり返りながら手を振った。

一期一会

安田は望んでそこへ行ったわけではない。沖永良部から鹿児島へ帰ろうとしながら偶々《たまたま》漂流してそこへ至ったまでである。そして偶々出あった朝鮮官僚たちと酒を酌み交わし、煙草を呑み、詩文贈答を行い、わずかの期間に交誼を結ぶこととなった。そこは安田にとって初めての土地であり、二度と繰り返し訪れるはずのない場所であった。別れを間近にした李宗吉の言葉「いつかまた逢える日がくるだろうか」は実に切なく響く。

金弘祖の日記に示された交流もまた一回きりのものではある。けれどもそれは定期的に派遣される使節の一員としての交流であり、しかも朝鮮半島からわずかに離れた対馬島を舞台にした。何人もの対馬藩士が金弘祖と旧知の間柄であった。それは倭館での業務遂行過程で知り合い、そうした業務が終わってからも、お互いを懐かしく思うような関係が形成されていた。三ヵ月ほどの対馬滞在中には、何度も釜山からの船が到着し、その度ごとに家族からの手紙が託されていないかと金弘祖は一喜一憂した。これは、朝鮮半島と対馬島の近さを如実に示すものであろうし、そうした距離感覚のなかで訳官使の諸行事は遂行された。それは朝鮮通信使の場合とはかなり異なる文化交流の背景をなしたことだろう。

一方、文化八年（一八一一）六月三日のことというから、文化度朝鮮信使の国書伝達儀式が終わり（五月二二日）、返書伝達儀式（六月一五日）を待つまでのあいだのことである。信使一行の随員のうち上官そのほか大勢が西山寺へ酒肴持参でやってきて「楽《がく》など致し」たという。要はどんちゃん騒ぎである。西山寺和尚は彼らの訪問をあらかじめ知らされておらず、法事に出かけていて不在であった。和尚が寺に戻ったのは真夜中の二時ころだったというが、そのころまで騒ぎが続いていた。和尚は、これは藩を通した公式行事ではないことを藩庁に連絡し、上官との公式の対面は行わなかった（西山寺文書）。

信使の随行員には直近の訳官使随行員からも少なからず選ばれる。このときの信使は易地聘《えきちへい》礼《れい》で対馬府中への派遣だったから、直前の訳官使（文化六年）に随行し、わずか二年前に対馬府中を経験済みの朝鮮人たちもたくさん混じっていた。何の事前連絡も無く突然に酒肴持参で西山寺を訪ねてゆき、和尚不在のなか真夜中までどんちゃん騒ぎに打ち興じ、それでも許容される姿は、なんとも微笑ましい。

江戸時代の日朝交流は、その時代の特質に規定されて一回限りの交流を基本的特性とする。しかしながら、ときに繰り返される性質の交流が伏在しており、そうした交流についての検討がこれまで十分には展開されてこなかった。この点の解明は、近代以後の日朝交流を考える際の、あるいは前近代から近現代への交流の展開を考える際のひとつの焦点ともなりうるものである。

第七章　絵画とモノ

接待の空間

何の変哲も無い空間が、ただ一幅の掛軸によって一瞬にして接待空間へと変貌を遂げる。あるいはもてなす相手にしたがって床間の掛軸を変えることで、空間の雰囲気を新たにすることがある。同じく空間を仕切る障壁画や襖絵が容易に取り替えにくいのに対し、床間や違棚の飾りつけは目的・用途に応じて可変的である。まずは接待空間を構成するモノ――とりわけ床間の掛軸に留意しながら訳官使を考えたい。

そこでまず、訳官使の対馬府中到着から出発までの日程を簡略に述べておきたい。たとえば寛文四年(一六六四)一一月二二日、金同知・卞判事を筆頭に七二人の訳官使一行が対馬府中に到着した。一二月一日、訳官使が金石城に初登城し、藩主と対面の儀式を行った。これを初度御対面と称した(のちに茶礼として記録される)。七日には、やはり金石城内で中宴席が設けられた。一二日には対馬藩主の菩提寺(かつ徳川将軍歴代の位牌をも祀る)萬松院に参詣し、萬松院参詣はのちに萬松院宴席と称された。一五日には訳官使が以酊庵へ赴き、以酊庵僧主催の宴席が設けられる(以酊庵宴席)。一八日に出振舞が城内で設けられる。これはのちに出宴席(出船宴)と称されるようになり、また実際には宴席を設けずに下行物の支給で済まされることが多い。そして二九日、対馬府中を出船して一連の行事が終わった。ここでは、これら宴席における空間構成に着目したいのである。

武具に囲まれての待機

茶礼の当日、宿舎を出て金石城に到着した訳官使たちは、玄関から上がると墨絵之間に案内されて、しばらくそこで待機した。対馬藩主が御広間上段に現れると、奏者が両使へ御広間へ移動するよう伝え、礼曹書翰を持参した訳官両使が御広間中段へ進み、対馬島到着後はじめての儀礼が始まった。

金石城の座敷配置は今は分からないが、こうした儀礼の進行状況と併せ考えると、御広間と鷲之間・墨絵之間および鑓之間は近接した位置にあるものと考えて良い。とりわけ墨絵之間は、登城した訳官両使が待機する控えの間であった。その墨絵之間と鷲之間はふだん襖と障子で仕切られていたが、今は取り外されて広い空間が作られており、その空間の東には襖障子際に大鉄砲二三挺、北には金屏風を立てて鉄砲七〇挺、西にも金屏風を立てて弓四〇張が飾られた。そして恐らくは、墨絵之間から御広間へ至る途中で鑓之間を眺めることとなるのであり、その北面にも玉薬箱が五つずつ四段に重ねられるとともに鉄砲九〇挺が、西面にも鉄砲五〇挺のほか馬具が並べ立てられた。

こうした武具飾りは同じ金石城御広間での中宴席や出宴席に際しても同様であり、場所を変えて行われた以酊庵宴席も武具飾りによって区切られた空間で催された。以酊庵の表門のところへ臨時に番屋を設けて木綿幕と巻屏風で空間を仕切り、そこに武具飾り（弓五張、鉄砲五挺、鑓五本）をしつらえた。また、表門をくぐって玄関に至るあいだにも屏風を立て、木綿幕と屏風とで仕切った空間に武具飾り（同前）を揃えた。

つまり、登城して最初に上がる入り口のあたりを初めとして、大広間に至る通り道に数々の鉄砲や玉薬、弓や大筒などを並べ、それら大量の武具の存在が訳官使の目に否応も無く飛び込むように配置されたのである。控えの間で待機するあいだ、また控えの間から儀式の現場へ導かれる道すがら、訳官使たちは大量の武具に囲まれ続けた。

掛軸と棚飾り

控えの間から儀式の現場＝御広間へ導かれると、そこには武具が飾られていない。

対馬藩主が御広間上段に着座して控えているところへ、訳官両使は御広間中段へ招かれ、やがて上段へ進むこととなる。おそらく中段に着座した段階で気づくことになろうが、藩主の座した上段の、訳官両使側からすれば右手に床と棚があり、そこに数々の調度品が並ぶ。それは例えば寛文四年（一六六四）一二月の茶礼で見れば、「御広間床ニ御掛物、雪舟三幅対（割注）「カマ〔蝦蟇〕・福禄寿・テツカイ〔鉄拐〕」、立花二瓶」である。

五つの宴席のうち萬松院宴席では墓所と位牌への参拝を主とするから掛軸が掛けられる事例は多くない。寛文四年と一二年（一六七二）に羅漢四幅対の掛軸が掛けられ、その後は、延宝六年（一六七八）・同九年に狩野益信筆の三幅が、宝永六年（一七〇九）・正徳二年（一七一二）

に狩野安信筆の雁絵が掛けられる。また、以酊庵宴席の場合には掛軸の記載が一貫して無い。

茶礼の大広間では、はじめのうち雪舟筆の同一画題（蝦蟇仙人・福禄寿・鉄拐仙人）が継続して掛けられ、引き続いて狩野常信筆のものが多く掛けられる。この場合、画題は必ずしも一定しない。また山水画の場合、常信のオリジナルなのか雪舟の模作なのかは判然とはしない。また御書院で掛けられるものの作者は一定しないが、趙麟や呉偉（小仙）や「唐筆」としか記録されないものを含めて中国（元〜明代）のものが目につく。一方、中宴席の御広間には狩野派のものが、御書院には土佐派の武者絵が掛けられることが多い。これら中宴席で掛けられた画が出宴席で繰り返し掛けられる例も少なくない。

全体に、作者としては雪舟と狩野派・土佐派が好んで掛けられており、それらのあいだに中国画が交えられる。また画題の特徴としては、「蝦蟇仙人」「鉄拐仙人」「漁夫問答」といった哲学的なものが好まれているように感じられる。

鉄拐図（上）・蝦蟇図（京都国立博物館：知恩寺所蔵。これは雪舟ではなく顔輝作）

次に棚飾りについては、茶礼・中宴席ともに中国に由来する文物が多く並べられる。たとえば、明代の文人画家文徴明《ぶんちょうめい》、宋末元初の水墨画家牧谿《もっけい》、唐宋八大家の蘇東坡《そとうば》などが好んで配置され、度々並ぶ「清明上河図」は中国北宋の都開封を描いた画巻である。

文化易地聘礼の接待空間

まず、田保橋潔の記述によって文化易地聘礼の日程を整理しておく。

文化八年（一八一一）三月二九日、正使金履喬・副使李勉求を始めとする朝鮮通信使一行は対馬府中に到着した。五月二二日、宗氏居館〔桟原城〕大広間で朝鮮国書授受の式が挙行され、同二六日、宗氏居館において饗宴が催された。六月一五日、宗氏居館大広間で回答国書別幅の授受が行われた。同月一九日、宗氏居館において別宴を挙行し、「先例による能をも興行した」。通信使一行は、同月二五日に対馬府中を発って帰国の途についた。なお、朝鮮通信使が到着した三月末には幕府上使はまだ対馬に到着しておらず、また別宴に参加することなく六月一九日には対馬を離れている。

さて、この文化易地聘礼における「朝鮮国書授受式―饗宴―回答国書授受式―別宴」という一連の儀式について、その空間を構成した掛軸に注意しよう。

儀礼の繰り返された桟原城御広間は、朝鮮国書授受式（五月二二日）には、居間の棚に和歌浦蒔絵箱が飾られ、御小居間の床には御掛物一幅、御書院の床には狩野常信の二幅〔四季之画ないしは松鶴・竹鶴）、同棚には八橋の蒔絵料紙箱が並べられた。饗宴（同二六日）は、居間棚に呉仲十景ほかが並べられ、御小居間には雪舟の寒山拾得図二幅が、御書院床には狩野常信の昇龍図・降龍図二幅が掛けられた。回答国書授受式（六月一五日）に際しては、御居間の棚に七十二候手鑑が飾られた。また御小居間床には墨跡一幅が掛けられて、棚には秋鹿の蒔絵が飾られ、御書院床には明代の画家劉俊筆の寒山拾得図二幅が掛けられた。同じく棚に和歌浦蒔絵箱が飾られた。別宴（同一九日）では、御上段床に御掛物三幅（三大将の図）、棕櫚之間に掛物一幅（唐筆鳳凰図）、御書院床に掛物一幅（劉敔筆仙人の画）が掛けられた。

訳官使接待は、対馬府中の宗氏居館で行われたが、登城した訳官使たちは、まず武具に囲まれた空間を経て儀式の挙行される場へ誘われたが、その儀式の場は雪舟と狩野派・土佐派および中国画、さらには中国・唐宋代以来の文物に彩られて空間が仕切られており、そこには哲学的な意匠が強く意識されたから、全体に深い文化的な雰囲気の漂う空間構成となった。

武具によるいわば威圧は、それが武家政権を担い手とする幕藩体制の色合いであったが、同時にそれは生の軍事的威圧に終始するのではなく、中国に由来する文化に対する深い理解と愛着をもともなった力量を背景とした政治力の示威であった。そして、訳官両使が文人外交官であったとすれば、文化的要素の色濃い儀式の場に立ったときに、それなりの敬意を感じながら周囲を眺められたのではなかったか。能のストーリーが細部まで了解できたかどうかは分からない。日本由来の物語には異国趣味を読み取り、中国由来の古典には共感をもちえたのではなかったか。
伝統的絵画・芸能によって空間を構成しつつ儀式の場を作る、そのモデルは究極的には江戸城ではなかったろうか。朝鮮通信使の儀礼が行われた江戸城内は数々の障壁画で囲まれ、芸能としては能が興行された。江戸城内の障壁画が常設のものであるのに対し、金石城・桟原城御広間は掛軸や飾り物による可変的な装飾であった。ここから端的に指摘できるのは、訳官使接待の式と極めて類似した空間構成で、朝鮮通信使接待が進行したという事実である。

『御取寄物』

話題をモノに転じよう。韓国国史編纂委員会所蔵の対馬島宗家史料のなかに『御取寄物　御大名方　以酊庵御頼之品　附《つけた》り、鷹御取寄　持渡取寄物御免之類』（以下『御取寄物』と省略）と題する冊子が何冊か含まれている。それは、Ⓐ朝鮮からの取り寄せ品、Ⓑ朝鮮への持ち出し品、を申請者・申請年月日とともにおおむね年代順に整理した冊子である。これらのうち明和四年（一七六七）～文政七年（一八二四）の三冊分を素材にして具体例を挙げながら、右のⒶⒷの状況を概観しておきたい。
Ⓐ朝鮮からの取り寄せ品についてみると、Ⓐはさらに、ⓐ朝鮮産の品をそのまま取り寄せる場合と、ⓑ日本から素材を朝鮮へ送り、それを朝鮮で加工して取り寄せる場合とに分けられる。

ⓐは、たとえば文政二年一一月に、対馬藩国元家老古川将監が虎皮一枚を取り寄せたとするものである。たとえば文政二～七年の五年間をとってみると、この間に取り寄せた虎皮の総数は五七枚であり、平田宮内は二〇枚、氏江佐織は九枚、古川将監は八枚といったように一人で多数の虎皮を取り寄せている。平田宮内や古川将監は対馬藩国元家老であり、氏江佐織は同江戸家老である。ほかの虎皮取り寄せ者たちも、おおむね家老職にある者たちばかりである。同様にして豹皮も総計二二枚が取り寄せられるが、これも家老職の者たちが入手している。入手した後の用途については、この史料の限りでは良く分からない。

ついで目立つ取り寄せ品は、朝鮮団扇、朝鮮筆、朝鮮画の類である。しかも、これらは三〇本・二〇枚・六〇本あるいは一五〇枚などといったように、一時に数十という単位で取り寄せが行われており、大量に求められていることが分かる。取り寄せて後に個人的に消費できるような分量ではないので、音物（進物）用というのが目的であろう。実際にも「以酊庵へ音物用」と付記される場合があり、以酊庵僧の日記にも離任の時期になると朝鮮製の団扇や筆を進物として受ける記述に再々行き当たる。

ⓑは、右の「朝鮮画」取り寄せの派生形態である。扇ないしは料紙を朝鮮へ送り、そこへ「朝鮮人に書画を描かせて取り寄せる」というものである。それは、「江戸表金主（江戸町人の資金提供者）」たちへの音物（贈り物）としたいので「和扇百本」を朝鮮へ送り、「（その和扇に）書画を描かせたい」と付記される事例がある。入手した朝鮮書画の贈り先としては、「江

戸表金主」「江戸・上方御銀主」「上方御銀主」「大坂御銀主」といった名目が掲げられるから、これらは恐らくは対馬藩に様々なかたちで資金提供を行ってきた町人たちではなかったか。また、贈り先がこうした町人たちの場合、贈物としては朝鮮書画（扇子や団扇に描かせたもの）が多くを占めるが、上方銀主へ小杜若三〇株、芍薬二〇株、姫百合一〇〇、笠百合一〇〇、鳩ふたつがいを贈り（安永五年〈一七七六〉四月一一日）、京都大坂銀主上田常作と井筒屋源介には黄鳥ひとつがいずつ贈ったことがある（安永七年〈一七七八〉二月二九日）。後者の場合、「両人とも（対馬藩の）御用をきちんと誠意をもって勤めてきたし、（贈り物の）費用もたいした額ではないので」そのような贈り物をしたという。

ほかに贈り先には「公儀御役人」「大坂銅座役人野村伊助」といった武家も含まれる。あるいは「江戸表御役内」とする場合もあるが、これは江戸藩邸で接触をする幕府の吏僚たちではなかったろうか。そして明和五年（一七六八）一二月六日に認められた「江戸表」への贈り物は朝鮮錦二本、賞賜緞二本、胸背三、四双および離宮香類を五つ六つといったものであり、大坂銅座役人野村伊助へは朝鮮人の書を二枚贈った（享和二年〈一八〇二〉一〇月一九日）ようである。後者の場合は別途「注文の額字の手本」を受け取っているから、大坂銅座のどこかに掲げる額字を朝鮮人に書かせたのだろう。また、贈り先が大名・公家である場合、贈り物の内容がずいぶんと違うように感じられる。

以酊庵僧による注文

次に、対馬府中の以酊庵に二年任期の輪番で在住した京都五山僧の注文品について見てみよう。ここには対馬藩側が以酊庵僧への音物として準備したものは含まない。あくまで以酊庵僧側が入手したかったものを取り上げた。以酊庵僧のなかには、ひとりで繰り返し朝鮮産品の取り寄せを依頼した者もあれば、一度も取り寄せを行わなかった者もある。取り寄せの内容も以酊庵僧ごとに同じではない。

取り寄せ希望について、寛政一〇年（一七九八）二月二二日の事例を挙げてみよう。

白地扇面拾紙　詩歌俳句の類（を書いてほしい）
有骨扇拾五柄
半切唐紙拾六片
聯壱隻　替紙あり、ただし、語句は内側に添えてある。替紙もともに
琴背銘壱紙　字形などは内側に添えてある
小紙弐張　語句は内側に添えてある
外ニ有骨扇子拾五本　語句は何でもよい
富士図壱枚　字形は内側に添えてある

盗路図壱枚　古語でも（書いてほしい）
扇地紙拾壱枚　詩歌俳句の類（を書いてほしい）
扇子五本
半切唐紙拾七枚
唐紙参拾枚　　切合物
同　弐拾枚　　二つ切
同　参拾枚　　二つ切　注文書は中に巻き込んである
　　裏打ちあり
　右の品々を朝鮮へ差渡し、朝鮮人へ注文どおりの字を書かせて取り寄せてほしいとの以酊庵からの依頼なので、まちがいないように代官方へ申し伝えるよう御勘定奉行所へ伝達する。

　ここに見えるのは、いずれも素材となる白地扇面や扇子、唐紙、小紙などの素材を朝鮮へ送り、そこに朝鮮人の手で何かを描かせて完成品を取り寄せるというものである。素材に付記されたなかに「字形（語句）は内側に添えてある」とするものがいくつか見えるが、これは、そこにどのような字（絵）を書いてほしいかについての仕様書が素材（扇子など）ごとに添えられている、の意と思われる。

そして書かせたのは漢字や漢詩文ばかりでなかったことは、「詩歌俳句の類」を指定しているところからも分かるし、ほかの事例では朝鮮人に「かな」を書かせたものもある。また、右の例では、すでに「富士」を描いたものを朝鮮へ送り、その絵柄に見合った「字形」を書かせようともいう。ここからすると、こうした要望は、朝鮮人に書かせることに重点があった、ということにある。必ずしも朝鮮らしい書や絵でなくても良いからである。

そして可能ならば能書家として高名な朝鮮人に書いてもらいたい、という意図もあった。注文書のなかには「一枚ごとに朝鮮何某と書かせ、印を捺させるように」とするものがあり、「注文書のとおりに朴徳源へ書を書かせるように」（寛政一二年〈一八〇〇〉）と指示するものもあった。朴徳源の墨跡は今日も日本各地に伝来する。当代の能書家として知られた人物であった。そうした評判を背景に、筆者を指定しての注文である。

なお、現在日本に伝わる朴徳源の墨跡は一六点ほど確認されており、朴徳源は、旧説では延享五年（一七四八）通信使の随員または明和元年（一七六四）通信使の随員とする見解が入り乱れていた。これに対して岡部良一は、朴徳源の墨跡のうち年代確定可能なものを再検討し、また『楽郊紀聞』に朴徳源が文化易地聘礼交渉の最中に刑死した記事が見出せることから、安永九年（一七八〇）〜寛政八年（一七九六）の時期に対馬へ派遣された訳官使の随員であろうと推測する。そして、「朴徳源は小通事として日本語は勿論、漢詩文、和歌・俳句にも精通した人であった」と評価する。

しかしながら右に見てきたように、注文者側が和歌や俳句を雛形として具体的に提示したうえで扇子や和紙にその通りに筆写させる注文の仕方があった。とすれば、朴徳源に書を書かせた場合であっても、あらかじめ雛形としての「和歌や俳句」が準備されていた可能性があるから、朴徳源自身が「和歌・俳句にも精通」していたかどうか即断はできない。また、朴徳源に書かせるよう朝鮮に宛てて注文されている事実からすれば、朴徳源の書跡が旅先で書かれたものと断定することも困難である。

植物や漢方薬材

以酊庵僧の取り寄物のなかでは、扇子や紙類を朝鮮に送り、そこに朝鮮人の書画を書いてもらって取り寄せるというのが最も多い。そのほかに焼物類や杖竹・らう竹（らう竹は細い竹で煙管用）や筆など細々とした身の回り品もあり、さらには植物や漢方薬材の取り寄せ依頼も見える。植物の場合、姫百合草・笠百合草のように品種を指定する場合（安永二年〈一七七三〉正月二四日）の方が多いが、ときに「朝鮮草花の類で珍しいものがあれば取り寄せてください」（寛政九年〈一七九七〉八月一九日）とする注文の仕方もあった。また、漢方薬材の場合も、「五味子、黄芩、遠志」（寛政七年二月二七日）について、それぞれ「苗をそれぞれ別々の箱に植えたままで」送り届けるように指定する場合もあった。

ところで取り寄せ品のなかにみえる薬材とりわけ朝鮮飴についてひとこと言及しておきた

い。事例は必ずしも多くはないが、漢方薬材として虎膽・虎脛骨・虎眼や青羊肝が取り寄せ依頼としてされるのにやや遅れて、「病用」として朝鮮飴の取り寄せ事例が増える。しかも利用者は、どちらかといえば幅広い階層にまたがっており、大衆薬としての役割を担っていたとみてよい。そして、対馬藩内だけでなく「上方銀主之内」や「先以酊庵大和尚選西堂」からの依頼が舞い込んでいるから、評判は地域的にも広い範囲にまたがっていた。

飴それ自体からして栄養価が高く、前近代の日本でも生薬として用いられていたが、薬草・地黄《じおう》の汁を水飴で練った「地黄煎飴《ちおうせん》」は江戸初期の京都では有名だったという。牛嶋英俊は、江戸時代の文献にみえる「ちやうせん飴」が「ちおうせん飴」の転訛であり、「ちやうせん飴」がしばしば「朝鮮飴」と誤読・誤解されることを指摘する。とすれば、朝鮮から飴を取り寄せてほしいとする依頼は、そもそも「ちおうせん飴」「ちやうせん飴」の誤解に発したものとも考えうるし、逆に朝鮮から病用の「ちやうせん飴」が取り寄せられて京・大坂でも知られていた事実が「ちやうせん飴」と「ちおうせん飴」の誤解を招いた可能性もありうるのではないか。

なお、これらのほかに、文化一三年（一八一六）一〇月一一日、対馬藩家老氏江佐織が朝鮮より取り寄せたものに「牛肉五斤」がある。単に食したものか薬用として用いたか、史料の限りでは判別がつかない。

朝鮮への持出品

『御取寄物』のうち(B)朝鮮への持ち出しの状況を検討したい。『御取寄物』には広く対馬・釜山間における物品移動の規制が示されており、藩の許可を得ずに持ち出したり持ち込んだりすることの厳格な取り締まりの様子が分かる。記録の圧倒的大多数は贈答品に関わる記述だが、なかに次のような事例がある（寛政七年〈一七九五〉九月）。

一代官　山崎初右衛門

中華輿地大絵図一枚、欧羅巴州総界之図一枚、林子平三国之図一枚、万国掌果之図一枚、遼東建州之図一枚、天象列次之図一枚、地球掛物三幅、地球一座、ウワタランテ壱座、イワタラビ壱、準器壱、立覧器壱真針入、扇金壱、規矩盤壱座、虎放器壱真針入、真鍮小丸金壱、同勾信櫓壱、同揮発壱本、同方尺壱連、同分度金壱本、元器壱組

私はしばらく前から天地学に関心があり学んできましたが、（今回一代官として赴任するに際して）絵図・器物など右に列挙したものどもを持参し、（任期を終えた帰国時には）持戻り状にそれらを記載しても良いという許可を（出してほしいと山崎初右衛門が）願い出てきた。（検討の結果）それも仕方ないことだと（藩庁が）判断し、願いを許すことにした。願書に（許可文言を）書き入れて、その書き入れ文言をもって与頭に（許可の件を）通達する。

一代官として釜山倭館に赴任するあいだ、年来学び続けてきた天地学に関わる絵図や地球儀および器械類を対馬から持ち出し、任期を終えたら倭館から対馬へ持ち帰りたい旨の要望書が山崎初右衛門から出され、認められたという記事である。この場合、持ち出すものと持ち帰るものは同一であり、かつ私物である。誰かに進物として準備されたわけではない。一方、対馬から倭館へ持ち出した私物の一部を帰国時に東莱府の訓導・別差に置き土産とした記述は特に珍しいものではない。そうしたなか天地学にかかわる物品については、持ち出したものをそのまま持ち帰ることを条件にして釜山への持参が認められた。したがって、『御取寄物』に見える贈答品とりわけ対馬から持ち出された品々は、持ち出しには厳しい制限が設けられ、藩側がひとつひとつについて判断をして承認を与えたうえで持ち出された物品だということに留意が必要となる。

朝鮮官吏への音物

(B)朝鮮への持ち出し状況について全体的な趨勢を眺めると、その多くは朝鮮官吏に対する音物の持ち出しである。具体的な品物としては、傘、陳皮、植物の苗、鍋、からくり、上酒など様々であった。朝鮮官吏側からのリクエストがあってその品が選ばれたことが分かる事例も少なくない。また、倭館で日常的に接する訓導・判事といった下級官吏への音物である場合が多いが、なかには都の歴々（朝鮮政府中央官僚）からのリクエストの場合もあった。それは例えば『和漢三才図会』『本草綱目』がリクエストされたりするが、前者については持ち出し厳禁ということで却下されている。

明和四年（一七六七）から安永五年（一七七六）の一〇年間の『御取寄物』によれば、持ち出された品目には、蘇鉄、きりしまつつじ（霧島、映山紅）、紅葉、さつきといった植物や『四書章図』『綱鑑』など中国・朝鮮の書籍が目につき、さらに手洗、折風呂、鍋、薬罐、香炉など様々な銅製品（銅製品は原則としては持ち出し厳禁）も見える。少し変わったところでは、寛政二年（一七九〇）三月、朝鮮細工刀鞘五本を「日本で塗らせるように朝鮮人から依頼」されたり、文化一二年（一八一五）一〇月には蜜柑・柚子・久年母《くねんぼ》をあわせて二百ほど贈り、同一三年一二月には白砂糖三〇斤を音物としている。

これらの多くは倭館で日常的に接触する東莱府の日本語通訳たち（倭学訳官、任役、両役、判事等々）に対する音物であった。倭学訳官本人からの要望もあったが、彼らが東莱府使や「都表歴々」からの依頼を受けて（ないしは倭館と「都表歴々」との意向のすり合わせを行うため）音物の調達を行った場合もあった。安永五年（一七七六）九月二二日項にみえる銀七宝入小香炉は、ほかに見いだせないような特別なしつらえである。そもそもは倭学訳官崔来儀からの要望品というものの、この時期に倭館・対馬藩にとって利益となるように崔来儀が動いてくれたことに対する謝礼の意味が濃厚であった。倭学訳官たちとの日常的な接触を円滑にするための音物のほかに、こうした特別な働きに対する音物もまたあった。

特別な音物

寛政五年（一七九三）六月二八日、家老大森繁右衛門は、これから釜山へ渡海するに際して持参する音物として以下の品々を列挙する。

扇百本、㋐水晶団扇入一箱、日時計根付一、真針一、㋑硝子一重物一重、同二重物一重、同小燭台二本、廣蓋三枚、硯蓋二枚、盆台一つ（盆一つ添え）、木小燭二本、㋒硝子猪口十二、同盆二つ、同小角徳利一、硝子戸菓子簞笥一、同透し菓子笥一、透蓋菓子重一、硝子こつふ（コップ）二つ、丸鏡三面

品物の数や種類の豊富さもそうだが、水晶をあしらった製品（㋐）やガラス製品（㋑㋒）の多さがたいへん特徴的である。品ぞろえの様子から、日常的な儀礼や折衝にともなう音物とはかなり趣を異にすることがすぐにわかる。なんと言ってもガラス製品だから、おそらくは対馬藩長崎役を介して入手した特別な品々であったろう。

実は、大森繁右衛門渡海には特別な背景があった。このころ対馬藩は朝鮮通信使対州易地聘礼実現のために奔走の最中であった（従来江戸で行ってきた公式行事を対馬府中で行って対馬〜江

戸間での費用負担を省略し、贈物や儀礼も簡素化して、朝鮮通信使接待にかかわる費用全体を圧縮する意図があった）。藩内の反対派を抑え込みながら、大森は家老として易地聘礼を積極的に推進する立場にあった。ところが寛政三年一二月、朝鮮政府は対州易地聘礼の方針に反対し、交渉そのものを全面的に拒否してきた。こうした状況を打開するために、大森は寛政五年七月、自ら朝鮮渡海をして東莱府使以下との直接折衝に臨んだのである。拒絶された方針をひっくり返してでも貫き通すためにはあらゆる方法が動員されねばならなかった。

同様にして、寛政七年一一月七日条に記された、訓導朴正からの調達依頼を受けて戸田頼母から申請のあった注文品もまた前例のないほどに膨大である。ここで戸田の申請が対馬藩国元から倭館へ送り届けるようにとする注文なのは、戸田が離任間際の倭館館守だからである。

大森繁右衛門は国元、倭館、江戸を行き来しながら、戸田は倭館に踏みとどまりながら対州易地聘礼実現のために粘り強い折衝を続けた。その際、戸田は訓導朴俊漢を介して東莱府および朝鮮中央政府の懐柔に努めたが、寛政七年一〇月に至ってその成果が具体的に見え始めたという。注文の時期と膨大かつ品ぞろえの特別さとから推して、これらはこの間の朴俊漢の働きに対する謝意を込めながらも、朝鮮政府中央における易地聘礼実現の流れをさらに後押しする贈り物の数々と解するのが順当である。これまで、対州易地聘礼の実現には倭学訳官朴俊漢を通じた非公式折衝が大きく影響したと強調されてきた。そしてそこには対馬藩と朴俊漢との癒着が指摘される。大森や戸田が準備した音物の数々は癒着を具体的なモノから照射する。

第八章　史実と脚色

崔天宗殺害事件の発生

一〇代将軍家治の将軍襲職を祝うために江戸まで派遣された朝鮮信使の一行が、すべての日程を終えて帰国の途についた大坂の宿舎内で、宝暦一四年（一七六四）四月七日未明に事件は起こった。このときの朝鮮信使上々官（倭学訳官）崔鶴齢ら三名が事件後ただちに対馬藩宛てに提出した声明文には、事件の様子が以下のように活写される。

今七日の明け方、正使づきの都訓導崔天宗が開門の合図を行ったあと寝間に戻って熟睡していたところ、胸苦しく感じてはっと目を覚ましたところ、日本人が胸にまたがって、のどに刃を突き立てた。大声を立ててすぐにその刃を抜いて起き直り、捕まえようとすると、その日本人は逃げていった。しきりに助けを求め、従事官の都訓導卞璞および一行の人びとが急いで駆けつけると、疵口から血が流れ出ていた。驚いて事情を問うと、崔天宗の体は弱りつつあったが、手でのどの疵口を押さえながらこれまでの様子を述べた。その上で、自分はいま人から恨みを買う覚えがない、自分を刺殺しようとした者がどういうわけでなのかは身に覚えがない、という。すぐに薬を与えたが、だんだん気力が衰えてゆき、日の出ののちについに死去した。崔天宗の遺骸のそばには殺害に用いた刃があり、柄は短く、鐺の穂先であった。そこには魚永という銘が刻まれていた。この刃は柄・鞘ともに白木づくりで日本製のものに間違いなかった。

殺害犯が逃走する際に、従事裨将の炊事場を通りかかり、そこに臥せっていた下官姜文右の足を踏んだ。足を踏まれて驚いた姜文右が見たところ、燈影ごしに日本の黒衣を着て帯刀した者が急に走り出してゆくのが見えた。それで盗人が逃げてゆくぞと大声で叫ぶと、近くにいた下官白進国・金東安・朴春栄・金正玉・朴仁栄らが一斉に起き上がり、あいつは何かを盗んで逃げているに違いないと、ともに大声を上げた。上房裨将の炊事場にいた下官崔無淑・尹命石・乙伊・姜時大・金昌国、副房裨将の炊事場にいた下官金汝守・金老末・金允所らも起き上がってみたところ、くだんの日本人が戸口を飛び越えて逃げ出した。

さて、そもそも今回の信使は徳川将軍の襲職の祝賀のためにやってきたというのに、日本人が理由もなく信使の従者を殺害するなどとは前例もない一大変事である。この事件は、吟味の上で殺害犯を差し出していただかなければ、日朝友好の上でたいへん問題を生じることとなる。もちろん人を殺害した者は死罪となるのが天下同然の法であり、殺害に使用した刃は当方で確認したものですし、殺害犯を見た者は一人や二人ではなく大勢が確認したのだから、御詮議なされば必ず犯人が誰であるかは分かるというものです。どうぞ御吟味くださり、日朝両国百年の約条が立つようにしてくだされたく、千万望むところです。

崔天宗自身の証言、現場に残された「魚永」なる銘の刻まれた刃、逃走時に犯人に足を踏まれた姜文右らの目撃証言、それに大勢の朝鮮人が犯人の逃げ去るのを目撃していた。こうした点からすれば、犯人は日本人に間違いなかったし、すぐに捕縛されるものだと考えられた。そして殺害された崔天宗の側には殺される理由がなかった。

朝鮮側の不信感

犯人が鈴木伝蔵と分かる（四月一三日）までに六日、逃走した伝蔵を捕縛できるまで（四月一八日）に更に五日かかったが、対馬藩側からすれば致し方なかったという。事件発生の当初、対馬藩では朝鮮人同士の諍いの結果または崔天宗の自殺と見なしていたからである。伝蔵が事件を自白する書面が対馬藩のもとに届けられたのが四月一三日のことであり、それまでは事態を静観するような状態だったからである。

一方、捕縛ののち幕府の取り調べに対して伝蔵は次のように述べている。

八つ時分〔午前二時〜三時〕ころだったと思いますが、朝鮮人が開門の合図をするので、そののち再び従事・上官の台所口より忍び入り、宵に崔天宗のいるところへ行ってみたところ、よく寝入っておりました。まだ夜が明けておりませんでしたので、近くにあった行燈ひとつを崔天宗の枕元へ持ってゆき、面体をしっかりと確認したのちに胸の上に跨がり、懐に忍ばせておいた鑓の穂先でのどを突きました。すると叫びましたので鑓の穂先を抜かずにそのまま何度かのどを突きました。そのうち足を引っかけて転倒したため、ほかの官人たちも目覚めた様子がしたので、はじめに忍び込んだ台所口より逃げ出し（以下略）

伝蔵の供述した状況は、先の信使側声明書で述べられたものと酷似する。しかも伝蔵は次のようにも言う。ほかの朝鮮人たちは必ずや自分が崔天宗を殺したことを知っているに違いない。にもかかわらず朝鮮人たちが犯人は伝蔵だと名指ししないのは「伝蔵が出勤してきたときに捕らえて「なぶりもの」にし、恥辱を与えようという魂胆」に違いない。だから、大坂から逃走するしかなかったのだ、という。伝蔵は、現場から逃走する途中で、ほかの朝鮮人たちに顔を見覚えられたと確信していたのである。

趙曮図（李元植『朝鮮通信使』民音社〔ソウル〕、1991年、より転載）

　とすれば、今回の朝鮮信使正使趙曮《チョオム》は四月七日、「殺害を行ったのが日本人であることは、万が一にも疑いない」と断言するが、そう言い切るに足るだけの根拠があったと言って良い。だからこそ、先の声明書が「吟味の上で殺害犯を差し出していただかなければ、日朝友好の上でたいへん問題を生じる」「もちろん人を殺害した者は死罪となるのが天下同然の法」と述べたのであろう。

しかし、事態は遅々として進まなかった。製述官金仁謙は四月七日の日記に「蛮人が無常にも全然驚いたりする様子がなく、日暮れまで待ってもひとことも言ってこない」と記し、三使（正使・副使・従事官）は「一夜を経ても未だ罪人がはっきりと分からないというのは理解できない」と不満を隠さない。

伝蔵の言い分と処分

鈴木伝蔵に死罪が命じられたのは四月二九日のことであり、これは伝蔵捕縛のわずか一一日後のことである。あきらかに、はじめから死罪ありき、という政治的判断があった。それにしても死罪を行うに際しては一応の理由付けが必要だろう。それは「伝蔵はすすんで自殺すべきところを逃走したのがとりわけ不届き」だからだとされる。伝蔵にも言い分があったはずだが、その言い分をどのように処理しての死罪だったのだろうか。言い分は、逃走過程で残した対馬藩同役中あての書面に以下のように記される。

口上の覚

私儀、去る六日の暮れ時に、宿所である大坂西本願寺別院の台所で朝鮮人の行列奉行の人と口論となりました。というのも、その朝鮮人が日本の恥辱となることをおっしゃいますので、私が、日本のことをそのようにおっしゃいますが、朝鮮人は宿所に備え付けられている飾りの品々をお持ち帰りになります、これはどういうことですか、と反論いたしましたところ、右の朝鮮人は立腹し、皆さんがいらっしゃるところで杖で私を散々に打擲なさいました。その様子は、あきらかに御門堅めの御役人方もご覧になっており、その方々は当然かねてから対馬藩主より仰せつけられていた重大事項をよくご存じでしたから、そうしたこともあって恐縮し、やむをえず右の口論の相手を、夜に入ってから寝間に忍び込み、刺し殺し、ただちに立ち退いたわけでございます。御吟味の節には、右の通りを申し上げてくださいますようお願いいいたします。

四月七日　　　　　　　　鈴木伝蔵

御同役中様

ここで伝蔵が自らの行為を正当化する論点としては、次の二点が挙げられている。第一に、朝鮮人との間に「日本の恥辱」をめぐる口論があり、朝鮮人が衆人環視のなか伝蔵を杖で散々打擲した。第二に、「かねてから対馬藩主より仰せつけられていた重大事項」（対馬藩の掟）があり、それらを熟知している人びとの面前で打擲を受けたこと、それでやむを得ず口論相手の朝鮮人を殺害した。

また、そもそもの口論の原因については、幕府側の尋問を通じて明らかにされた。それは、四月六日の昼間に、大坂長浜の荷上場で発生した争いであり、朝鮮人下級官人所有の鏡が行方不明となったことをめぐる口論であった。その上で、伝蔵の言い分における二つの論点が成り立つものか否かの判断が、幕府には求められた。

幕府の審理

幕府は長浜の荷上場で起こった事件について、その場にいた加子（水夫）を特定し「何か分からないが紛失物がある様子で（中略）一人の朝鮮人官人がやってきて（中略）船中を探している様子で、声高に話をしておりました。そこへ名前は分かりませんが通詞がやってきて、その朝鮮人官人と対応し」という事実を聞き出している。ここで朝鮮人官人と応対した通詞が鈴木伝蔵であろうことは、加子の証言した周囲の状況が伝蔵の証言するそれと一致することからも明らかである。

しかしながら幕府は同時に、同日午後の御堂宿所での口論と、伝蔵が崔天宗から打擲を受けた事実を認定しなかった。それは、伝蔵が打擲を受けたと主張する場所と、その現場を見ていたはずだと伝蔵が主張する門番との位置関係からの判断である。「棒突（門番）の立ち位置からは、伝蔵が打擲を受けている様子は見えないから、伝蔵の提出した書面の内容は偽り」だというのである。そして「崔天宗が死んでしまった以上は、伝蔵の主張は一方的な言い分であり、崔天宗が悪口を言った上で伝蔵を打擲したという主張は採用しがたい」とする。

第二の点にかかわって最も問題になるのは「かねてから対馬藩主より仰せつけられていた重大事項」(対馬藩の掟)の存在である。伝蔵が審理過程で明らかにしたその内容は「朝鮮人が道理もなく対馬藩士を打擲した場合にはこれを討ち捨てて、いったん立ち退いたうえで国元へ戻るようにせよ。もし打擲されながらそのままに放置したならば、国元へ立ち入ることは許さない」というものであった。そして、これは対馬藩主がかねてから家中一統に対して申し渡してきたものと言う。もし伝蔵の主張通りであったとすれば、今回の伝蔵の行為は藩の指示に従っての行為となる。

幕府は四月二三日・二八日の二度にわたって対馬藩の通詞および通詞下知役に対し、「対馬藩の掟」の有無を質している。伝蔵の言うような申し付けが存在するのか、それは前回の朝鮮信使(延享度)のときにもあったのか、そもそも対馬藩の藩法のなかに存在するのか。

これに対して二九日、俵兵内ら対馬藩通詞下知役一一名は連名で返答書を提出した。朝鮮人が日本人に対して無礼・無作法な行為を働いた場合は「穏やかに取り計らい」、紛争を発生させた場合は、その者の越度(落ち度)であると「口上」で時々申し渡した程度のことはある。しかしながら、伝蔵が言うような、朝鮮人を討ち捨てにして立ち退くなどといったことは、延享度はもちろん藩法のなかにもそうしたものは無い、との内容である。

こうして藩側が伝蔵の主張するような掟の存在を否定するのに対し、伝蔵は「朝鮮人が非法なやり方で打擲した場合には討ち捨てにすべきというのは、延享度信使のときに対馬藩主が申し渡したものだということを通詞たちが話をしていたのを伝え聞いたものである」と述べ、藩主からの申し渡しではなかった、と自らの主張を後退させる。これを受けて幕府は「伝え聞いただけのことを、たしかに申し渡しがあったかの如く再三申し立てたのは（中略）全くもって申し開きできない」として、伝蔵の行為の正当性の主張をことごとく退けた。

しかしながら、幕府は結局のところ、打擲事件の無かったことを立証したわけではなかったし、対馬藩側返答書にもかかわらず、少なくとも「伝え聞いたこと」程度のものがあったことを排除していない。したがって、最終的な裁許に際してはそれらの点に踏み込めず「自殺すべきところを逃走したのがとりわけ不届き」としかせざるを得なかった。

唐人殺（難波夢）

崔天宗殺害事件を脚色した文芸作品について検討したい。この事件は時と場所を越えて広範な関心を呼び起こし、記録・伝聞の類も少なからず見られるが、脚色されたものも様々である。既に知られているものとしては、一見すると純粋な記録のように仕立てられた『摂陽奇観』『朝鮮人来朝記』『宝暦物語』や歌舞伎「漢人韓文手管始」、それに実録小説「唐人殺（難波夢)」などを挙げうる。

ここではまず、実録小説「唐人殺(難波夢)」で脚色の様子について例示しよう。

「唐人殺(難波夢)」は序文に次のように記されるから、純粋な記録かと思えてしまう。

(前略)宝暦十四甲申の二月、朝鮮の信使彼国より来る時に、大阪本願寺に止宿せり、宗対州の通詞鈴木伝蔵と云ふ者、上々官崔天宗を故有つて殺害せり。その始末くはしからねども理に於て可なる処あり、是に依つて綴りて閑窓の一覧に供ふ、巻をひらいて是れを見れば、おのづから理なる所を知るべし爾云

明和二乙酉仲秋　東武隠士某

この序文により、本書は鈴木伝蔵による崔天宗殺害には道理のあることを明らかにしようとしたものであることは分かるが、以下に示す内容からすれば、事実を客観的に記述したものではあり得ない。作者自身が「その始末くはしからねども」と述べているが、事件の内実にまで正確に踏み込んで書かれたものではない。人物名は実在のものだが、あくまで創作である。

はじめの舞台は長崎である。享保一九年(一七三四)、長崎丸山の遊廓に千歳という評判の遊女がいた。日本人遊女千歳は朝鮮商人桂彦と馴染みとなる。一年の逗留ののち桂彦は帰国することとなった。帰国の日を明後日に控えた三月一五日、桂彦は翌春長崎へ戻ってくることを

千歳に約束する。桂彦は懐に収めていた紺地に丸亀模様の錦の袋から、金の鶏の目貫を取り出した。雄鶏・雌鶏一対の目貫は桂彦の家に代々伝わる重宝であった。いま雄鶏の目貫を千歳に与え、自らは雌鶏の目貫を所持しよう。それぞれが互いの形見として再会を期そうというのである。

こうして桂彦は朝鮮に帰国するが、妻燕氏は夫の不在の間に甥の萬麗と密通していた。ところが桂彦帰国後は燕氏は萬麗と会うこともままならない。あるとき桂彦が所用で硯石山に出かけた留守に燕氏は萬麗と密会し、桂彦を亡き者にしてしまおうとの相談をした。その際、燕氏は、桂彦が家宝の「金の鶏の目貫」を常に懐にしていることを伝える。

萬麗は硯石山へ赴き、家路に向かう桂彦を鉄砲で殺し、その死骸の懐を探ると、雌雄あるはずの目貫が雌鶏しかない。あたりを探すが見つからず、仕方なく伯父の死骸を海へ投げ込んで帰宅する。

その後行方不明の桂彦を親類総出で百日あまり探すがみつからない。親族で評議した結果、甥の萬麗が桂彦の跡を継ぐことと決し、萬麗は桂彦と改名し、その後は燕氏と誰はばかること無く密通した。桂彦（萬麗）は奪い取った雌鶏の目貫を所持する一方で、千両の金子を献上して朝鮮国王の中官となり、さらに日々金銀を献上して上々官にまで上る。上々官となった桂彦（萬麗）は名を崔天宗と改める。

一方、そのころ桂彦の子を身籠った千歳は男子を出産し、千太郎と名付けた。桂彦との再開を約した春に朝鮮からは数百艘の船が渡海してきたが、そのなかに桂彦の姿はなかった。そんなある夜、千歳の枕元に桂彦が現れる。

朝鮮日本と隔つれども過し契りを忘れずして、某《それがし》をこの世に亡き人とも知らず、焦がれ慕ふ心ざしの嬉しく、暫らく閻王に暇を乞うて見ゆるなり、我れ去年日本より帰帆して朝鮮へ帰りしに、我が妻燕氏甥の萬麗と密通し、謀計を以て某が硯石山へ行きしをねらひ、暁山《げうざん》の松原にて萬麗鉄砲にて某を打殺し、家財を奪ひ取られ、其上、萬麗我が貯へ置きし金銀を朝鮮の官人に賄ひし、今は国王の上官となりて崔天宗と改む、其勢ひ甚だしく、之れに恨みを報ぜんことも叶はず、殊に朝鮮国に我が血肉の者もなければ、崔天宗を討つて我れに手向けん者もなし、幸ひ其方出生せし男子は、正しく我が種なれば、成長せば此事を伝へ崔天宗を討つて、父が修羅の妄執を晴らしてくれよ、（中略）何卒其身を全うして世悴を守り立て、我が敵を討たせてたべ……」

おおよそ現実に知りようはずのないことがらが、夢に語られた。桂彦の帰国から殺害されるまでの一部始終が語って聞かされた。千歳は桂彦の敵を討とうと心に決める。

鈴木伝蔵と崔天宗

そうした折り、対馬藩通詞鈴木伝右衛門が公用で長崎に逗留し、千歳に惚れて身請けを申し出る。ためらっている千歳に対し、伝右衛門は千太郎を養子として育てようと申し出る。この言葉に千歳は伝右衛門に身を預けることとした。

千太郎が一五歳になると、伝右衛門は約束通り養子とした。千太郎は伝蔵と改名し、日々武芸の稽古に精を出した。やがて伝右衛門が没すると伝蔵は跡を継いで対馬藩通詞となった。一方、千歳は髪を切って貞教と改名した。

貞教はやがて病に伏し、その床で伝蔵に実父のことを語って聞かせた。実父は朝鮮の桂彦という人で、いまは崔天宗と名乗る甥によって殺されたこと、父の敵を討って欲しいこと、そのために武芸の訓練をさせてきたこと、等々。そして、千歳は、朝鮮人で日本へやってきた者のなかに崔天宗なる人物がいたならば、敵を討って父の霊前に供えよと伝蔵に語り、桂彦の形見「金の雄鶏の目貫」を託した。

伝蔵は母の遺言を守り、明け暮れ崔天宗が渡海してくることと、自らの手で敵を討つことを念願し続けた。そうした宝暦一四年二月、将軍の代替わりを祝賀する朝鮮信使が渡海してきた。鈴木伝蔵は通詞として随行し、一行の中に上々官崔天宗なる人物を見いだした。心密かに喜んだ伝蔵は、敵であることの確証を得たならば大坂で敵を討とうと心に決める。

江戸での宿所浅草本願寺で、伝蔵は崔天宗が「金の雌鶏の目貫」を所持していることを知り、一時これを預かって、自ら所持する目貫と一対のものと確認する。くだんの崔天宗が父の敵との確証が得られたのである。ほどなく帰国の途上、大坂東本願寺へ到着する。来る四月四日は母の命日でもあった。伝蔵は、この日に崔天宗を討って父母に手向けんと念願する。

四日の真夜中、伝蔵は刀・脇差とともに柄の中程から切った鑓をもち、崔天宗の居間に忍び込んだ。それと気づいた崔天宗は「己れは通詞の伝蔵よな、我が金銀を奪はん為め、唯今こゝに来りしか」と声を上げる。これに対して伝蔵は父母のことを語り、父の敵討ちのために至ったことを述べる。「いったい何を根拠に」と反問する崔天宗に対し、伝蔵は「金の雄鶏の目貫」をかざして見せた。

両者は剣をとって争うが、崔天宗の剣が鴨居に突き刺さって抜けなくなった隙に、伝蔵は懐に入れておいた鑓で崔天宗の腹を突き刺した。

予て小蔭隠しおく槍追つ取り、崔天宗が太腹がばと突き通す、崔天宗は伝蔵が両刀を打落し、其上劔を鴨居に強く切込みて、抜かんとせしが、此槍にてどうと伏す、伝蔵やがて取つて押へ、止めを刺さんと、取直す槍の塩首しつかと握り、〔崔天宗が〕「やれ待て、伝蔵、言ふことあり」と起直り、「此世の名残りに一通り、我が身の上を懺悔せん」と、涙をはら〳〵と流し、「同じ血筋とは雖も、我れは色欲に迷ひ、父同前の伯父を討つ、夫れに引かへ其方は、顔さへ見ぬ父の仇を討たんとて幾世の苦労、血筋同じき其方なれども、日本人の腹に宿れば、是れほど迄に違ふものか（中略）今其方が手にかゝり空しく成るは我れ元よりの願ひなり、然りながら成せる罪とはいへども、此身は日本難波の夢となるとも、消えやらぬ悪名は両国の噂に留まり、永く汚名を残すべし、然りながら之れとても返らぬ繰言、さア首討つて父へ手向けよ」と両手を組みて坐し居たる、崔天宗が千悔の物語り、流石の血筋と、伝蔵も涙にくれ「其許《そこもと》の一言にて我が恨みも少しは晴れたり、此上は某も其許を殺せし罪にて、如何なる刑に逢ふとも、敵討の様子を申さず、我れ一人罪に落ちん」と、落ちたる刀を取り揚げて、ひらりと見えし稲妻に、首は前にぞ落ちにける、

伝蔵が崩れ落ちた崔天宗にとどめを刺そうとしたところ、崔天宗が最期にひとこと懺悔したいと起き直る。「伝蔵も自分も朝鮮人の父を持ちながら、自分は色欲に迷って父同然の伯父を殺害し、日本人を母にもつおまえは敵討をするために苦労を厭わなかった。同じく朝鮮人の血筋を引きながらも、日本人の腹に宿ればこれほどまでに違うものなのか」というのである。やがて騒ぎに気づいた朝鮮人たちが参集し、「崔天宗を討ちたるは通詞の伝蔵」と叫びながら伝蔵に取りかかろうとする。これに対して伝蔵は「彼奴等《きやつら》の手に掛らんは日本の恥なり」とつぶやき、朝鮮人を左右に追い散らして行方をくらます。

伝蔵は東本願寺から一里ほど東の小長谷まで逃れ、そこで雌雄の目貫と崔天宗の首とを朝鮮

の方角へ向けて父母の霊に供えた。伝蔵は、今回首尾良く本望を達し得たのは「養父の厚恩」と「日本の神祇別けて曾我の神力」にあるとして、富士山の方角を伏し拝みつつ、明け方まで念仏を唱え続けた。

翌六日、鈴木伝蔵は自ら進んで大坂町奉行所へ行き、「お尋ねの者参上仕り候」と述べて神妙に刀を渡し、ただちに揚屋へ入れられた。その後厳しい詮議に遭うが、伝蔵は崔天宗殺害の理由を明かすことはなかった。五月二日、大坂木津川口蘆島で死刑に処せられる。「伝蔵行年三十歳を一期として、尸《しかばね》を蘆島の土に埋めて難波の夢と消えにけり」という一行がこの小説の結びである。

脚色された作品の流布

「唐人殺（難波夢）」の写本は、これまでのところ、京都大学、東京大学、大阪府立図書館、東京都立中央図書館の四ヵ所に伝来することが分かっている。東京大学のものには何ヵ所かに追筆での書き込みがあり、たとえば朝鮮商人が長崎遊女と馴染みになる場面のところに「朝鮮商民長崎に通航することなし。これ全く法令成規をしらざる妄誕の説なり。信ずるに足らず」とあるから、それが創作であることは読者に承知済みであった。また、京都大学の追記によれば、「朝鮮人浪華の夢」とする作品が明和八年（一七七一）以前にいったん刊行され、ただちに発禁処分になったことが推測できる。もっとも、発禁処分後も読み継がれたらしいこともまた追記部分に明らかであり、水戸へ持ち帰られてのちに写されたものらしい。一方、大阪府立図書館のものは、奥書によれば天明六年（一七八六）に紀州和歌山郊外の寺庵で書写されたものという。これらからすると、大坂周辺や江戸周辺といった広がりの中で「唐人殺」が読み継がれていったことが想定できそうではある。

さて、少し話を転じよう。『歌舞伎年表』『義太夫年表』を素材に、延宝五年（一六七七）から一九世紀後半にかけて、それらの演劇が異国・異人を扱っていたり、それらの演劇に異国や異人が登場してくるものを抽出して編年整理すると、次のような特徴が見いだせる。

それは第一に、正徳年間（およそ一八世紀初め）からそうした「異国」「異人」が演劇の素材として好んで取り上げられてくる、ということである。この正徳五年（一七一五）には大坂竹本座で「国姓爺合戦」が初上演され、ただちに連続一七ヵ月間の大ロングランになった。

第二に、「国姓爺合戦」および類似する演劇は、一八世紀はじめ以降の近世を通じて一貫して上演され続けることである。「国姓爺合戦」の主人公「国姓爺」は劇中では和藤内とも称される「父は唐土、母は日本」という人物であった。「和藤内」とは「和（日本）でも藤（唐＝中国）でもない（内）」を掛けている。そうした人物が滅亡した国の再興のために奮闘するところが共感を呼んだものだと解されてきた。

第三に、異国や異人が登場する演劇は、それが上演される時期ごとに筋立てに特徴がある点である。ここで時期的な特徴はふたつ現れる。最初の転換点は一八世紀半ばから末ころである。この時期、筋立ての基本構想が「日本を転覆する」ないしは日本に対する「反逆」「謀反」というところに重点を置くものが現れはじめる。

ここで「日本を転覆する」ないしは日本への「反逆」「謀反」というときに、どういう人物に「転覆したり」「反逆したり」「謀反をおこしたりする」正当性が与えられているだろうか。これはまず朝鮮人にそうした正当性が与えられている。あるいは、安永四年（一七七五）の「けいせい鐘鳴渡」のように、「琉球太子より七草四郎謀反を受け継ぐ筋」となっているから、朝鮮や琉球の人たちにそうした反逆や転覆の正当性を付与していることが明らかである。また右の「七草四郎」もまた近世演劇の約束事で天草四郎のことを指すから、秀吉の朝鮮侵略や島原の乱で抑圧された人々に反逆の正当性を付与している。そうした反逆者像の象徴として作り上げられるのが「天竺徳兵衛」であり、日野龍夫は、「天竺徳兵衛」は民衆の「抑圧からの解放」を仮託したものと評価する。

そうした評価を踏まえた上で、右の作品群は、現実にある「日本」を否定的に評価することを介して「我々」自身を相対化しえた点に留意したい。「我々」を相対化するのは、「日本」を転覆する正当性を有した朝鮮人だ、ということである。朝鮮人は、秀吉に対して「耳を切られ、大仏に塚を築かれし恨み」（宝暦一一年「けいせい勝尾寺」）をもっている。そうした恨みをはらさんがための「日本に対する復讐」なのである。一八世紀後半以降の近世を通じて上演され続ける「天竺徳兵衛」系統作品では、天竺徳兵衛もまた朝鮮人の子として位置付けられる。

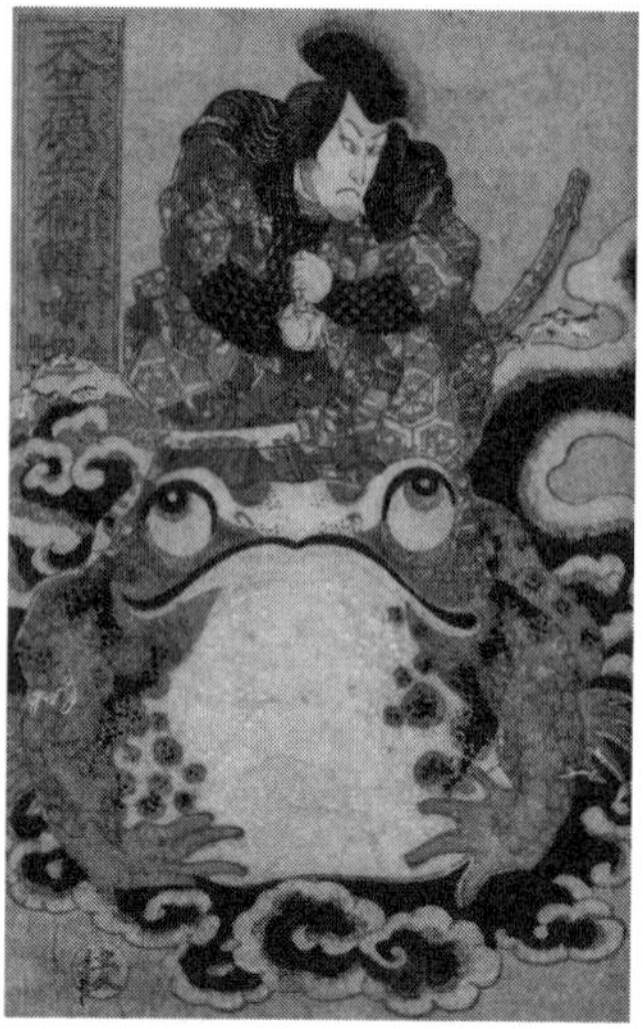

天竺徳兵衛韓噺（歌川国芳画、国立国会図書館蔵）

そうした朝鮮人の子であるがゆえに、天竺徳兵衛は反逆者としての正当性を得た。ここでも朝鮮と日本なのである。

すなわち近世演劇者たちは、秀吉の朝鮮侵略戦争を媒介にして朝鮮と日本の関係を見据えたがゆえに、朝鮮人に「日本」を転覆する正当性を付与させることとなった。しかしそれは同時に、秀吉は残忍なことをしたが、結局のところ秀吉のしたことであって「現代」の我々には責任が及ばない、という傍観者的態度でもある。だからこそ観客は自分自身には罪が及ばないのであって、それだけに近世民衆は安心して演劇鑑賞ができた。またいずれの劇においても、最終的に天竺徳兵衛の謀反は成功しないから、観客たる日本人は自分の居場所を侵されることがない。

異国や異人が登場する演劇上演における時期的特徴の第二の転換点は、文化元年（一八〇四）からの「天竺徳兵衛」に特徴的である。これ以降の「天竺徳兵衛」は、日本に対して反逆する正当性を有する人物として描かれる点で従来とは変化がない。しかし同時に、そうでありながら舞台のうえでは「水中の早がわり」を売り物にするものに変わる。「天竺徳兵衛」の上演は、それまでは必ずしも時期的に固定されていたわけではなかった。それがこの時期以降は夏に行なわれるのが恒例となり、それはやがて「東海道四谷怪談」などと組み合わされて上演されるようになる。そこではおどろおどろしさを強調する作品として観衆に受けとめられるようになったから、観衆はもはや「天竺徳兵衛」から異国と日本の関係についての、突き放した、相対的な認識を得ることはもはや困難になったと言える。一九世紀日本民衆は外国に対する認識を後退させてしまうのである。そうしたことの背景には、中国人も朝鮮人もオランダ人もみな唐人と呼ぶ慣行が成立しているという事態の進行があったであろう。

一八世紀半ばから一九世紀初めの時期、日本民衆は、過去における朝鮮との関係から、相対的な意味での「日本人」意識を育てていたといえよう。一方、一八世紀はじめ以降の近世全般に「国姓爺」系統の演劇が一貫して上演され好評を博した事実からは、「母が日本人」ということが好評の背景にあることを先に述べた。崔天宗殺害事件を脚色した「唐人殺（難波夢）」でも鈴木伝蔵は「父が朝鮮人、母が日本人」である。「日本人の血を引くから」優秀なのだということを、説得的に示すには「母が日本人」であることが必須であった。父と子は社会的な関係でしか証明できないが、母と子は生物学的にもつながることが明瞭である。子が日本人の血を引くことを示すには、母が日本人であることが必須であった。そして、そうした設定を介して日本人の血を引く者の優秀さが強調される。

一方、「天竺徳兵衛」もまた朝鮮人の子であるとする設定となるが、父母ともに朝鮮人なのか、いずれか一方が朝鮮人なのか、明らかではない。そうした意味で、「天竺徳兵衛」系統の作品群は、日本人と朝鮮人とのあいだの優劣の問題から離れて、朝鮮とのかかわりで日本を相対化する視点をはらんでいたと評価できそうである。

第九章　一九世紀の鬱陵島

江戸時代の鬱陵島（竹島）利用

鳥取藩領米子町人大谷・村川両家による竹島（鬱陵島）渡海は年に一度二月〜七月ころの時期を選んで行われた。二、三月ころに米子を出た船は、出雲雲津（三尾関・美保関）・隠岐島を経由して四月前後に竹島に到り、数ヵ月間そこで滞留しながら採取・漁労を行い、六、七月ころに竹島を出て帰途についた。また、竹島のうち入港・繋留可能な場所には「浜田浦・古大坂浦・大坂浦・北国浦」等の名前が付けられたが、各浦の命名にあたっては山陰地方と北国・大坂を結ぶ航路・港町との連想が働いたであろう。それらのうち入出港の拠点となったのは浜田浦であったが、それは竹島からの帰りに石見浜田を経由することがあったことと関わるかもしれない。一方、渡航に使われた船は「船の長サ九尋、人数三十六人乗組」・「拾三反ノ船二艘ヲ整ヒ、（中略）彼此五拾人乗組」・「弐百石斗積ノ船壱艘」といった規模で、乗組員は伯耆・隠岐などから集められた。

こうした渡航ルート・竹島の各浦命名のあり方、そして渡航者の出身地等々をも考えあわせると、東は因幡から西は長門・対馬に至る山陰地方の海岸部には竹島渡海に関わる経験や知識をもった人々が少なからず存在したことが想定できる。これら潜在的な競合勢力を排除または傘下に収めて利権の独占を実現するため、大谷甚吉は村川市兵衛とはかって「竹島渡海免許」発給を幕府に求めた。くだんの免許は寛永二年（一六二五）、鳥取藩主池田光政あてに発給され、大谷・村川両家はその写を携行し年々の竹島渡海を行った（本書第三章）。稀に、採取された百合草・にんにく・大竹・大桐などが「竹島産の珍品」として贈り物とされることもあったが、渡航の主目的はアシカ猟と鮑《アワビ》漁にあり、それらに付随して材木伐採がなされ、ときに現地で造船もされた。

　大谷・村川両家は、渡航前年の冬に鳥取藩から四貫前後の額を借銀し、渡航資金とした。借銀は収獲物の上納によって相殺されたが、天和元年（一六八一）前後からは収獲がかなり落ち込み、さらに元禄五年（一六九二）以後は朝鮮人漁民との競合による四年連続の無収益となったから、やがて借銀返済にも困るようになった。鳥取藩は元禄七年一一月、資金貸付けを打ち切ったうえで、竹島渡海は「商売である以上は、藩として止めろとも言えないので、勝手にせよ」として突き放した。大谷・村川両家の竹島渡海断絶は、元禄九年正月の竹島渡海禁令と鳥取藩からの資金援助中止という法的・経済的拘束によって余儀なくされたものであった。

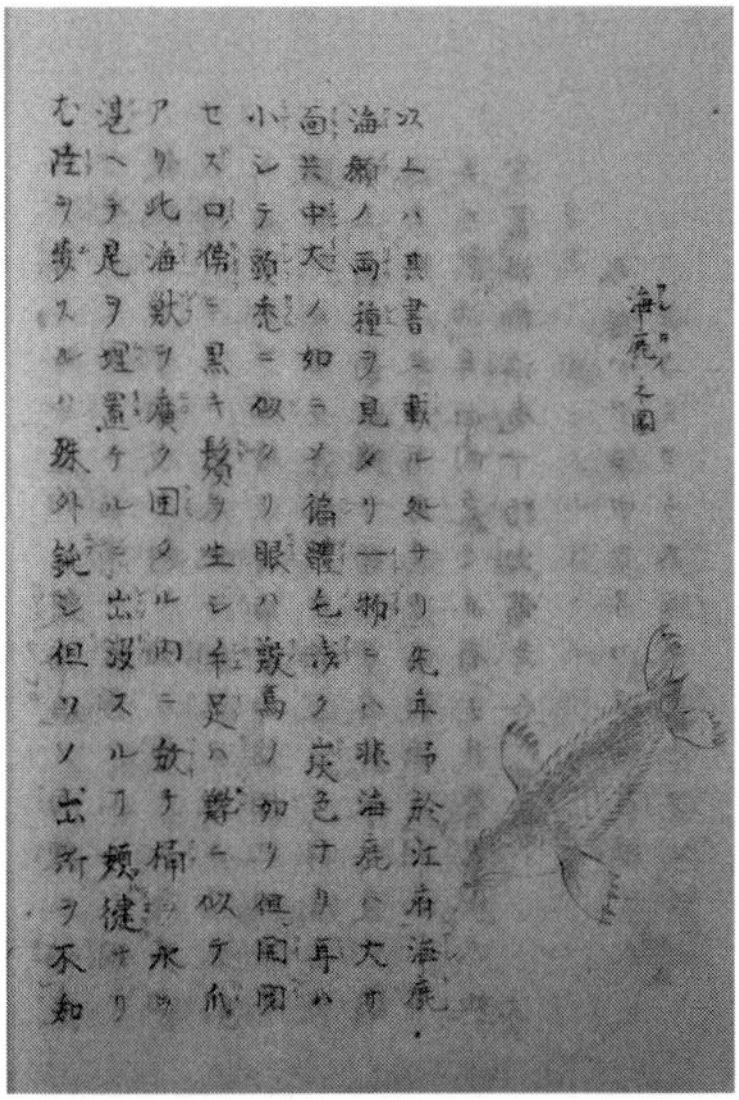

「竹島考」（岡嶋家資料）アシカの図（鳥取県立博物館所蔵）

　天保七年（一八三六）に発覚した

浜田藩今津屋八右衛門の一件は、浜田藩の黙認のもと八右衛門が銀主を得て竹島渡海を試み、「異国の属島へ渡海」したことが問われて死罪とされた事件である。八右衛門の口上書によれば、阿波の人で竹島渡海を構想する者も登場した。大坂と北国を結ぶ廻船が活発に行き来するうちに、瀬戸内海域の人々で山陰地方の沖合に竹島の姿を遠望するものも増えたに違いない。また、経済的規制が外れ（銀主の確保）、「右最寄之松島へ渡海之名目」をたてて渡海すれば問題は無かろうという方便による法的規制が外されたこと、こうしたことが八右衛門にも竹島渡海を促した。

八右衛門は浜田藩に対し、「良材があり、海岸魚類も多く、魚業・材木などを行うならば（藩財政の）助成」となるだろうと提案する。また天保四年（一八三三）に竹島渡海を果たした彼は、「人参だろうと思われる草を十五、六株」を掘り取り、欅《けやき》・桑・杉・桜など思い思いの木材を四、五十本伐採してきたという。八右衛門が竹島渡海で成し遂げたのは、それまでの渡海者たちと同様に天然資源の略奪だった。

江戸時代朝鮮人の鬱陵島利用

元禄六年（一六九三）、竹島（鬱陵島）出漁中に捕捉されて鳥取藩領へ連行された安龍福らは、長崎での事情聴取に際し、「常々、竹嶋には鮑《アワビ》・和布《ワカメ》がたくさんある」ことを聞いて、蔚山人九人・釜山人一人の計一〇人で一艘に乗り込み、蔚山を出港して寧海経由で竹島に着船したという。また対馬府中での事情聴取に対しては、竹島出漁を始めた経過や出漁者の出身地についても証言をする。

それによれば、朝鮮人による鬱陵島出漁の始期は必ずしも明確ではないが、概ね一六九二年頃からと思われる。というのも、安龍福らは初めての竹島渡航だったが、乗組員のなかに昨年に続いて二度目の渡航者がいたとか、慶尚道加徳船には二度目の渡航者が二人含まれ、去年蔚山からの渡航者があったなどと証言するからである。また鳥取藩江戸藩邸は、大谷・村川両家の船が一六九二年以来四年連続して竹島で朝鮮人漁民と競合し、しかも年を追うごとに朝鮮人漁民数が増えたため、いずれの年も収益を上げられずに空しく帰港したことを述べている。こうした事態は、寛永二年（一六二五）に始まる大谷・村川両家の竹島渡海史上初めてのことであった。

ところで、鬱陵島の産物は、一五世紀の刷還使の記録からは、珍木（大竹・柏・椿など）や果実（梨・柿）、魚介類（鮑・のり）、禽獣（水牛皮・海獺）、鉱物類などが挙げられている。これらのうち「水牛」がアシカのような海棲動物を指すことが、朝鮮王朝期の文献史料に拠りながら藤田明良によって考証されている。大谷・村川家の場合、島内の木材を伐採して船を新造したり大竹や珍木等を持ち帰るとともに、大量の鮑や海鹿《アシカ》を収獲し、捕獲したアシカからは大量の油が搾りとられた。元禄竹島一件との関連で鬱陵島探索を行った張漢相は、鬱陵島に生息する「嘉支」について「脂を燃燈に用いる」ことを指摘し、「嘉支」はアシカに比定されているから、捕獲したアシカの利用は日本も朝鮮も同じである。

そのほか、正祖一一年（一七八七）七月、蔚山の漁民一四名等が鬱陵島で魚鰒（鮑）・香竹を採取していたのが摘発されたり、同年八月、伐木造船した船や伐採した竹一一六四本を転売しようとした一五名が元山で捕捉されたりしている。フランス人ペルウズの船は一七八七年五月二七日に鬱陵島に最接近し、島の複数の浜辺に朝鮮人の造船工場を視認した。朝鮮人はペルウズの船を見るや森の中に遁走したというが、ペルウズの航海日誌では「朝鮮人船匠は、夏期食料を携帯して同島（鬱陵島）に渡航し、船舶を建造し、之を本土に輸送売却するものにあらざるか」と推測している。元山で捕捉された朝鮮人の事例はペルウズの推測を裏付けるものでもある。

このほか鬱陵島産の朝鮮人参と江原道住民による盗採をめぐる記事は多い。鬱陵島は薬材採取の宝庫でもあった。文久二年（一八六二）一〇月石見国美濃郡喜阿弥浦への朝鮮人漂着事件からは、慶尚道慶州の人々が鬱陵島で長期間滞在しながら薬材採取することを生計手段としていたことが推測できる。

竹島渡海禁令の流布

天保竹島渡海禁令は、竹島について「元禄のとき、朝鮮へ御渡しになって以来、渡海停止が命じられた場所である」と記す。これは元禄竹島一件に決着をつけた老中阿部豊後守正武の

「(竹島は)もともと取った島というわけではない以上は、これを返すと言えた筋でもないだろう」とはまるで正反対の物言いである。そして「朝鮮へ御渡しになっ」たなる文言が全国法令のなかに記されて流布されたことは注目に値する。こうした誤解が人々のなかに常識として浸透してゆく契機となったろうからである。たとえば桂小五郎(木戸孝允)・村田蔵六(大村益次郎)連名で書かれた「竹島開拓建言書草案」中にある「竹島の義は、朝鮮へ御渡し相成り申候説も御座候」とする部分は、右の天保竹島渡海禁令の一節と通じている。

さて、こうした幕末期長州の志士たちによる竹島開拓論議について、(A)安政五年(一八五八)二月一九日付桂小五郎あて吉田松陰書簡、(B)同年二月二八日付久坂玄瑞あて同前、(C)同年六月二八日付久坂玄瑞あて同前、(D)同年七月一一日付桂小五郎あて同前、(E)桂小五郎・村田蔵六連名による「竹島開拓建言書草案」の五つの史料を掲げつつ、岸本覚は以下の点を指摘する。

吉田松陰にあって竹島(鬱陵島)問題が初めて意識されたのは(A)においてであり、竹島開墾論の発案者は長州支藩長府藩の医師興膳昌蔵《こうぜんしょうぞう》だという。松陰は安政五年二月一九日に「遠略の下手は吾が藩よりは朝鮮・満州に臨むに若《し》くはなし。朝鮮・満州に臨まんとならば竹島は第一の足溜なり」(A)と記す。それから九日のちには竹島開墾論を幕府へ上書することが提案されている(B)。同年六月・七月には竹島開墾論にとって障害となる事実が判明する。竹島(鬱陵島)がイギリスの領有になったとする情報(C)と、「竹島の論、元禄度朝鮮御引渡しの事に付き、六《むつ》ヶ敷《かしく》もあらん」(D)とする元禄竹島一件に関わる情報の入手である。むろんいずれの情報も不正確なものであり、「朝鮮御引渡し」とする物言いは天保竹島渡海禁令の影響を受けている。松陰はいずれの障害にもかかわらず竹島開墾論を進めることに変わりはなく、そうした論の集大成が(E)だったという。(E)は老中久世広周あてに提出されたものの、建白者が藩主ではないとして返却され、日の目を見ることがなかった。

吉田松陰が富国強兵策の延長線上に竹島開墾論を構想した点は、松浦武四郎「他計甚麼雑誌」(一八五四年)・同「竹島雑誌」(一八七一年)とも共通する。松浦武四郎・吉田松陰・桂小五郎・村田蔵六の人的関係の親密さとも併せ、開国後における「志士」の横断的結合のなかから、こうした竹島開墾論が紡ぎ出された点に、岸本は注意を喚起している。

明治一五年(一八八二)一〇月に農商務卿西郷従道にあてて鬱陵島における樹木伐採・近海出漁の認可を求めた藤津正憲なる人物は、「旧藩制中は渡島することも叶わず、むなしく打ち過ぎておりましたが、(廃藩)置県ののち、去る明治十三年」より鬱陵島渡海を試みるようになったと嘆願書に記す。これによれば、「旧藩制中」には鬱陵島渡航を胸に抱きながらも実行に移せなかったが、一八八〇年から渡航を実現したということである。「旧藩制中」には人々のあいだにも竹島渡海禁令が生きていたからである。明治一〇年一月七日、島根県士族戸田敬義によって出された「竹島渡海之願」が同年六月八日付で却下されたのも、竹島渡海禁令が生きていたからである。

一八八〇年代初めの竹島（鬱陵島）

明治一四年（一八八一）六月、朝鮮政府の派遣した捜討使は、鬱陵島に多くの日本人が入り込み森林の伐採を行っていることに気づき、朝鮮政府は日本政府に対して抗議し渡航禁止を求めた。これに対し日本外務省の側はとりあえずの返答をなすとともに実否の究明をしたところ、事実の確認がとれた。そこで井上馨外務卿は同年一一月「爾後《じご》左様の儀これなき様申禁じ及び置い」た旨を朝鮮政府に伝えるよう、在京城公使館事務代理（外務二等属副田節）あてに伝達している。

ここで「実否の究明」とは、まず第一に竹島（鬱陵島）の帰属を確認することであった。この点に関する取り調べを命じられた北澤正誠は、明治一四年八月二〇日付で「竹島版図所属考」を提出し、その冒頭に「竹島一名ハ磯竹島、又松島ト称ス、韓名ハ鬱陵島又芋陵島ト称スル者此ナリ」とした。そして古今様々な文献を渉猟しつつ、近くは明治一三年軍艦天城による現地測量をも踏まえ、「今日ノ松島ハ即チ元禄十二年称スル所ノ竹島ニシテ、古来我版図外ノ地タルヤ知ルヘシ」と結論づけた。井上外務卿はこの報告を踏まえ、既に同年一〇月七日付で太政大臣三条実美あてに、日本人の竹島（鬱陵島）渡航禁止を布告すべきことを上申している。それは「速《すみやか》ニ彼之猜疑ヲ消スルハ、今日朝鮮ニ対スル我交際方略上必要之手続」と考えたからであった。

井上は右の上申時に「竹島一名松嶋ト称スル孤島ハ朝鮮国之属島ニシテ、江原・慶尚二道ニ界シ、蔚陵島ト称スルモノニ付、妄《みだり》ニ渡航・伐木・漁猟等致間敷《いたすまじく》」とする布告案を添付していたが、一年経っても布告は出されなかった。翌一五年一二月一六日付で井上は三条に対し、「今後尚渡航者有之候テハ彼政府へ対シ交際上不都合ノミナラス、我政府ノ禁令人民ニ及ハサルヲ示スノ嫌ナキ能ハス」と竹島（鬱陵島）渡航禁止令発布の必要性を再度強調した。これを受けて明治一六年三月、以下のような内容が各地方長官あてに達せられることとなった。

北緯三十七度三十分、東経百三十度四十九分ニ位置スル、日本称松島「一名竹島」朝鮮称蔚陵島ノ儀ハ、従前彼我政府議定ノ儀モ有之、日本人民妄ニ渡航上陸不相成候条、心得違ノ者無之様、各地方長官ニ於テ諭達可致旨、其省ヨリ可相達、此旨及内達候也、

明治十六年三月一日　　太政大臣三条実美

内務卿山田顕義殿

右と同時に、右内容に違反する行為をなした者は日韓貿易規則第九則および日本刑法によって処分すべきことが、三条実美から司法卿大木《おおき》喬任《たかとう》あてに内達されている。

さて、二通の内達のうち、内務卿あてのものは当初井上が提案した布告案とは字句や発布手順に違いがあり、とりわけ当初案で「竹島ハ……朝鮮国之属島ニシテ」とする部分が欠落した

ことは島の帰属表現として後退したようにも見える。また、こうした禁令が前年（明治一五年）に生じた壬午軍乱と無関係であることを示すためにも「該島ニ付朝鮮政府トノ議定セシ年月ヲ挿入致置、従来朝鮮国ニ属シ、特ニ今日ニ定ムルモノニ非ザルヲ引証」するよう上申していたが（明治一五年一二月一六日付、三条実美あて井上上申）、実際には「議定セシ年月」は記載されなかった。

こうした点からすれば、外務省と太政官とでは、この問題への対応に温度差があったことがうかがえる。しかしそれにしても、とりあえず明治一六年には、これら内務卿・司法卿あての二通の内達があわさって、竹島（鬱陵島）への日本人渡航禁止が確認された。そして同年、鬱陵島在住日本人の引き揚げが実行に移されもした。

ところで、朝鮮政府からの抗議を受けて日本政府としての対応が協議されていたさなか、明治一四年一一月一二日付で島根県令から内務卿・農商務卿あてに「日本海内松島開墾之儀ニ付伺」が提出された。島根県としては、既に明治九年に「日本海内竹島外一島地籍編纂方伺」を提出し、翌一〇年三月二九日付で「竹嶋外一島ノ義、本邦関係無之」との指令が出されていた。ところが最近になって石見国那賀郡の者たちから松島開墾願書が提出されてきた。出願者たちは、明治一四年八月、木材伐採のために東京・大倉組社員が竹島（鬱陵島）へ海軍省所属の船で渡航した際、石見浜田から同行した経験をもつという。そこで、島根県令としては、明治一〇年の指令後に政府内で再度議論がなされて見解が変わり、「本邦版図内」に変更となったのか否かについて確認を求めたのである。明治一六年三月付の二通の内達は、この件に対する回答でもあった。

一方、鬱陵島在留日本人の引き揚げが具体的な日程に上っていた時期、鬱陵島に渡った日本人なかんづく山口県人の実態調査を命じられた山口県庁の山本修身は、明治一六年（一八八三）九月三日付の復命書のなかで、次のような対話を記録する。

朝鮮人云ク、本島ハ我国ノ処領ナレハ外国ニ斯ク猥リニ渡航上陸スヘキ筈無之、然ルニ斯ク上陸、剰ヘ樹木等ヲ伐採セルハ日本政府之命令ナルカ又ハ知ラスシテ渡航セシ歟、

日本人云ク、日本政府ノ命令ニハアラサレドモ、①万国公法ニ拠ルモ無人島ハ発見セシ者三年間其地ニ住居スルトキハ所有ノ権可有之ニ付、樹木ヲ伐採スル何ノ妨カアラン、

朝云ク、然ラハ我国政府ヨリ貴国政府へ照覆スルコトアリ、然シナカラ今ニシテ不残本島ヲ立去リ将来渡航セサルコトヲ承諾スレハ、敢テ貴国政府へ照覆ナスノ煩ヲ省カン、

日人云ク、②本島ハ貴国之所領ナルコト彼我政府ニ於テ条約アレハ、便船次第立去ルヘシト雖モ、既ニ伐採シタル材木ハ如何スヘキカ、

朝云ク、ソレハ持帰ルモ苦シカラス、

右問答終ハリ、日人モ渡航セサル義ヲ承諾シ、互ニ相別レタリト云フ、

「旧藩制」を脱した民衆は「万国公法」を盾にして鬱陵島での森林伐採行為を正当化しようとする（①）。しかし朝鮮官吏の毅然とした姿勢の前に、鬱陵島が朝鮮領だと確認するような「彼我政府ニ於テ条約アレハ」それに従う（②）と言わざるを得なかった。「万国公法」よりも、具体的な二国間の取り決めを優位に考えたのである。やがて二国間の取り決めとしての日朝両国通漁規則が明治二三年（一八九〇）に定められると、今度はその取り決めに従って鬱陵島周辺海域への日本人の進出が拡大してゆくのであった。

鬱陵島への入島者

遅くとも一八八〇年代に入るころには、日本人の鬱陵島密航が再び活性化し、鮑採取や伐木が行われていた。これに気づいた朝鮮王朝側は日本政府に抗議するとともに、一八八二年には鬱陵島の詳細な実地調査を行って、島の積極的な開発策に転じることとなった。

この一八八二年の鬱陵島実地調査の記録が李奎遠『鬱陵島検察日記』であり、そのなかに鬱陵島の物産が書き上げられるとともに、すでに島に入り込んでいる朝鮮人・日本人の数と入島目的が記録されている。それによれば、この段階で一四〇〜二〇〇名程度の朝鮮人と八〇名ほどの日本人が鬱陵島にいた。そして朝鮮人の場合は造船・採薬および和布《ワカメ》採取が目的であり、おそらく造船には伐木行為が必然的に付随する。また『検察日記』五月九日条によれば、おそらく鬱陵島東北から東側の沿岸にある岩窟が「海狗」の産育処となっており、入島造船者がこれを撃ち捕らえて肉を食するともいう。この「海狗」はアシカと見て良い。一方、日本人については、伐木目的での入島であることが分かる。

李奎遠『検察日記』に見える鬱陵島居住朝鮮人の出身地としては全羅道が多いが、これは季節的に島を往来する人々であり、一八八三年以来合法的に入島した朝鮮人の出身地としては江原道と慶尚道が多い。そしてこれらの人々は鬱陵島では主として農業を行い、漁業といえば農閑期に和布や海苔を採取する程度に過ぎなかった。その後の鬱陵島では和布採取は朝鮮人の独占事業として展開し、一九〇二～〇三年ころから日本人も海藻採取を始めたものの、朝鮮人との共同経営としてしかなりたち得なかった。

また、昭和八年（一九三三）ころ鬱陵島公立普通学校の訓導を務めていた文輔根（当時二九歳）は、のちに手稿本『東海の睡蓮花　鬱陵島』（一九七八年）を残すが、それによれば、一八八三年以後の鬱陵島では「居住別にみれば、朝鮮人はたいてい海岸から離れた内陸の渓谷だとか台地を占有し、日本人は海岸沿いに住んだ」という。そして朝鮮人鬱陵島民の漁業は、「開拓当時は……漁撈技術が不足し、また販路も限られていたから、自家消費程度に過ぎなかった」と述べ、「一九〇四年ころから日本の島根県・鳥取県方面から日本人が入島したのを契機にして漁業が始まってからは年々漁船が増加し、漁場開拓・漁法改良などによって水産活動が発展した」という。

さらに、二〇〇〇年代になされた鬱陵島民に対する聞き取り調査によれば、開拓令以後に鬱陵島へ移住・定着した朝鮮人の多くは慶尚道出身者であり、初期移住民の大多数は農業に従事し、漁業はほとんどできなかった。それは「大部分の朝鮮人は海辺には住まなかった」「移住初期には漁業はできなかった」とか、「水産業の発達は、韓日合邦ののち日本人が本格的に居住し始めてからのことだ」などの聞き取りからも明らかである。そして、植民地期を経て日本人から漁業技術を学ぶことを通じて朝鮮人鬱陵島民たちの漁業が発達したという。

一方、島根県の水産技師と思しき人物は一八九三年六月に鬱陵島へ渡航した見聞を「土人は性質温柔質朴にして常に耕作を専業とす、漁業は絶えて従事するものなく、全く知らざるもののごとし」と記す。また、一八九四年の『朝鮮水路誌』は「春夏両季には朝鮮人此島に渡来して朝鮮形船を造り之を本地に送り、亦多量の介虫を拾集乾晒す」と述べる。あるいは『釜山領事館報告書』「明治三十五年鬱陵島状況」によれば、「島民たちは……主として農業に従事し、まれに漁業に従事する者もあるが小数に過ぎない。ただし、毎年春には全羅道などから和布採取などの目的で少なからぬ漁民がやって来る」と一九〇二年ころの様子を語る。一九〇六年に鬱陵島で行った実地調査を踏まえて翌年刊行された奥原碧雲『竹島及鬱陵島』は、鬱陵島の漁業のうち「和布」については「和布の採収は、韓人の独占なるが如し」「韓人は和布海苔を採取するのみにて、他の漁業に従事するものなし」と記す。これらのほかにも、日本人の書き留めた記録類に類似のものは少なくない。

以上からすれば、第一に開拓当時の朝鮮人鬱陵島民はもっぱら農業に従事し、漁業といえば和布・海苔といった沿岸でのそれに限られていたということ、第二に季節的な来島者として全羅道方面の漁民が毎年鬱陵島を訪れたが、彼らの活動は造船と和布採取に特徴づけられる。こうした特徴は朝鮮側および日本側双方の史料においてほぼ同一内容で確認できる以上、そのような史実として確定されるのが素直であろう。

「朝鮮へ御渡しになった島」の復権

明治一六年（一八八三）に日本人の総引き揚げがなされたのちも、日本各地から無断で竹島（鬱陵島）へ渡航する者が跡を絶たなかった。その後、一八九六年（明治二九）、朝鮮政府はロシアとの間に鬱陵島の木材伐採権を取得させる約定書を結び、在日ロシア公使は日本人の鬱陵島における木材伐採行為の取り締まりを要請した。これを受けて明治三二年八月三〇日、外務大臣は島根・鳥取両県に対し、本邦人が「鬱陵島ニ於テ樹木盗伐」する行為を取り締まるよう令達した。地元紙「山陰新聞」はそうした令達の不当性を訴え、鬱陵島における日本人の利益保護を主張した。それら保護されるべき「利益」とは、実は近代に入ってからの不当行為の積み重ねにもとづく「既得権」にほかならないと内藤正中は指摘する。内藤の引用する「山陰新聞」明治三二年八月三〇日付社説中には、「元来此島は日本と密接な関係を有し、旧幕時代より日本人は自由に該島に渡航して其木材を伐採し来り……交渉の結果、遂に朝鮮領なりとの空言を発したるは維新前のことなり」とする一節がある。史実を踏まえないこうした「歴史意識」が「既得権」確保の動きを助長した。

こうした論調が、明治初年に竹島（鬱陵島）渡航者を輩出した山陰地域の地元紙に現れるのは不思議なことではない。そこが権益の直接的享受にあずかる最先端であったからであり、中央政府の意向とは少なからぬズレを見出すことができる。

ところで、この同じ明治三二年の憲政党党報（一〇月二〇日号）の雑纂記事中に「昔の属島今は此の如し」と題する記事が見出せる。竹島（鬱陵島）は「往昔日本の領有と見做《みな》されたるもの」なのに、「明治廿九年中、露国が韓廷に迫りて締結せしめたる密約」によって、ロシアが竹島（鬱陵島）で木材伐採権を確保していることを糾弾する。

興味深いのは、大阪毎日新聞の記事「鬱陵島の昔話」を引用しつつ説明する竹島（鬱陵島）の来歴は、その多くを先述した吉田松陰の竹島開拓論議に依拠している事実である。たとえばまず、竹島とは「竹島・杉（松）島・大坂島の総称」のことであるとする説明は、先述した(D)安政五年（一八五八）七月一一日付桂小五郎あて吉田松陰書簡別紙にある記述と同じである。また、「北海通いの船舶は、暴風激浪を避けんがため往々ここに寄航することあり、また当時の万国地図においても、これをタケイプラドと記して日本の属島と見做せし程なり」を含めて、(E)桂小五郎・村田蔵六連名による「竹島開拓建言書草案」中の文言と一致するものが多い。さらに、竹島開拓をはじめに提言したのが興膳昌蔵であることや、その提言を受けて松陰が「他日遠略の第一着手は長州より朝鮮より満州に臨むにありて、竹島は実にその海上の一枢要地なればなり」とするのは、(A)安政五年二月一九日付桂小五郎あて吉田松陰書簡の記述を踏まえている。

開国後の「志士」たちが横断的に結合しながら紡ぎ出した竹島開墾論は、維新後の中央政府によって否定された。それは、外務官僚による史的究明の結果、竹島（鬱陵島）は「古来我版図外ノ地」（北澤正誠「竹島版図所属考」）であることが明らかだったからである。「志士」たちは「たとえ元禄中朝鮮に譲渡したる事蹟」(E)および憲政党党報）があっても、自分たちが開拓しても良いのだとすることを論じたが、維新後に提出された竹島開拓願書は悉く却下され続けた。にもかかわらず、明治三二年には、そうした吉田松陰らの竹島開拓論議がふたたび注目されるに至った。しかも、竹島（鬱陵島）と直接かかわる地域においてでなく、中央政界でこうした議論が喚起された事実は注目されても良い。「その島はもともとは日本のものであった」とする世論を後押しする役割を果たすからである。

さて、竹島（鬱陵島）および周辺海域の資源をめぐる紛争に絞ってみるかぎり、中央政府レベルでは、問題解決に際しては、日朝間における友好関係維持を優先させることに判断基準が置かれた。それは一七世紀末から一九世紀末に至るまでそのようであった。元禄竹島一件に際して老中阿部正武が述べた「この儀むすほられ、年来の通交が絶え候ても如何に候（ねじれた関係が解けずに凝り固まって、これまで継続してきた友好関係が断絶するのも良くなかろう）」とする発言から、「すみやかに彼の猜疑を消すのは今日朝鮮に対する我が交際方略上必要の手続き」「今後なお渡航者があったのでは彼の政府へ対して交際上不都合」とした外務卿井上馨の発言等に至るまでをみても了解されよう。直接に渡航を繰り返して権益を確保してきた人びとは、渡航の事実をもって自らの「既得権」を正当化しようとしたが、中央政府レベルにおける大枠としての友好関係維持の意志によって棄却され続けてきた。そうした中央政府が、地方から主張される「既得権」をそのまま追認することは、それまでの「枠組み」を維持せんとする意志の放棄と同値である。憲政党党報の記事それ自体は中央政府の見解を示すものではないが、中央政界にも既存の「枠組み」とは異なる主張が現れたという点でひとつの時期を画するものとなる。近世以来の日朝関係を律してきた「枠組み」は、既に内部から蝕まれつつあったかもしれないが、一九世紀末〜二〇世紀初頭には放棄の憂き目に際会していたのである。

鬱陵島の人口と生業

鬱陵島では、朝鮮人の定住人口は一八九〇年代半ばには一〇〇〇名、一九〇〇年前後には二〇〇〇名を超え、一九〇二年には三〇〇〇名を超えた。これは、一八九四年の東学農民戦争を前後する時期からと、一九〇〇年の勅令による鬱陵郡設置を契機とする人口増加と見られている。一方、日本人の定住人口は一八九九年に二百余名、一九〇一年に一五〇名、一九〇二年に五四八名、などと数え上げられている。一八九〇年前後の時期に再開された鬱陵島渡航は、主として島根県・鳥取県から直接鬱陵島へ渡航するところに特徴が見出され、そうした人々のなかから鬱陵島定住日本人が構成された。一九〇〇年代初めの鬱陵島日本人のうち八〇%が島根県・鳥取県出身者であり、「(明治―引用者注)四十三年末移住者総数二百二十四戸、その大部分は隠岐島人でその属島の観を呈し、日本人対朝鮮人の在住比は、全鮮第一位の日本移住者の卓越地であった」(吉田敬市『朝鮮水産開発史』)。

『朝鮮総督府統計年報』にもとづいて鬱陵島在住日本人数の推移を眺めてみると、おおよそ以下のようになる。ごくわずかに存在する中国人人口は無視しても良いほどの少数であり、鬱陵島の定住人口は朝鮮人と日本人とからなる。総人口に占める日本人数の割合は、一九一二年の約一五%を最高値とし、一九一〇年以後一九一九年までは一〇％を少し超える程度であった。人口の絶対値は、一九一二年の一二六一人を頂点として、以後ほぼ一貫して減少する。これに対して、朝鮮人数の絶対値は一九二〇年をほぼ最低値として、その後ほぼ一貫して増加する。したがって、一九一七年以後は、総人口に占める日本人数の割合は一貫して減少することとなり、一九二〇年に一〇%を割り込む(約八%)と、以後は一〇%台を回復することがない。一九三三年には約四%、一九四〇年には約三%となる。絶対数としても、一九四〇年には日本人定住者数は四〇〇人に満たず、一方で同年の朝鮮人定住者数は一万二八〇〇人である。

鬱陵島における具体的な生活状況を追いかけるために、『昭和八年　島行政一班　欝陵島』なる行政資料(以下『島行政』と略す)を参照しよう。

一八八二年の鬱陵島開拓令を機に朝鮮半島からの入島者が増えたが、江原道蔚珍郡・慶尚北道慶州郡・長鬐郡・慈仁郡・慶山郡・清道郡・永川郡・慶尚南道蔚山郡・密陽郡・彦陽郡の出身者が多かった。そして「鬱蒼タリシ原生林ハ是等移住者ノ為ニ恣《ほしいまま》ニ伐採サレ、或ハ山谷ニ入火シテ火田農業ヲ営ムニ至レリ」という。同時期の日本人は、海産物・木材を目的とした季節的な来航者ばかりで、冬期には皆帰国した。日清戦争が終わった頃になると、島根県・鳥取県方面から雑貨を持ち込み、朝鮮人の耕作した大豆ほかの雑穀と交換する者が定住を始めるようになった。

鬱陵島在住日本人数は、一九〇五年から一九〇九年のあいだに激増し、さらに一九一四年にかけて増加した。在住日本人の八割は、島根・鳥取地方の商業・漁業者だという。ただし、一九一八年以来連年で不漁続きとなったため漁業者の大部分は家族とともに他地方へ移住したという。残留した漁業者たちは生活苦に陥ったが、一九二四年に至って烏賊《イカ》漁・鯖《サバ》漁の収獲が増加するにともなって生活状態が回復した。

一方、鬱陵島は南面（道洞を中心とする）・西面（台霞洞を中心とする）・北面（羅里洞を中心とする）の三面からなるが、日本人人口は南面のとりわけ郡庁が置かれた道洞に集中しており、朝鮮人が島内各面に所在するのとは対照的である。また、職業別人口も、日本人では漁業従事者が突出して多いのに対し、朝鮮人では農業人口が最も多く、次いで漁業人口となっている。

日本人と朝鮮人の交流

『島行政』のなかで、当時の鬱陵島における日本人と朝鮮人の交流に関わる記述が得られるのは「第五章　国語普及ノ状況」の項であり、次に示すのはその全文である。

(a)本島ハ他郡ニ比シ内地人ノ居住久シキト比較的多数ナル関係上、日常ノ商取引其他内鮮人接触スル機会多キカ為メ、自然国語ヲ解スル者多数ナルモ、島根県地方ノ言語ヲ使用シ発言ノ誤マレルモノ多シ、尚毎年各面ノ主催ニテ国語夜学会ヲ開設シテ国語ノ普及ニ勉メツツアリ、而シテ(b)道洞付近ノ青年ハ殆ト普通語ヲ解セサルモノナク、且ツ流暢ニ会話スルモノ多数ナリ、而シテ(c)島内朝鮮人ニシテ稍《やや》解シ得ルモノ五一六人、普通会話ニ差支ナキモノ二六八人ニ達ス

右によれば、鬱陵島在住朝鮮人のうち七八四人が、日本語が「ややできる」ないしは「日常会話に差し支えがない」という（傍線(c)）。これは当時の鬱陵島在住日本人数を大幅に上回り、在住朝鮮人数の約七%を占める。そして、日本人が多く集住した道洞では、朝鮮人青年のほとんどが日本語会話に不自由しなかったともいう（傍線(b)）。それは、鬱陵島は朝鮮の他地域に比して日本人が古くから居住してきたこと、比較的多数居住すること、日常的な商取引で

接触する機会が多いこと、によるという（傍線ⓐ）。

こうしたありようからすれば、鬱陵島における日本人と朝鮮人は平和的に共存していたかにも感じられるが、『島行政』に収められた諸種の統計資料を一瞥しただけでも、日本人と朝鮮人の間には少なからぬ格差が横たわっていた。

島内の日本人と朝鮮人の財産分布の比較をすれば、両者の格差が明瞭である。また、教育環境についても、日本人児童は道洞の尋常高等小学校に多く、朝鮮人児童が台霞洞にある尋常小学校か、道洞に所在する普通学校に偏在する。児童保護者の職業分布も朝鮮人の場合には農業に著しく偏っており、卒業後の進路も日本人児童の場合は進学者比率が高いのに比べ、朝鮮人児童の場合は農業従事者となる比率が高い。教育を受ける機会もまた、日本人と朝鮮人の間に格差があった。

こうした格差が体験的にもそうであったことは、二〇〇〇年代の聞き取り調査にも明らかである。そこでは、「経済的には日本人に従属していたといっても過言ではない」「発動船は日本人は皆所有していたが韓国人はポンポン船のようなものしか所有していなかった。日本人は船主で、韓国人は大部分は船員として過ごしたが、なかには船主になって日本人と対等となった者も何人かはいた」などと述べているからである。

第十章　竹島の日本領編入

江戸時代の松島（竹島／独島）利用

江戸時代の日本では鬱陵島を竹島と呼び、現在の竹島を松島と呼んだ。かつて一七世紀半ばに松島（現在の竹島）渡海免許が幕府より発給されたとの説があったが、現在では完全に否定された。松島渡海免許なるものは存在しない。そして江戸時代を通じて松島単独での活用は存在せず、隠岐から鬱陵島へ出漁する途次に、航路の目印と見なされるか、せいぜい副次的な漁業がおこなわれたに過ぎない。日本領としたわけでもない。

さて、文献史料上における「松島」の初見は、一六四〇年代後半から五〇年代初めころのものと推定される石井宗悦書状（年未詳、大谷道喜あて）に次のように現れる。

（前略）松島へ七〇～八〇石積ほどの小舟を遣わし、鉄砲でアシカを打てば、（松島は小島なので竹島（鬱陵島）へアシカが逃げてゆくから、竹島（鬱陵島）での収獲が多くなるだろうと村川市兵衛が望んでいます（後略）

ここに見える村川市兵衛の目論見は、竹島（鬱陵島）と組み合わせた形態での松島（竹島）利用であった。換言すれば、松島単独では利用価値がないということである。

ところで、おたがい隔年で竹島渡海を行ってきた大谷・村川両家ではあったが、松島利用の熱意には温度差があった。村川家の側が一六五〇年代初めころから松島利用に積極的であったのに対し、大谷家はそうではなかった。そこで万治元〜三年（一六五八〜六〇）に大谷・村川両家のあいだで協議が繰り返され、寛文元年（一六六一）から大谷家も松島の利用を始めることで合意した。しかしながら、実際には大谷家の松島利用は進まず、村川家のみが松島を利用し、大きな損失を出した。

そのため天和元年（一六八一）年に大谷・村川両家で再度協議がもたれ、「松島と竹島については、これから先は寄合の所務にする」ことで合意がなった。ここで「寄合の所務」すなわち収支合算の対象となったものは、それが「松島と竹島」と記される以上は両島における収支のことである。おそらく松島での収益は単独では釣り合わなかったのである。

ところで元禄五年（一六九二）に竹島で朝鮮人と競合して以来、大谷・村川両家は毎年竹島渡海を行いはしたが全く収益をあげられなかった。最後の竹島渡海となった元禄八年も多数の朝鮮人がいたために着岸できず、「松島でアワビを少々取りました」という。

元禄竹島渡海禁令と松島

米子商人大谷・村川両家が幕府から得た「渡海免許」は鬱陵島での生業を保障するための免許であり、両家もまた鬱陵島での漁労こそを重視した。当時の漁労目的はアワビとアシカ油にあったが、松島（竹島）での漁獲量は鬱陵島でのそれとは比較にならないほどわずかであり、松島（竹島）での漁労単独では家業としての再生産が不可能であった。

元禄九年（一六九六）一月、大谷・村川両家の竹島渡海が禁止された（元禄竹島渡海禁令）。禁令の文面に「松島」なる名称が含まれなかったことをもって禁令以後も松島渡海がなされていた可能性が指摘される。しかしながら、竹島渡海の当事者たちは松島を竹島と併せて活用してきたこと、松島単独での収益追求は失敗し竹島・松島両島での収支合算でしか家業を維持しえなかったこと、こうした点からすれば右のような可能性はありえない。元禄八年に松島から持ち帰った鮑《アワビ》も「少々」に過ぎず、恐らく家業を支えるようなものとはなりえなかった。それは竹島渡海禁止ののち大谷・村川両家がたびたび家業の保障を求める嘆願書を出していることからも明瞭である。そしてこれら嘆願書提出の過程で、当時の幕閣も竹島渡海者たる大谷家もいずれも元禄竹島渡海禁令を「竹島・松島両島渡海禁制」と理解していたことが史料上でも明らかである。禁令後の松島渡海は公的にも否定され、禁止されたのである。したがって元禄竹島渡海禁令によって日本人の鬱陵島渡航が禁止された後は、日本人による松島（竹島）の活用は全くもってありえない。

天保竹島一件と松島

こののち日本人の生業とかかわって現在の竹島が登場する史料は、天保七年（一八三六）に発覚した天保竹島一件に際しての今津屋八右衛門の記録を見出すのみである。この一件は、渡航禁止の島＝竹島（鬱陵島）の物産をめぐる浜田藩を巻き込んでの事件であった。幕府による審理の過程で、浜田藩家老が「松島へ渡海の名目を以て竹島へ渡」るよう八右衛門に示唆したことが明らかになり、この点を捉えて「松島への渡航はなんらの問題もなかった」と川上健三は述べる。つまり元禄竹島渡海禁令で渡航禁止となった竹島（鬱陵島）はともかくも、松島（竹島／独島）は元禄竹島渡海禁令以後も渡航は禁止されておらず、民間では利用されていたと川上は解釈したいのである。

さて、第一に、仮にこれを机上の解釈としてでも容認したとしよう。しかしながら、実態はどうであったか。松島が危険を冒して渡航利用するだけの価値をもった島と実際に考えられていたか否か、である。八右衛門は竹島渡海の途中で実見した松島について次のように述べる。

（前略）隠岐国福浦へ着、夫《それ》より順風ニしたがって子《ね》の方（北の方角）へ沖走いたし、松嶋を間近に見る海上を通過した際、船中より島の様子を見ましたが、やはり小嶋で樹木等もほとんど無く、まったく（収獲の）見込みのない場所なので、わざわざ上陸することもせず、そのまま乾の方（西北の方角）へ船を進め、七月二十一日に竹嶋（鬱陵島）へ着船した（以下略）

この史料でも、今津屋の目指した生業の対象は鬱陵島であり、鬱陵島への渡航途次に現在の竹島を海上から眺めたことが分かる。船内から眺めたものの、何らの収獲も期待できそうになかったので立ち寄ることすらしなかったと記すから、元禄竹島渡海禁令後に松島だけは活用し続けたと解釈するのは極めて困難である。

第二に、浜田藩家老が「松島へ渡海の名目を以て竹島へ渡」るよう八右衛門に示唆した点を捉えて「松島への渡航はなんらの問題もなかった」と川上健三が解釈した点についてである。第三章でも述べたように、元禄竹島渡海禁令は鳥取藩に対する個別法令であり、幕閣・対馬藩・鳥取藩の三者のみがこの禁令を知っていた。浜田藩家老は、対馬藩江戸家老に竹島（鬱陵島）渡海にかかわる様々な情報提供を依頼していたことが明らかだから、おそらくはその過程で元禄竹島渡海禁令を知ったのだろう。そして、その文面上は「竹島（鬱陵島）渡海を禁止する」とのみあって、「松島（竹島／独島）渡海を禁止する」との文言はない。だから法令を表面的になぞる限りは「松島への渡航はなんらの問題もなかった」と見えるから、浜田藩家老はそのように読んだのである。

しかしながら、鳥取藩が「竹島も松島も鳥取藩領ではない」と述べたことを受けて元禄竹島渡海禁令が発令されたという事情に鑑みれば、元禄竹島渡海禁令は、法令上に「松島への渡海禁止」が明言されていなくても、そのことは含意されている。さらに、元文五年（一七四〇）に家業の保障を求めて寺社奉行と相談をした大谷九右衛門勝房は、当時、元禄竹島渡海禁令を「竹島・松島両島渡海禁制」と理解していたし、応対した寺社奉行たちも同様に「竹島・松島両島渡海禁制」と明言している。したがって、浜田藩家老の解釈は誤読であり、その誤読をもって「松島への渡航はなんらの問題もなかった」と述べるのもまた明白な誤りである。

そして何より大問題なのは、川上健三は、外務省職員として自ら大谷家文書の原本調査をした際に、元禄竹島渡海禁令が「竹島・松島両島渡海禁制」であることを史料上に確認しておきながら、その大著『竹島の歴史地理学的研究』のなかではその事実を黙殺したことである。禁令が「竹島・松島両島渡海禁制」であることを知っておりながら、その文面には「松島渡海禁止」と書いていないと強弁し、元禄竹島渡海禁令後も日本人が松島（竹島／独島）を継続して活用した可能性を説いたことである。

現在、日本外務省のＨＰに記される「竹島は江戸時代以来連綿として日本領である」ことの主張は、ほぼ全てにわたって川上健三『竹島の歴史地理学的研究』の文章からの引き写しである。このことをどのように考えるべきか。

鬱陵島とセットでの利用

既述のとおり、松島（竹島／独島）は竹島（鬱陵島）とセットで利用されるところに歴史的特性があった。日本製の日本古地図に現在の竹島が登場するのは安永四年（一七七五）が初見である。それ以来、同様の古地図に竹島（鬱陵島）・松島（現在の竹島）がともに描かれる場合は、いずれも無彩色となるか、同じ色で彩色されるかとなり、両島に異なる彩色が施されたり、一方のみが彩色されたりするという事例はひとつも無い。また、竹島（鬱陵島）のみ描かれる日本図はあるものの、松島（現在の竹島）のみが描かれる地図はひとつも無い。これは、鬱陵島と今日の竹島がセットで活用され続け、しかも主対象は鬱陵島であったという実態を踏まえてのことである。

さて、明治一四年（一八八一）六月、鬱陵島に多くの日本人が入り込んで森林伐採を行っていることに気づいた朝鮮政府は日本政府に抗議をした。このとき明治政府は鬱陵島が朝鮮領であることを確認し、鬱陵島在留日本人の全員引き揚げを命じ、実行に移した。ところがこの後も日本人の鬱陵島渡航と定住は進み、一九〇〇年前後には二〇〇名前後から五〇〇名程度を数えるようになった。一方、朝鮮政府も一五世紀以来の鬱陵島空島政策を撤回して一八八二年に鬱陵島開拓令を出すと、朝鮮人の定住も進んで行き、一九〇〇年前後の鬱陵島の定住朝鮮人数は二〇〇〇名を超えるようになった（第九章）。

一九〇〇年前後には「日韓の漁民」が現在の竹島を指して「ヤンコ」と呼び、一九〇二年には朝鮮人鬱陵島民が「リヤンコ島」と呼んでいた。それは、「朝鮮竹島探検」（『山陰新聞』一八九四年二月一八日付）、「日本海中の一島嶼（ヤンコ）」（『地学雑誌』一三巻五号「雑報」欄、一九〇一年）、「明治三十五年鬱陵島状況」（一九〇二年五月）のそれぞれにしたがえば、一八九三年には隠岐諸島と鬱陵島にいた人々（日本人だけなのか朝鮮人も含むのかは判然としない）が「リランコ島」と呼び、一九〇〇年前後には「日韓の漁民」が「ヤンコ」と呼び、一九〇二年には朝鮮人鬱陵島民が「リヤンコ島」と呼んでいたことが明らかになるからである。

また、右の「明治三十五年鬱陵島状況」には「同所（「リヤンコ島」）ニ多少ノ鮑ヲ産スルヲ以テ、本島（鬱陵島）ヨリ出漁スルモノアリ」と記される。竹島（独島）の「再発見」と鬱陵島を起点とする利用は、一八八〇年代以来の鬱陵島定住者の活動を背景にして進行したのである。したがって、鬱陵島に依存しながらの竹島活用は一九〇二年ころまで継続的に行われていたと確認できる。

明治期の竹島漁業については、川上健三が次の四例を挙げる。

①熊本県天草二江町の中浦伊平次は、明治一六年（一八八三）に鬱陵島で潜水器漁業を行い、隠岐への帰途、竹島でもアワビとアシカを獲った。

②三重県志摩郡志摩町浜口清兵衛は、明治二三～二六年（一八九〇～九三）に鬱陵島で潜水器漁業を行い（一八九三年は潜水器ではなく海女）、「鬱陵島への往復の途次、または同島に滞在中に、今日の竹島でもアワビや海藻の採取に従事した」。

③隠岐知夫郡黒木村の真野鉄太郎は、明治三〇年（一八九七）に鬱陵島に赴き、その往復の途次に竹島で採藻、採貝およびアシカ猟を行った。

④隠岐穏地郡五箇村の石橋松太郎らは、明治三〇年（一八九七）に竹島に出漁してアシカ猟を行った。

右の四例のうち④を除けばいずれも鬱陵島とセットで竹島の活用がなされていることが明らかである。④のみが鬱陵島に依拠せずに隠岐から直接竹島へ渡航し竹島の漁業資源を活用した事例である。川上は④を挙げたうえで、「今日の竹島において、あしかの猟獲を主とする本格的経営が行われるようになったのは、明治三十六年（一九〇三年）以降のことで、この年、隠岐島民の中井養三郎や石橋松太郎の一行は、同島に渡ってあしかの猟獲に従事した。」と述べる。ここで川上がわざわざ「本格的経営」なる言葉遣いをするのが要点である。④は聞き取り調査のみで、それが明治三〇年の史実だとする傍証が何もなく、文献上の挙証が可能なのは明治三六年以降に限られるからである。そうである以上、一九世紀を通じて、現在の竹島は鬱陵島とセットでしか活用しえないという江戸時代以来の特性が確認できるのである。

日本領編入後の竹島漁猟

竹島（独島）の所属にかかわる明治政府（ないしは政府機関）の意思は、たとえば次のように示されてきた。

一八七六年に島根県が中央政府に提出した「日本海内竹島外一島地籍編纂方伺」に対し、太政官は一八七七年、「竹島外一島は本邦関係これなき義と相心得べし（鬱陵島と現在の竹島は日本領ではないと心得よ）」とする指令を出した。島根県提出の伺書の内容および付図、それらに対する回答としての太政官指令を謙虚に眺めれば、明治期日本の中央政府が、「竹島（独島）は日本領ではない」ことを公式に確認していたことが明らかである。そしてこののち、明治以後に海軍水路部から刊行された「海図」「水路誌」を年次を追いながら内容を点検してゆくと、竹島（独島）は常に「日本領外」の扱いであった（なお、念のためだが、「日本領」でないということが、そのまま「朝鮮領」ということには決してならない）。それは、一九〇五年一月の閣議決定によって日本領に編入されるまで、そのようであった。

一九〇五年一月に竹島日本領編入が閣議決定され、同二月二二日に島根県告示四〇号によって竹島が島根県隠岐島司の管轄下に置かれることが公布された。以下に示すのが、竹島日本領編入の閣議決定の全文である。

別紙内務大臣発議による無人島の所属に関する件を審査するに、島は北緯三七度九分三〇秒、東経一三一度五五分、隠岐島を距ること西北八五カイリに所在するが、島は他国による占領の事実がない無人島であり、明治三六年より本邦人中井養三郎が島に漁舎を構えて人夫を島に派遣して猟具を用いてアシカ猟を始めた。そしてこのたび中井がその島の領土編入と中井への貸し下げを出願してきたので、この際、島の所属と島名を確定する必要があり、この島を竹島と名づけ、今後は島根県所属隠岐島司の所管としたいということになった。そこで審査したところ、たしかに明治三六年から中井がその島に移住して漁業に従事してきたことは書類上明らかであり、そうである以上は国際法上占領の事実あるものと認めうるから、この島を本邦所属とし、島根県隠岐島司の所管としても差し支えないと考える、と。そこで発議にしたがって閣議決定を行って然るべきであると考える。

右の閣議決定文にも明らかなように、現在日本外務省が主張するような「近世に確立された竹島に対する領有権を再確認した」などということは、決してありえない。「他国による占領の事実がない無人島」において、明治三六年（一九〇三）以来の中井養三郎による島の活用実態を踏まえると「国際法上占領の事実あるものと認めうるから」日本領に編入するという趣旨である。

さて、閣議決定を踏まえて島根県告示四〇号が公布されると、多数の者がアシカ猟の許可を隠岐島司に申請し、島根県は、出漁適格者を審査するよう隠岐島司に命じた。審査の結果、前年までにそれぞれ個別に出猟していた中井養三郎・井口龍太・橋岡友次郎・加藤重造の四名に対し、資源保全の観点からも共同でアシカ猟を行うよう命じた。中井らは竹島漁猟合資会社を設立し、明治三八年（一九〇五）六月六日に会社登録がなされて事業が開始された。

会社の経営は、「三十八年度の会社の営業は、日露戦争終了に伴う皮革の価格暴落に加えて、出漁時期の遅延、密猟者（七〇～八〇名に及ぶ）の影響、労働者のストライキ……などの諸要因から、純損益金一四八三円を出している」とされ、その当初から常に営業不振であったという。大正三年（一九一四）には代表者の名義が中井養三郎の長男養一に変更された。しかしさらに「海驢の減少と皮革の価格低落とによって、成績振わず、会社の経営持続は困難の極に達し……（大正一三年には）八幡長四郎等に、事実上の竹島漁業権を譲渡した」。八幡長四郎等は竹島へは出漁せず、「事実上の漁業権を獲得した最初の猟期の大正十四年、鬱陵島の日本人奥村平太郎に、竹島における根附漁業権を、前後六ヵ年に亘って売却した」。奥村は鬱陵島で缶詰工場を経営しており、「大正十年頃より、毎年、鬱陵島の漁民を二〇名足らず引き連れて竹島へ出漁し、主として、アワビ、サザエなどを密漁した」。その後、奥村は漁業契約の有無にかかわらず、昭和一三年（一九三八）まで竹島に出漁し続けたという。

ところで、一九〇五年以後の竹島漁業が隠岐を起点とするものでありながら、鬱陵島からの出漁者との競合に絶えずさらされていた事実には注意が必要である。島根県庁史料によってさえ、遅くとも一九〇四年には鬱陵島の朝鮮人を含む漁業者が竹島に現れていたことが明らかであり、県の肝いりで竹島漁業の独占的経営を保護された一九〇五年以後の竹島漁猟合資会社の経営時期に際しても、やはり同様であった。昭和二八年の中井養一供述書によれば、「大正七—八年頃「ウツリョー」島の日本人三人が、朝鮮人十数名をひきつれて竹島に来航し、アワビ等多数漁獲していたので、その漁獲物を没収した」という。また、大正一四年以後、事実上の竹島漁業権が鬱陵島在住の奥村平太郎の手に移ったというが、明らかになる限り大正一〇年ころには奥村は朝鮮人漁民とともに鬱陵島から竹島へ密漁に出ていた。奥村が「必ずしも年々の漁業権契約をきちんと結んでいなかった」と自ら述べている以上は、奥村家による竹島経営は、島根県や隠岐島在住漁業者団体の管轄下から乖離したところに展開した漁業活動であったことが明らかである。こうした点を勘案すると、竹島の活用が鬱陵島を離れては十分に展開しえなかったという特性は、二〇世紀になっても依然として支配的であったと言えるのである。

島名と領有権

江戸時代日本で松島と呼ばれた現在の竹島は、近代に入ってから「りゃんこ」と呼ばれるようになる。一九〇一年の『地学雑誌』「雑報」欄は、その語源を一八四九年のフランス捕鯨船による発見・命名による Liancourt rocks（リアンコート　ロック）に求めるが、その蓋然性が高いながらも確証はない。海図や水路誌に記された島名 Liancourt rocks（リアンコート　ロック）が民間に流布した経路が十分には明らかでないからである。そして、この島に「竹島」なる名の与えられるのは一九〇五年一月二八日の閣議決定においてである。

一方、韓国では古文献・古地図上に見える于山・于山島が現在の竹島に相当すると主張するが、これは概ね成り立たない。少なくとも一八九九年、大韓帝国学部により制作・刊行された「大韓全図」に見える于山島は現在の竹島ではない。そして、独島なる名称の文献上の初見は、『軍艦新高行動日誌』明治三七年（一九〇四）九月二五日条に見える「「リアンコルド」岩、韓人之ヲ独島ト書シ、本邦漁夫等、略シテ「リヤンコ」島ト呼称セリ」である。

独島の韓国領たることが国際法上も優先されるとの主張は、一九〇〇年一〇月二七日に頒布・施行された大韓帝国勅令四一号第二条を論拠とする。条文は、鬱陵島を鬱島と改称して郡守を置き、郡守は「鬱陵全島と竹島石島を管轄する」と定めたものであり、ここに見える「石島」が独島に一致すると見なされる。これが成り立つとすれば、一九〇五年一月の日本領編入の閣議決定は国際法上の「無主地先占」の根拠を失うこととなる。

しかしながら、ここにみえる「石島」が独島と一致することの説明は、「トルソム（石島）―トクソム（石島／独島）―トクト（独島）」とする音韻変化の可能性からしかなされてこなかった。文献的な傍証が示されたことはこれまで一度もなく、そうである以上は到底納得しがたい主張である。

さて、日本外務省アジア局第二課名で出された『竹島漁業の変遷』のなかに、明治四〇年頃から敗戦のころまで及ぶ鬱陵島・竹島漁業にかかわる奥村亮の口述書（昭和二八年七月一一日付）が収録される。そのなかに次のような記述がある。

> 当時、朝鮮人は、ランコ島（竹島）を独島（トクソン）と言っていたが、内地人と会話するときは「ランコ」島と言っていた。

表記が「独島」でありながら、それを奥村亮が「トクソン」と聞き取っていたことが要点である。朝鮮語の発音「ム」が日本人には「ン」と聞こえることとは、この言語を少しでも習い覚えた人には容易に分かるであろう。「独島」の文献上の初見例では、それが知識層における書き言葉であることが分かるまでであり、書かれた「独島」が口頭ではどのように発音されたかは不明であった。奥村亮の口述書は、「独島」が朝鮮人によって「トクソン〔トクソム〕」と発音されていたことを示すとともに、これまで到底成り立ちがたい謬論と思われてきた「トルソム（石島）―トクソム（石島／独島）―トクト（独島）」とする音韻変化説に客観的かつ文献的な傍証を与えるものである。

先述した「独島」の文献上の初見が得られる明治三七年九月とは、「りゃんこ」を朝鮮領と思い込んでいた中井養三郎が種々奔走の末に「りゃんこ島領土編入並に貸下願」を提出することとなったのと同じ時期である。奔走のころ、鬱陵島では「りゃんこ」を「独島」と書き、そのときすでに「独島」が「トクソン〔トクソム〕」と発音されていた可能性がある。中井の思い込みは、実は思い込みではなかったのかもしれないのである。

さて、竹島の活用実態に即しながら日本領であることを主張するに際し、隠岐から竹島へ直接に渡航して活用していたことを重視する傾きがある。しかしながら、何らかのかっこうで竹島の活用が確認できる文献上の初見となる一六四〇年代以来、およそ歴史上の大半の時期は鬱陵島とセットで活用されるというのが竹島の活用実態における歴史的特性であった。おそらくは渡航技術との兼ね合いで、二〇世紀冒頭になって初めて隠岐と竹島との直接往来を介した活用が可能となった。しかし、そうした時期を迎えた後にも、鬱陵島を起点とする竹島活用が止むことはなかった。竹島の活用は、現在明らかに韓国領である鬱陵島と現在明らかに日本領である隠岐諸島に挟まれるなかで、その二つの大きな島(島々)を結ぶ動線上で活用されるところに歴史的特性があった。その点に留意するならば、竹島を、歴史的に培われてきた動線上のいずれか一方にのみ引き裂くことの不適切さに思い至るのである。

第十一章　韓国皇太子の鳥取訪問前後

ふたたび「漂流朝鮮人之図」

現在鳥取県立図書館に伝来する「漂流朝鮮人之図」(八頁図版参照)は、文政二年(一八一九)鳥取藩領伯耆国八橋に漂着した一二人の朝鮮人を描いたものであり、現状では図とともに安義基から岡金右衛門に宛てた謝状を併せて一幅の掛軸とされている。これらの軸と謝状はそもそもは別に伝来し、明治四三年(一九一〇)七月、韓国皇太子英親王李垠《イウン》の鳥取訪問を機に額装され、皇太子見学地のひとつ私立鳥取図書館に展示された。そこでは「殿下を初め趙武官長・高大夫の感興を曳き、書簡の全文を書取るもあり」(『因伯時報』明治四三年七月一九日付)とか、「漂流韓人をして賛書せしめたる古文書等に殿下は固《もと》より御一行の目を留め、頗《すこぶ》る趣味を感せられたるもの丶如く、団子の如き朝鮮文字を「江原道云々」とスラ〱読み下されたるは左もあるへし」(『鳥取新報』同日付)などとする。この図は「今回の行啓を機とし、如何に我が鳥取藩の韓国人に対する待遇の厚かりしかを殿下の御一覧に供するは興味深き美事なり」(『因伯時報』七月一一日付)として準備されたものであったから、右のような反応は喜ばしいものであったに違いない。

韓国皇太子英親王李垠

一八九七年一〇月一二日、大韓帝国が樹立され、初代皇帝には朝鮮王朝第二六代国王高宗《コジョン》が就いた。同月二〇日、李垠は高宗の第四王子として誕生した。その幼少期は、日韓議定書（一九〇四年二月）、第一次日韓協約（同年八月）、第二次日韓協約（一九〇五年一一月）から韓国統監府設置（同年一二月）に至る時期に重なっている。一九〇七年七月、高宗皇帝がハーグ密使事件の責任を追及されて退位し、第二王子が純宗として即位した。異母弟である李垠は、同年八月立太子し、同年末より伊藤博文後見のもとで日本へ留学することとなった。東京に到着したのは一二月一五日である。

はじめ芝離宮に、のち鳥居坂に居を定めた英親王李垠は、鳥取訪問前に二度の巡啓を行っている。一度めは一九〇八年八月八日～二一日の関西巡啓で、二度めは一九〇九年八月一日～二三日の東北・北海道巡啓である。いずれの場合も伊藤博文が主導・立案し、全行程にわたって随行した。とりわけ二度めの場合、伊藤が巡啓各地で日韓関係にかかわる講演を行っており、また七月六日に韓国併合の方針を閣議決定した直後の時期でもあるので、韓国皇太子の巡啓は単なる見学旅行に留まらない政治的意図を含むものと見なしうる。ただし、伊藤は同年一〇月二六日に満州視察途中のハルビンで射殺されるから、鳥取訪問を含む山陰・山陽巡啓の計画には伊藤の意向が反映しているわけではない。

皇太子嘉仁親王の巡啓

この英親王李垠の鳥取訪問に先だって、明治四〇年（一九〇七）に皇太子嘉仁親王（のちの大正天皇）が鳥取を訪問している。嘉仁親王の巡啓については原武史による具体的かつ詳細な研究があるので、まず原の所説によりながら整理しておきたい。

まず、明治三三年（一九〇〇）の九州巡啓に始まり明治四五年（一九一二）の山梨行啓に終わる嘉仁皇太子の巡啓は前後一〇回に及ぶが、その内容・形式から初期と後期の二つに大別できるという。初期に分類される最後は明治三六年の和歌山・北四国・岡山巡啓、後期の最初に位置づけられるのが明治四〇年の山陰巡啓である。初期はあくまで授業で学んだ地歴を実地に見学する教育の一環であり、非公式訪問としての「微行」として位置づけられた。したがって巡啓地も東宮職主導で決定され、大規模な奉迎準備も不要とされた。一方、後期の巡啓は巡啓地とされた地元側の要請・招致によって行われた公式訪問であり、それだけに政治的意図をもつこととともなった。明治天皇巡幸がもっぱら軍事施設を訪問したのに対し、神社・学校・産業施設・物産陳列場など多彩な施設を訪問するのが嘉仁皇太子の巡啓であった。皇太子は各地の産業・学芸を奨励する象徴とされたのである。そうしたなか県庁を公式訪問したのは鳥取巡啓が初めてのことで、以後の例とされて後期巡啓を特徴づけた。

嘉仁皇太子山陰巡啓時の特徴として、交通手段・宿泊場所・近代文明導入について指摘されている。鉄道の利用はままあったが、「お召し列車」が編成されたのはこのときに始まるという。また鳥取の扇邸（仁風閣）、倉吉の飛龍閣、米子の鳳翔閣など巡啓のために宿所が新築されたのも新例であった。そして明治四〇年四月二八日には山陰鉄道西線が鳥取仮停車場（古海）まで開通し、同年五月一八日には鳥取市内に初めて電灯が点った。これらはいずれも嘉仁皇太子の鳥取訪問に合わせてのことであった。こうして地元の要請に基づく公式訪問の際には「皇恩の有り難さ」を実感させるような装置が整えられた。他方、とりたてて奉迎準備を求められなかった「微行」の場合であっても、それなりの手はずは整えられ、人々の皇室に対する敬愛の念を喚起させる程度には華やかであったという。

韓国皇太子を迎える準備

一九一〇年七月一三日に東京を出発した韓国皇太子一行は、大阪・舞鶴を経由して御召艦対馬で鳥取県東部の網代港で上陸、一七・一八日には鳥取を、一九日は倉吉を、二〇・二一日は米子を巡遊した。二二日に島根県に入り、二六日に米子、境港を経由して御召艦対馬で舞鶴に向かい、それから山陽各地をまわって八月六日に帰京した。山陰各地を随行したのは、東宮武官長趙東潤、東宮大夫高義敬ら一五名であり、そのなかには式部次官伊藤博邦や皇太子御学友の趙大鎬や徐丙甲が含まれていた。

韓国皇太子鳥取訪問記念絵はがき
（鳥取市歴史博物館所蔵）

山陰巡啓は「暑中御学業休暇間に於て実

地の御見学」「微行」と発表されたが（『因伯時報』六月二九日付）、それより先、六月三日には鳥取県庁で奉迎事務打合会が開かれ、公園整備等をめぐり西伯郡参事会が招集されたり、米子小学校長協議会が開かれた。鳥取中学校では学期試験を終えたばかりの一三日に運動場の一斉清掃を行って奉迎に備え、倉吉の各小学校生徒は歓迎の旗遊技の練習に励んだ。そして米子の各小学校は、生徒奉迎時の整列練習を実地に行った。

一方、岩美郡村長会は奉迎費として四〇〇円の支出を決定し、六〇〇～七〇〇円の請負入札で網代港桟橋を新たに架設することになった。また鳥取県としての奉迎予算額は四二二四円で、うち五二二円が物産陳列場修繕費に充てられたほか大部分は警察費だという。さらに鳥取市の奉迎予算は八五〇円で、緑門・電灯費二〇〇円、道路修繕費二〇〇円が大口出費であった。もっとも三年前に嘉仁皇太子が鳥取訪問をしたばかりだったから、当時新設された設備が様々に活用された。鳥取での宿所は仁風閣が充てられたが、その「寝室は先年我が皇太子殿下行啓当時の其れを其儘重用する」とされたし、倉吉・米子でも同様に飛龍閣・鳳翔閣が修繕の上で利用された。鉄道では嘉仁皇太子が使用した貴賓車がそのまま利用された。さらに米子記念道路は嘉仁皇太子の鳥取訪問に合わせて工事が進められながら完成しなかったが、今回の「韓皇儲殿下初めて御通行」は「願ふてもなき光栄の奇遇」という。既存施設を活用したから、奉迎費用は全体に抑えられたのである。

歓迎の様子

韓国皇太子の行く先々には多くの学校生徒が動員されて奉迎の波をつくった。上陸地の網代では七〇〇〜八〇〇名、浦富で約五〇〇名、岩美駅前でも約五〇〇名が、それぞれ周辺の小学校から集まって出迎えた。各地到着、出発に際しては花火が上げられ、また日韓両国旗が飾られた。倉吉・飛龍閣前で行われた成徳・明倫学校生徒九〇〇名による花運動は、「韓国国旗の二つ巴を渦巻きにして現はした」ものであった。また鳥取・倉吉・米子いずれの地でも夜は学校生徒による提灯行列が行われたが、その数は鳥取で約一〇〇〇名、倉吉は九〇〇名、米子では二四〇〇名に及んだという。一四歳の皇太子は、提灯行列にはいつも赤提灯を振って歓迎の意に応えた。

一方、汽車発着時の駅構内奉送迎者は選ばれた者たちに限られた。鳥取駅の場合、プラットフォーム西側に武官、同じく東側に池田侯爵代理、高等官および同待遇者、従六位勲六等功五級以上の者、衆議院議員、市長、助役、収入役、市参事会員、県会議員、郡会議員、市会議員が並び、待合所には篤志婦人会員、赤十字婦人社員、愛国婦人会員が控えることとされた。奉迎する空間にも位階制的秩序が持ち込まれたのである。

その際、男性はフロックコートまたは紋付羽織袴着用、女性も白襟紋付着用が命じられたから、右の秩序は服装という視覚面でも区別された。倉吉で取材にあたった某記者は、「僕はパナマの夏帽子で御免を蒙った」が、それでも「熱くて堪らぬ。ましてシルクハットなどは一層熱かったことが察せられる」と回顧する（『鳥取新報』七月二九日付）。真夏のフロックコートがいかに肉体的な苦痛であったとしても、位階制的秩序を視覚的に印象づけることの方が優先されたのである。

催しもの

鳥取ほか各地で行われた大規模な提灯行列は、それを見ようとする人出によってさらに大きな群衆となった。鳥取市内は提灯行列一行の万歳の響きと商店街の蓄音機、それに海軍軍楽隊の演奏とで喧噪をきわめた。倉吉の夜は、中村駒之助の演劇（旭座）、桃中軒雲右衛門の浪花節（寿座）も重なって人の渦となり、蒸し暑さのために氷屋がすこぶる雑踏した。こうした様子は、皇太子巡啓が奉迎行為だけに留まらず、市民の楽しみをもたらしたことを示している。皇太子鳥取訪問直前に『因伯時報』は「韓儲と市民」と題する記事を掲載し、奉迎に留まらない「文化的効果」が期待されたことを述べる。

（前略）韓皇儲の御来鳥に際し吾人の期待する所亦大ならざるを得ず、殿下の行啓は市民に取りては決して無意義の光誉にあらず、殊に一行中には位置あり。品格ある多数の文明的新人材を網羅せり、彼等の新勢力、新刺撃《ママ》は、市民の耳目を一新して、活動進歩の域

に向はしむべく、文明の彩光を発揮せしむるに値すべし、是を韓儲巡啓の余光と見做すべし（以下略）

右にいう「余光」とは必ずしも提灯行列の賑やかなお祭り騒ぎのことではなかろう。今回の巡啓に付随して実現したいくつかの「文化的事業」が「余光」の内容としてふさわしい。たとえば網代港停泊中の御召艦対馬は、皇太子が上陸してのち一七日午後から一般公開となり、学生一銭・その他五銭の見学料で自由に見学できた。これには但馬・美作からも見学者が集まり、鳥取中学からは四二一人、高等女学校からは二六七人など学校単位でまとまって参観したりした。一八日には一日で六万人の見学者があったともいう。また鳥取での旅館となった仁風閣は、鳥取市周辺学校生徒から出品された学芸品の展示場でもあったが、一九日、韓国皇太子の出発後は午後二時まで公開された。さらに皇太子が見学した県立物産陳列場や図書館は展示品がそのままの状態で一般公開された。とすれば、「漂流朝鮮人之図」もこのとき市民の目に触れたはずである。入場者数は一八日午後だけで一六五〇人、収入は二三円九〇銭であった。同様に米子での学芸品展示場（米子高等女学校）も一般公開された。さらに皇太子に随行した海軍軍楽隊によって一八日午後二時三〇分から県会議事堂で特別演奏会が催されもした。曲目は「軍艦」（行進曲）、「裾野の巻狩」（幻想曲）をはじめ八曲で、楽長は演奏の前に一曲ごと説明を加えてから披露したという。啓蒙的な意図をもった演奏会であった。

人びとにとっての韓国

韓国皇太子の鳥取訪問を前にして、『鳥取新報』は「韓太子殿下を迎ふ」（七月一七日付）・「韓太子行啓と印象」（同一九日付）とする記事を掲げて、鳥取県と韓国との交流が進むよう提起した。

（前略）我が因伯や韓国と一葦帯水の対岸にあり、彼我の交渉敢て乏しとせず、今や其の更に大いに密接頻繁ならんとするに際し、韓国に精通し其の経営上の抱負を有する知事を迎え、同時に殿下を迎ふ、是れ之れより韓国と因伯との関係を一層親密となるべき動機たらずとせんや（以下略）

（「韓太子殿下を迎ふ」）

（前略）一般士民の韓国なる観念を喚起すると同時に、其の脳底には深く韓国なる印象を留め、且つ殿下及び韓国皇室に対し同情を起さしめたるもの多きを疑わず（以下略）

（「韓太子行啓と印象」）

右に見る「一葦帯水」とする表現は鳥取と韓国の近さを強調するものであったが、韓国皇太子鳥取訪問の同年八月二二日の韓国併合ののちには「山陰道は実に一葦水《ママ》を隔てて韓半島に対す、彼我通商の隆盛を計り、需給関係を密接ならしむるに於いて好個の位置を占む」（「朝鮮と山陰」『因伯時報』九月一一日付）などと記された。この九月、因伯時報社は山陰日日新聞社・鳥取新報社などとともに定員一〇〇名からなる一八日間の「朝鮮観光団」を募集したが、その旅行は「単純なる観光遊覧の目的にあらず、彼地の商業及諸般の事情を視察考究し、実利実益を収拾せんとするにあり」という。『因伯時報』一〇月二一日付コラム「冷罵熱言」は「チッポケな鳥取県などは捨てて、朝鮮八道に大鳥取県を建設せよ」とも書いた。

韓国併合直後の八月末には、東京にいる韓国皇太子が祖国の消滅をどのように感じたかを案じる記事が散見される。そのなかには「日韓両国が合併されしと聞きて何人の脳裡にも浮かぶべきは麻布鳥居坂御用邸に居住す韓国皇太子殿下の御身上なるべし」とする書き出しで始まる記事もあった（「韓太子御近状」『因伯時報』八月二七日付）。つい先日地元で歓迎したばかりの少年皇太子の姿を、韓国併合の報道に重ねて感じる人びともあったに違いない。しかしやがて「朝鮮は我が道民〔山陰道民——引用者注〕の雄飛すべき好個の市場たり、飛躍すべき好個の開拓地なり」（「山陰道と朝鮮」『因伯時報』一一月一八日付）とする雰囲気が支配的となってゆくにつれ、少年のすがたは薄らいでゆく。

お手植えの松

ところで英親王李垠は鳥取県内で六本の松を手づから植えた。そのうち鳥取で植えた一本は仁風閣庭園内にあった。『因伯時報』七月二一日付はその位置を次のように記す。

韓皇太子殿下は御滞在中去十八日、御旅館なる仁風閣庭園内、曩《さき》に我皇太子殿下の御手植ありし松の筋向ひなる西側に、松の御手植ありたり。

現在、仁風閣南側に広がる宝隆院庭園の池の東北隅に一本の松が立っている。その根元の石柱には「東宮殿下御手植の松」と刻み込まれ、明治四〇年五月一九日とも記される。嘉仁皇太子の植えた松である。『因伯時報』にしたがってこの松の筋向かいあたりを探してみても、それと思しき松はない。また何らそうしたことを指示する標識も印も無い。二人の皇太子が松を植えたのはわずか三年違いだから、「韓国皇太子御手植の松」は「東宮殿下御手植の松」と似たような背格好となるはずである。そうした眼で眺めると、幹の太さ、背丈の似通った松が一本、池の浮島の中央で根を半分地表に出して傾《かし》いだかたちで立っている。あるいはこれが一九一〇年に植えられた松かもしれないが、何の標もないから確証はない。松の一本も、嘉仁皇太子と韓国皇太子とでは記憶の留められ方に違いを生じてしまったのである。

第十二章　「鮮人」考

「鮮」系用語

朝鮮・朝鮮人に対する侮蔑感情を含む語のひとつに「北鮮」「南鮮」あるいは「鮮人」なる語がある。本章では、右のほかに「満鮮」「渡鮮」といった用語も含めて「鮮」系用語と位置づけ、それらが蔑称としての地位を確立してゆく過程について検討したい。

内海愛子・梶村秀樹は主として新聞資料に拠りながら、蔑称としての「鮮」系用語が一九一〇年の韓国併合を契機にして作り出された「支配者のことば」であると論じ、とりわけ「鮮人」は、やがて朝鮮人に対する蔑称であることすら認識されなくなったと述べる。また樋口雄一は「日中戦争が本格化する一九三七年頃」を境にして「鮮人」から「半島人」への転換が始まることを指摘する。一方、金光哲は、「鮮人」呼称は豊臣秀吉の朝鮮侵略時に造語され、日本帝国主義によって「植民地統治用語」として「再生復活」されたと述べる。

ところで、姜徳相は「大正期に朝鮮人と呼んだのは民芸家柳宗悦《やなぎむねよし》だけであった」とか「唯一例外なのは、柳宗悦です。（中略）「鮮人」という言葉は一度も使っていません」とし、大正期に「鮮人」を使わなかった人物として柳宗悦を高く評価する。しかしながら、柳宗悦の書いた「彼の朝鮮行」（『改造』一九二〇年六月号）や「懸賞小説募集に就て」（『京城日報』一九二一年一二月）のなかでは、「鮮人」をはじめ「日鮮」「渡鮮」などの「鮮」系用語がいくつも見いだせる。柳の文章を編んで『朝鮮を想う』にまとめた高崎宗司が「「鮮人」「渡鮮」は、柳もまた当時の状況から自由でなかったことを示す」と巻末に付記するのは、研究史の現状に照らせば極めて穏当な評価である。とすれば、柳宗悦に対する高い評価は撤回されるべきなのだろうか。

「鮮」系用語のなりたち

「鮮」系用語のなりたちについての通説的理解を整理しておこう。それらは大きく次のA〜Dの四点に要約できる。

A「鮮」は、単に「朝鮮」を略したというものではなく、日本による植民地支配の表現である。

B「鮮人」なる語の初見は、一九一〇年九月一九日付東京朝日新聞記事に見出される。それは、朝鮮総督府や警察による指示・圧力によって使われ始めた用語ではないかと思われる。「鮮人」の語に次いで「満鮮」「帰鮮」「日鮮」などが使用され始め、やがて「北鮮」「南鮮」なる語が生み出された。

C「朝鮮」を「朝」ではなく「鮮」で表記するのは、「朝」は朝廷につながるから恐れ多いとか、「鮮」は「賤」に通じるから日本人の優越感を示したといった説明があり、また来日のことを「来朝」とする用語法との混同を避けるところから生まれた等ともされるが定かではない。しかしながら「わざわざ下の文字だけをとった」造語法というところに蔑視意識が内包されている。

D朝鮮人が自らを「鮮人」と呼ぶことはなかった。

まずB項から検討してみたい。内海に拠れば、「明治四三年九月一六日には「大韓の題唱禁止」がおこなわれているところから「大韓帝国」を連想させる「大韓」や「韓」の文字の削除が日本人の手によって、意識的に行われたことは間違いない」。そして、「鮮人」なる語の初見は九月一九日であり、この語は「短期間内に急激に一般化」し、「一〇月に入ると「韓」はほとんど使われず「鮮」がこれにとって代わっている」という。「大韓の題唱（唱題）禁止」が指示されたことや「鮮」系用語普及の迅速さを根拠にして、「鮮人」用語使用の背景に朝鮮総督府や警察の関与を読み取るのである。

しかしながら、内海の指摘する「大韓の題唱（唱題）禁止」とは「大韓の唱題ある新聞雑誌は其の筋にて悉く押収し居れり」という新聞紙名・雑誌名の制限であって、「大韓」や「韓」の文字一般の使用を禁じたものではない。また『東京朝日新聞』における「鮮」系用語の初見は一九一〇年九月一三日の「浦潮の排日鮮人」であり、「大韓の題唱禁止」より先である。したがって論理と事実が整合しない。

内海・梶村は『東京朝日新聞』以外の「日本で発行されている他の幾つかの新聞においても、経過は『東京朝日新聞』とほぼ似ていて、「鮮」の字が前後して使われ始める」とする。

しかしながら発行地域の異なるいくつかの新聞について「鮮」系用語の初出を整理してみると、「大韓の題唱（唱題）禁止」が命じられた九月一六日より前に「鮮」系用語の初出を得られるものが『東京朝日新聞』以外に六紙ある（読売、東京日日、山梨日日、峡中日報、大阪朝日、福岡日日）ことが分かり、しかも「鮮」系用語の初出時点がまったく一定しない。

また一九一〇年七月から翌年一月に到る七ヵ月間の『東京朝日新聞』記事について、見出しおよび本文中における「韓」「朝鮮」「鮮」三つの用語法を網羅的に抜き出してみると、全般的には「韓国併合」を前後して「韓」系用語から「朝鮮」「鮮」系用語へと推移する傾向は確認できるものの、「一〇月に入ると「韓」はほとんど使われず「鮮」がこれにとって代わっている」などとは言えない。

「鮮人」のなりたち

ところで、一九一〇年九月〜一一月における「鮮」系用語の用例について、まず「鮮人」なる語が創出され、それが「満鮮」「帰鮮」「日鮮」とする「表現まで拡大し」「これがやがて「北鮮」「南鮮」ということばを生み出してゆく」ともされてきた。

しかしながら、たとえば鳥取の地元紙『因伯時報』における「鮮」系用語の初見は、一九一〇年一〇月二一日付紙面における「▲国民提携して朝鮮移住を企て日鮮人入り代つて新日本を建設するを要す」である。次いで、一一月三日付東京電記事が「排日鮮人逮捕」なる見出しで

「鮮人」を使用した。このほかにも、「鮮」系用語の初見例が「鮮人」でないものに、『北海タイムス』『山梨日日新聞』（「日鮮」）や『読売新聞』（東京）『福岡日日新聞』（「渡鮮」）、『大阪朝日新聞』(「鮮鉄」)を挙げうる。

一九一〇年七月から翌年一月に至る時期には、第一に、「韓人」「朝鮮人」「鮮人」の各用語は併存する。第二に、「韓(国)と◎◎」(併称)を示す語句は、「朝鮮満州間」の用例一つを見るほかは、「韓」系用語・「鮮」系用語双方に二字熟語(日韓・清韓・満韓/日鮮・清鮮・満鮮)として見出される。第三に、「韓(国)に◇◇する」の意をもつ二字熟語(駐韓、渡韓、在韓、対韓、来韓)は「鮮」系用語にほぼ移行した(帰鮮、渡鮮、移鮮、在鮮)。こうした点からすれば、「鮮人」なる語からその他の「鮮」系用語が派生したとはいえず、むしろ「鮮」系用語の特徴は、「朝鮮と◎◎」(併称)「朝鮮に◇◇する」意味をもった二字熟語を形成する用法に見いだせる。したがって、「鮮人」なる語は、それが特別に形成されたのではなく、むしろ「鮮」系用語の一例としてみるべきものなのである。ついでながら「北鮮」「南鮮」の初出についていえば、『読売新聞(東京)』における初出は一九一〇年一二月二七日付第二面「京城通信」の一節「▲南鮮の匪徒」である。

このように、「鮮」系用語の用例にはかなりの時差・地域差が見られるから、この用語のなりたちにあたって統一的な指示のなかったことが明らかである。さらに『大阪朝日新聞』一九一〇年九月七日付第二面に載せられた「天声人語」には次のような一節がある。

▲朝鮮となつたので呼び悪《にく》くなつた、韓人と言ふ所を朝鮮人と言はなければならず、渡韓なら分るが渡鮮では一寸分らない、併しそのうちには鮮人、渡鮮で通るだらう

韓国併合にともなって、それまで使用されていた「韓国」に代わり「朝鮮」の使用が命じられた。右の「天声人語」によれば、しかし「朝鮮」の略称をどうするかまで指示がなされたわけではなく、「鮮人」「渡鮮」は、「そのうちには」定着するであろうと見なされるような、社会的に生み出された用語だったことが分かる。「鮮」系用語が政策的に創出・流布・受容されたものと理解することはできない。

通説的理解C項・A項

「朝鮮」を「鮮」で代表表記することについては、「わざわざ下の文字だけをとった造語法だ」という点にもっぱら注意され、「下の文字だから」蔑みを含意すると理解されてきた。「新羅末」を「羅末」、「高麗初」を「麗初」、「京城大」を「城大」とする三つの事例を引いて「朝鮮に関する固有名詞の中には、どういうわけか、下の字だけとった「略語」を作られた例が他にも多い」とも指摘されるが、これは冷静な分析態度とは思えない。仮に京城大学の略称を上の字を採って「京大」とした場合、京都大学との区別はどうなるのだろうか。また大阪大学の

なのだろうか。

略称は戦中・戦後を通じて「阪大」だが、これは大阪大学を意図的に差別しているということなのだろうか。

また、かつて「地名を下の字で省略する仕方は、東京・横浜の「京浜」等々、よくある」との指摘が論争相手によって「コトバの遊び」なるレッテルを貼られてきちんと検討されなかったが、吟味抜きに一刀両断する態度も冷静とは思えない。あるいは言語学者の田中克彦が、「美濃」が略される場合に下の字をとること（たとえば西美濃地方を「西濃」と略す）を例に引いて「被修飾実体部分をとった」と説明するが、この説も妥当ではない。

たとえば日本の旧国名を「□州」と略すときに、□部分を国名の下の字からとるものには明らかな特徴がある。「出羽・出雲」（羽州・雲州）、「安房・安芸」（房州・芸州）、「伊豆・伊賀・伊勢・伊予」（豆州・賀州・勢州・予州）、「美濃・美作」（濃州・作州）は、いずれも上の字をとれば略語間の区別がつかなくなるからである。また、下野を野州とするのは隣接する上野が上州とされるのと対なのであり、大和を和州とするのも隣接する和泉が泉州とするのと対になっている。

すなわち、二文字の漢字からなる漢字熟語を略していずれかの一字で代表させる場合、上の文字をもってするか下の文字をもってするかによって、そこに価値判断が入るわけではない。いずれかの一字で代表させる略語を作った際に、類似の他の略語との間に識別が可能となるか否かによって一字が選ばれるに過ぎない。

ところで、一九一〇年末～翌年初における「鮮」系用語の特徴の一つが、「朝鮮に◇◇する」の意をもつ二字熟語をなすことにある、と先に指摘した。この期間の『東京朝日』における「帰朝」と「帰鮮」の用例をすべて取り出すと、前者は「（海外から）日本に帰ること」を示し、後者は「（日本から）朝鮮に帰る」ことを示している。「帰鮮」なる語のなりたちにあたって「鮮」の字を選択したのは、マイナスイメージを込めるためにわざわざ「下の字」を選んだというわけではない。人の移動方向を正しく指示するためである。また『東亜日報』一九二〇年四月一八日付第二面には、大日本鉱業会主催の視察団が満州・朝鮮における鉱業界の実情調査を行うとする記事が「鉱業視察団来鮮」との見出しで掲載される。ここで「来朝」とせずに「来鮮」としたのは蔑視観を込めてのものではあるまい。「来朝」では日本訪問と誤解され、見出しとしてまるで意味をなさないだけのことである。さらに『因伯時報』一九一一年四月三〇日付紙面に載せられた「家族を捨て朝鮮」とする短い記事のなかに

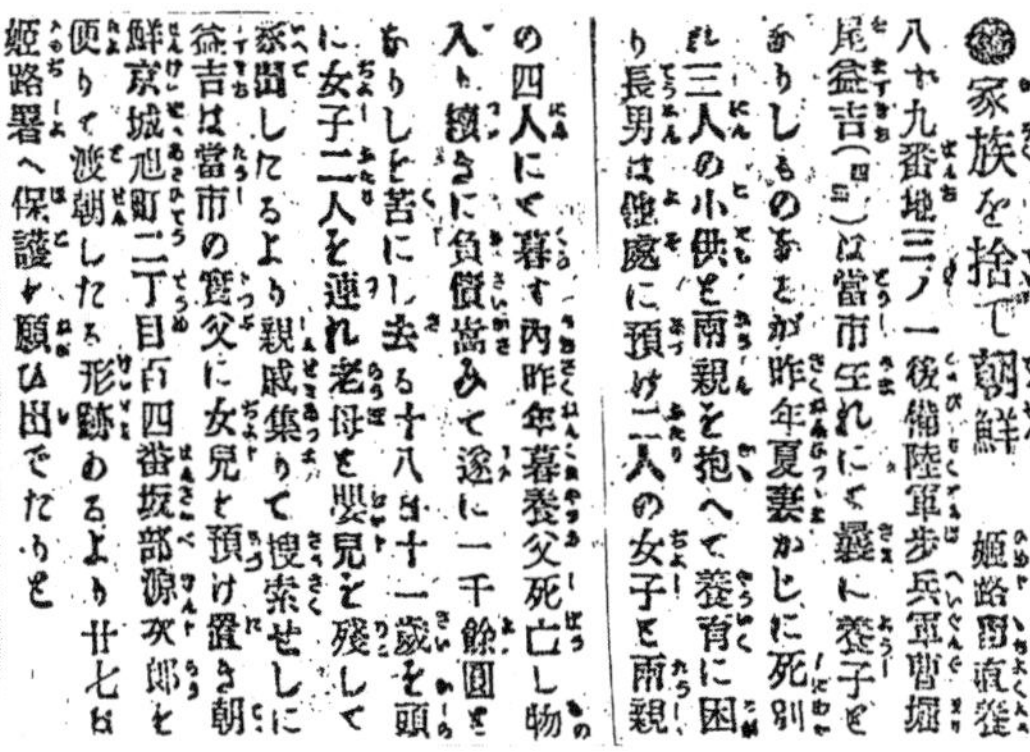
家族《かぞく》を捨《す》て朝鮮《てうせん》　姫路町直從八十九番地三ノ一後備陸軍歩兵軍曹堀尾益吉（四三）は當市生れにて嚴に養子となりしものなるが昨年夏妻かしに死別れ三人の小供を兩親を抱へて養育に困り長男は強處に預け二人の女子と兩親の四人にて暮す内昨年暮養父死亡し物入り續きに負債嵩みて遂に一千餘圓を頭となりしを苦にし去る十八日十一歳を頭に女子二人を連れ老母を嬰兒を殘して家出したるより親戚集りて捜索せしに益吉は當市の實父に女兒を預け置き朝鮮京城旭町二丁目百四番坂部源次郎を便りて渡朝したる形跡あるより廿七日姫路署へ保護を願ひ出でたりと

「渡朝（とせん）」新聞記事（うしろから２行目。「因伯時報」1911年4月30日付。鳥取県立図書館所蔵）

「朝鮮京城旭町二丁目百四番坂部源次郎を便りて渡朝したる形跡ある」との一節があり、ここで「渡朝」には「とせん」とルビがふられている。人の移動する方向は朝鮮半島である。漢字熟語「渡朝」だけでは、その方向が日本に向いていると解釈されても仕方あるまい。だから「とせん」なるルビがふられたのである。ここに示されているのは蔑視の感情ではない。

通説的理解D項

「鮮」系用語が蔑称だから朝鮮人自らがこの用語を使用することがなかった（D項）、というのも必ずしも妥当ではない。たしかに朝鮮人が日常生活のなかで「鮮人」などと自称することはまず考えられない。しかしながら、創刊された一九二〇年四月から順に『東亜日報』に一瞥を加えると、「避難鮮人帰還」（四月九日付第二面）・「鮮銀券漸減」（同上）・「鉱業視察団来鮮」（四月一八日付第二面、前掲）・「全鮮의 牛疫数」（四月二八日付第三面）・「西鮮에서 돌아와」（六月三日付第一面）など「鮮」系用語の使用が確認できる。「書き言葉」としての「鮮」系用語は、略語間における誤解を排除するとの観点からする限りは、日本人・朝鮮人を問わず一定の合理性を備えたものといえそうである。

ところで、『朝鮮公論』一九一三年一二月号に掲載された「朝鮮の流行語」とする文章のなかで筆者（高等法院判事浅見倫太郎）は「鮮人」呼称に触れて次のように述べる。

（前略）日本人は朝鮮人と称するを略して鮮人という、これ過去数十年来日本と朝鮮の親和を表彰するの語として日韓人といひたりしが併合以来之に代ふるに日鮮人と称し大多数の日本人は之を異しむもの無し。又単に鮮人といふも亦然り、然るにa朝鮮人中稍《やや》文識ある者は此語を称せらるゝを喜ばず、b其理由は蓋し鮮人は漢字の意義に於て小人なり碌々《ろくろく》斗筲《そとう》の人なり姦佞弁口《かんねいべんこう》の人なり論語に「鮮人を遠ざく」とは小人を遠さくるなり「鮮《すく》矣仁《なしじん》」は更に甚しきものあるなり。朝鮮人は此の如き意義に於て鮮人と称せらるゝを喜ばざると日本語の「ヨボ」又は「ヨボケ」は耄碌《もうろく》の意義を有するを喜ばざると一般なるべし
（以下略）

ここでは朝鮮人が「鮮人」呼称を忌避する理由が、「鮮」という漢字自体に含まれる「少ない」とか「乏しい」といった負の価値を帯びた固有の意味から説明される（傍線b）。朝鮮人のなかでも「やや文識ある者」が「鮮人」呼称を嫌う（傍線a）所以である。

一方、車潤順『不死鳥のうた』から「〝鮮人〟日本人は私たち朝鮮人のことをこう呼んだ。それは頭がない民族だから、上の〝朝〟の字は取ってしまったというのである」を引用しつつ、「これこそ「鮮人」という言葉が何であるかを純粋に感覚的に表現したもの」との指摘がなされたことがある。また一九二七年生まれの朴四甲は、中学生のころの回想のなかで「朝鮮の朝は朝廷の朝につながるからナッ、おまっち呼ぶのによお、朝鮮て呼べねえんだよ」と言わ

れたことを記す。ここで、車潤順が「頭がない民族だから、上の〝朝〟の字は取ってしまった」と感じた時期は、記述の順序からすればおそらく著者が一〇代半ばであった一九四〇年代のことであり、また朴四甲の回想も一九四〇年前後のことである。韓国併合直後のことではない。

こうした点を勘案すれば、「「朝」は「朝廷」につながる」から略語を作るに際して忌避したとか、逆に「「鮮」は「賤」に通じる」から採用したといった俗耳に入りやすい説明は、ある時期から現れる一つの説明の仕方ではあっても、「鮮」系用語のなりたちそのものを説明するものとは言えない。

植民地期における朝鮮人の蔑称

「鮮」系用語が朝鮮人によって忌避されていたことは、いくつも例示できるから明らかな事実である。しかし同時に「鮮」系用語は最初から蔑称として作られたなどとはいえないし、とりわけ官製の蔑称とはいえない。むしろ純然たる省略語としてあったものが、植民地の歴史過程において日常的・具体的に生じた日本人と朝鮮人とのあいだの不条理な力関係によって、日本人の朝鮮人に対する物言いのなかに侮蔑的な感情が込められ、「鮮」系用語もまた蔑称としての内実をもつようになったということである。

したがって、まず「鮮」系用語が登場するためには、そうした略語が必要とされるような社会情勢を前提とせねばならず、次いでそれが蔑称として機能するようになるためには、層・集団としての朝鮮人が日本人の前に登場し、朝鮮人と日本人の間に個別・具体的な接触の生じることが前提されねばならない。とすれば、接触の濃淡によっては、蔑称としての「鮮」系用語の使用に時差・地域差をともなうこととなろう。

「鮮」系用語ははじめ用例が限られる傾向にあったのが、一九二二年出版の『朝鮮川柳』には「鮮語」「鮮童」の用例が見え、一九三五年出版の『朝鮮風土歌集』には、「鮮語」「鮮童」「鮮女」の用例が見える。こうした身の回りの用語に「鮮」系用語が頻用されるようになった背景には、日本人の身辺雑事に朝鮮人の姿が日常的に行き来する機会が増えたことがあるだろう。日本橋高等小学校ほか四つの小学校における調査から、小学生が関東大震災に関して新たに知った言葉として「不逞鮮人、やっつけろ、戒厳令」が挙げられている。関東大震災時の朝鮮人虐殺事件の余波は、不当な物言いを年少者にも浸透させてゆく契機となった。

こうして社会的に積み重ねられた侮蔑的な物言いが、用例や年齢・階層を様々に拡散させてゆくなか、やがて「鮮人」と呼ばれた側にとって、それが「頭（「朝」）を取られた」呼称なのだとする感覚が育まれた。車潤順や朴四甲の説明が一九四〇年代を挟んだころに現れる所以である。

北但馬地震の経験

「朝鮮人と日本人の間に個別・具体的な接触」が生じながらも、「鮮人」に代表されるような不当な物言いばかりが蔓延したわけではない。ひとつだけ事例を挙げておこう。

一九二五年(大正一四)五月二三日午前一一時過ぎ、北但馬地方をマグニチュード七・〇の烈震が襲った。震源は円山川河口付近であった。多くの家屋が倒壊し、また昼前の炊事どきということもあって火災が広がり、死者四二八名、家屋全壊一二九五戸、焼失家屋二一八〇戸等々におよぶ未曾有の大災害となった。

豊岡町では役場は残ったが町のおよそ三分の二は焼失し、中央部は灰燼に帰した。城崎町内での死者のうち男性が七八名なのに対し女性は一九四名の多きに上った。旅館内で多くの女性が昼食準備に立ち働いていて被害にあったと想像されている。温泉街の九割が焼失し、地蔵湯・極楽寺付近ばかりが被害を免れた。津居山《ついやま》港付近では、建物は新築のものを含めてほぼすべてが全壊か半壊となり、地震の被害がもっとも激しかった。津居山港に面した港西小学校では、地震発生時はちょうど第三時限の休憩時間中で、大多数の児童は校庭にいて難を逃れたが、たまたま便所に行っていた六名が建物に押しつぶされて亡くなった。楽々浦《ささうら》小学校では当時遠足中だったために児童全員が無事だった。ここでは震災後三週間ほどは運動場にテントを張って勉強したという。当時城崎町会議員だった石田松太郎は、至るところ建物が倒壊して土煙をあげ、人々が下敷きとなり、助けを求めて右往左往する震災の現場を克明な手記に残している。

ところで、豊岡中学校生徒五九六名が残した震災救援活動に関する作文記録が発掘・紹介されている。それによれば、豊岡中教職員および寄宿生を中心に組織された救援隊は、震災直後における被災者救援・死傷者搬送・消火活動・炊き出しなどの活動を担った。それは豊岡町だけでなく、城崎・竹野・八鹿等々での活動も含まれた。また、出石町から豊岡町へは毎日五〇〜一〇〇人ほどの救援隊が派遣され、鳥取からも救援隊が派遣された。鳥取高農の寮生たちは大震災の発生を知るや自主的に救援活動を決議し、二五日昼、握り飯と梅干しや缶詰などを調達し、鍬・シャベルなどを整えた七〇名が学校から許可の下りないままに出発した。彼らは鳥取駅と交渉して竹野まで無料で汽車に乗り、不通となったその先は山道を越えて城崎に入った。翌二六日には学校挙げての救援隊が組織されて活動した。

震災直後の様子を綴った豊岡中生のなかには、「二四日、朝鮮人人夫の麗しい活動に多大の感動を与えられ」たことを記し、震災のあった二三日に「朝鮮人が六、七人助けに来てくれた。（中略）朝鮮人の親切によって（中略）朝鮮人宅横に避難し、そこで恐ろしい一夜を過ごした」と記す者がある。やや後年となるが、一九三〇年の国勢調査によると、豊岡町・城崎町および近隣に約六七〇人の朝鮮人が在住していた。北但馬地震の発生時には円山川改修工事が進行中（一九二〇〜三六年）で、工事現場には少なからぬ朝鮮人労働者があり、被災もしたことと推測される。右のような豊岡中生の記述が得られるのは、かの関東大震災からまだわずか二年足らずの時期である。

一九七〇年代の「発見」

「鮮」系用語は一九七〇年代に「発見」されたことは本書「はしがき」でも述べたところである。そうした「発見」に関わる事例をもう一つだけ追加しておこう。

植民地朝鮮に生まれ、在日朝鮮人作家との幅広い交流をもった小説家小林勝の作品「瞻星」は、第二次世界大戦末期の士官学校に学ぶ朝鮮人青年の日記という叙述体をとり、善意の日本人青年と朝鮮人青年の交流を描き、しかし善意だけでは越えがたい日本人と朝鮮人の深い溝を感じさせる。この小説は、一九六五年に『新日本文学』誌上に発表され、のち一九七一年に小林の第二創作集『朝鮮・明治五十二年』に収録された。六五年・七一年の二つの作品のあいだに、用語法上の顕著な違いがある。日本人青年が朝鮮人を呼ぶときの呼称が、前者では「半島人」とされていたものが、後者ではことごとく「鮮人」に置き換えられる。また次に示すような「鮮人という蔑称でよびすてた日から」なる文言が新たに挿入された。

(前略)それは日本人にだって善良なやつはいるだろうさ、と達城天池は思った、朝鮮人と親しくつきあっているのは大勢いるだろうさ。しかし、これだけは知っておくがいい。貴様らが支配者としておれの国へのりこんできた、その日から、鮮人という蔑称でよびすてた日から、貴様らは朝鮮人を理解できなくなったのだ。（以下略）

（傍点は原文）

「瞻星」におけるこうした変化が一九六五年と七一年のあいだで生じた点に注目したい。小林は六〇年代に著した文章「日本文学に現われた朝鮮の顔貌（三）」（『コリア評論』四六）のなかでは「全鮮いたるところに」との表現を用い、また湯浅克衛の小説「棗」を論評する際に、引用文中に「鮮童」なる語が二ヵ所あることに何ら言及をしなかった。そのように六〇年代に「鮮」系用語に無頓着だった小林は六五年の作品では朝鮮人に対する日本人の無理解ぶりを示すのに「半島人」なる語を選び、七一年の同じ作品では「鮮人」と書き替えた。つまり六〇年代の小林勝は「鮮」系用語は蔑称としての文章効果をもつものと考えていなかったのが、七〇年代に入ってからはそうした効果を認めて「鮮人」への書き替えを行ったと解せるからである。

一九七〇年代の「発見」には、いったいどのような事情があったのだろうか。全般的な背景説明としては、この時期における「差別論」への関心の高まりを指摘することができようが、さらに以下の点に着目することにより「なぜ七〇年代初めなのか」が解明できるように思われる。ひとつは「鮮」系用語のうち「北鮮」なる用語から朝鮮に対する蔑称の問題が提起された事実であり、今ひとつは朝鮮に対する蔑称の問題に関する議論を主導してきたのが日本朝鮮研究所であった事実である。

本書「はしがき」でも述べたように、一九六〇年代を通じて日本朝鮮研究所の機関誌『朝鮮研究』は「鮮」系用語を問題視しなかったし、『広辞苑』問題に気づかず、抗議もしなかった。その一方で、「日本における朝鮮研究の蓄積をいかに継承するか」との大テーマのもと、全部で一三回に及ぶシンポジウムを行った。その最終回の席上における「朝鮮史研究というのは、なにか、日本の歴史全体の中でも、特殊部落的なものになっている」との発言が、修正されることもないままに『朝鮮研究』八〇号（一九六八年一二月号）に掲載され、読者から差別発言として指摘された。一九六九年一月から七月末に至るまで、日本朝鮮研究所運営委員等と「未解放部落・在日朝鮮人青年たちとの話しあい」などが幾度となく繰り返され、七月二八日付の「本誌差別発言問題の経過と私たちの反省」が『朝鮮研究』八七号（一九六九年七月号）に掲載された。この「本誌差別発言問題の経過と私たちの反省」によれば、神戸部落問題研究会の人たちから「(この種の発言が出てくる) 思想の克服は、(中略) 専門の朝鮮研究自体を根本的にふりかえってみることによって可能になるのではないか」と指摘されたという。日本朝鮮研究所は、この差別発言問題を契機に「徹底した自己批判の上にたつ研究所としての課題の追求を通じて日常的に誤りをつぐなっていく覚悟をしなければならないと考え」た。「鮮」系用語に関わる日本朝鮮研究所所員の手になる一連の成果は、こののち相次いで発表された。自らの「差別発言問題」の過ちを他者から指摘されたことをきっかけにして、こんどは朝鮮史研究者が自らの内に巣食う朝鮮（人）差別の意識をえぐり出す作業に入った。それは「徹底した自己批判」が求められる作業でもあったから、いきおい性急な評価に陥ることとなった。それが、「鮮」系用語をその初見例から蔑称と位置づける姿勢となって現れたのである。

こうした問題点は、朝鮮人に対する蔑称「鮮人」の成立を秀吉の朝鮮侵略に求める金光哲の姿勢にも指摘できる。金光哲は、秀吉の朝鮮侵略に従軍した天荊《てんけい》の『西征日記』に「鮮」系用語の初見を見いだし、これらの用語は「朝鮮侵略の初期の段階で、しかも朝鮮民衆に対する大量虐殺を行う中で、つまりもっとも殺伐とした敵対感情にとらわれた心理状況の中で」（二一一〜二一二頁）造語・使用されたと指摘する。それゆえに「鮮」系用語は「誕生した当初から蔑視で塗り固められたもの」だと強調される。その際、天荊と同じ第一軍に従軍した吉野甚五左衛門の『吉野日記』（「吉野甚五左衛門覚書」『続群書類従』二〇下）にも拠りながら、朝鮮侵略初期における殺伐とした大量虐殺状況を描き出すが、『吉野日記』中に「鮮」系用語は一つたりとも出てこない。この日記の中で朝鮮・朝鮮人を指す用語は「唐」「から」「唐人」「高麗」「てうせん」「てうせん人」である。「鮮」系用語は、豊臣秀吉の朝鮮侵略に際して書かれた様々な従軍日記（東京大学史料編纂所・写本『旧典類聚』所収のもの。筆者は一七点について点検した）にも一切登場しないから、「大量虐殺」とか「殺伐とした敵対感情」を理由にして蔑称の成立を導き出すことはできない。

あるいは金光哲は、『西征日記』で「(一五九二年)五月十六日から十九日にかけて、集中的に『鮮軍』を五回も使用し」たことに注目するが、同じ日記の七月晦日条に「朝鮮軍」の用例があることに触れないし、「この(一五九二年六月)二日条には、別に『鮮人』とあり、三日、五日と『鮮人』を連発し」たことを強調しながら、五月一四日条に「朝鮮人」の用例があることに触れない。同一の日記の中で「朝鮮軍」と「鮮軍」、「朝鮮人」と「鮮人」が併存することを、どのように説明すべきか。

さらには、著者の指摘する六月二日・三日・五日に「連発」された「鮮人」の語は、いずれも李孝仁なる同一人物を指す。この李孝仁は、酒を携えて天荊のもとを訪れること二〇回に及び、来訪時に様々な情報をもたらした。そして彼はのちに今村新助なる日本名を名乗ることとなる(八月三日条)。天荊とそうした間柄にあった人物に「鮮人」なる形容詞が冠せられた。これを「蔑視で塗り固められたもの」とすることには違和感を覚えざるをえない。

一方、金光哲は『甲子夜話』(一九世紀)における「鮮」系用語の事例を検討し、その大部分が「豊臣秀吉の朝鮮侵略との関連事項の中で用いられているところに、その最大の特徴がある」と述べ、「これら『鮮』の使用は、松浦静山の朝鮮観と密接に関連し、反映したもの」だと指摘する。しかしながら、秀吉の朝鮮侵略とは無関係な「鮮」系用語の用法については著者も具体例を指摘しているし、朝鮮侵略との関連性を問わず著者の挙げた事例すべてを典拠に立ち戻って再点検すれば、ほぼすべての場合に「鮮」系用語と「朝鮮」「朝鮮人」が併用されていることに気づく。松浦静山は、ひとまとまりの文章のなかで、朝鮮観と密接な関連を有する「鮮」系用語とそれ以外の「朝鮮」「朝鮮人」とを、いかに区別しつつ使用したのだろうか。

以上を要するに、金光哲は、こうした用語の併用・混在を軽視し、近世における「鮮」系用語の評価を急ぎすぎているのである。あるいは予断をもった史料解釈に傾いている。少なくとも近世史料にあっては、「鮮」系用語の使用がただちに朝鮮蔑視観の指標とはなりえない。したがって、近世に「鮮」系用語が蔑称として成立し近代に引き継がれる、という金光哲の主張には従えない。

「鮮」系用語と蔑視観

「鮮」系用語は植民地期を通じて蔑称として機能した。しかしそれがなぜ蔑称となったかについての通説（内海愛子・梶村秀樹説）は、おおむね成り立たないと言わざるをえない。たとえば、留保付きながら内海・梶村が主張した「官製の蔑称」説は、内海・梶村と同様の方法論にしたがって精査する限りでは成立の余地がない。筆者は「鮮」系用語が社会的に蔑称として機能した点を重視したいが、直接的な「官製用語」ではないにしても、政治権力による蔑称への何らかの間接的な誘導があったと考えるのであれば、そのような観点から論理の再構築を図らねばなるまい。あるいは「鮮」系用語の初見例が織豊期〜江戸時代にまで遡ること自体は実証的に動かしようのない事実だから、この点も含めて「鮮」系用語の成り立ちと性格付けは再考されねばならない。

一方、「鮮」系用語は一九七〇年代に「発見」された。それはすぐれて「現代的」な関心から「発見」されたものといえる。そして、その「発見」のされ方や「現代的」な関心に規定されて、「鮮」系用語は初見例（通説では一九一〇年九月の韓国併合直後）から蔑称であると考えられてきた。翻って、そこから「鮮」系用語の所在するところに朝鮮蔑視観を見出す思考法をも招来することとなった。こうした方法は、筆者には、当該期における用法に十分な配慮なく、「現代的」な関心を歴史のなかに持ち込んだ転倒した議論と思われる。そうした転倒を前近代（秀吉の朝鮮侵略）にまで持ち込んだのが金光哲の議論である。

植民地期における「鮮」系用語には、たしかに蔑みの色合いが濃い。しかしながら、この用語使用の有無は、それだけでは朝鮮蔑視観の指標たりえない。「鮮」系用語の不使用が必ずしも朝鮮蔑視観の不在と等値できないように、「鮮」系用語の使用が必ずしも朝鮮蔑視観の現れとは見なしえない。その限りでいえば、「鮮」系用語の使用をもって、柳宗悦に対する評価に留保をつける必要もないように思われる。

＊なお、本章は、「鮮」系用語が社会的に蔑称として機能し続けたことを軽視するものではない。それが生まれながらの蔑称として機械的に取り扱われることを懸念するものである。念のために付記しておく。

第十三章　細井肇の和訳した『海游録』

柳宗悦と浅川巧

朝鮮が日本の植民地であったころの日本人の朝鮮・朝鮮人に対する態度は、たとえば本書「はしがき」で引用した高浜虚子の文章に表れるような、高みから見下ろすような傲慢さが特徴的である。「鮮人」という言葉もまた単なる略称に過ぎないものなのに、それを発する者の態度に裏打ちされて差別的な言葉として響く。「朝鮮人」「韓人」もまた同様である。三一独立運動（一九一九年）や関東大震災（一九二三年）に際して引き起こされた悲惨な事件の数々は、少なからぬ朝鮮人の虐げられた姿と暴虐の限りを尽くした日本人の姿を明瞭な輪郭の下に曝すこととなったから、先に記した一般的な態度や呼び方そのものもまた決して軽く見過ごせるような些事ではなく、大きな事件の裾野をなしていることが諒解されることとなる。

そうであるがゆえに、そうした全体状況のなかにあって、当時、朝鮮人に寄り添いながら理解しようと努めた日本人の姿に触れるとき、そこにわずかながらも光明を見出すこととなる。たとえば柳宗悦や浅川巧の姿がそれである。それぞれ例示しておこう。

まずは、三一独立運動ののち、『改造』一九二〇年六月号に掲載された柳宗悦「朝鮮の友に贈る書」の一節である。傍線部分は発表当時には伏せ字とされた部分であり、そこから当時どのような発言が許されなかったかが知りうるし、公開されなかった柳宗悦の心情もまたそこに記されている。

此世にはどれだけ多く許し得ない矛盾が矛盾のままに行われているであろう。私は仮りに日本人が朝鮮人の位置に立ったならばといつも想う。愛国の念を標榜し、忠臣を以て任じる此国民は、貴方がたよりももっと高く反逆の旗を飜すにちがいない。吾々の道徳はかねがねかかる行為を称揚すべき立場にいる。吾々は貴方がたが自国を想う義憤の行いを咎める事に、矛盾を覚えないわけにはゆかぬ。真理は普遍の真理であっていい筈であるが、時として一ツの行いに二ツの名が与えられる、或時は「忠節」とも或時は「不逞」とも呼ばれるのである。
（柳宗悦・高崎宗司編『朝鮮を想う』）

次に、浅川巧について実姉および柳宗悦の妻・兼子が語るエピソードである（高崎宗司『朝鮮の土となった日本人』）。

朝鮮服を着てね、まことに風采はあがらない顔でした。ですから、「ヨボ、ヨボ（朝鮮人に対する蔑称）」と朝鮮人だと思われて。電車に腰をかけていると、「ヨボ、どけ」なんて席を立たされると、黙ってどいて席にかけさせました。

巧さんは朝鮮通でね。（中略）お兄さんよか巧さんのほうが、朝鮮語をよく勉強なすってたと思います。朝鮮人と間違えられるくらい。見たとこが朝鮮人みたいなんです。終始白い服着て歩いてらしたから。(中略) あの方はほんとに朝鮮人でした。

さて、筆者はかつて大正期の知識人である細井肇(一八八六～一九三四)に少しだけ触れたことがある(池内敏〔二〇〇六〕)。次に引用するのは、その全文である。

大正期を生きた「朝鮮通」細井肇は、日常的に朝鮮服を着用し、「不逞鮮人」なる語を一切排除することを宣言したという。その著述内容から細井の朝鮮認識を分析した欄木寿男は、「朝鮮通」の彼にしても朝鮮蔑視観を脱し切れていたか疑問が残る旨を述べている(欄木寿男〔一九六五〕)。「鮮」系用語の不使用が朝鮮蔑視と無関係だとはいい切れない。

この記述それ自体は、欄木寿男の仕事だけに依拠することで、同時代の柳宗悦や浅川巧に対するのと同様な期待感を込めた細井に対する甘い評価であったと、現時点では考えざるを得ない。細井を論じたもので欄木のあとに現れたものは、いずれも細井を厳しく批判することで共通する。本章は、こうした細井に対する評価に真っ向から異議を唱えるものではないが、細井の残した作品の評価についてささやかな考察を試みておきたく思う。

細井肇

まず高崎宗司の仕事によって細井肇の略歴を述べておこう。細井は独学で成城中学に編入学・中退をし、電気通信技術伝習所を経て一九〇六年に長崎新報社の記者となった。この間、彼は労働運動に関心を寄せ、当局からは社会主義者として常に監視された。やがて朝鮮へ渡って一九一〇年には『現代漢城の風雲と名士』を著述し、一一年には朝鮮研究会の創設に関与して朝鮮古書の和訳も盛んに行い始めた。一三〜一八年には東京朝日新聞社記者となり、一九年に朝鮮で起こった三一独立運動を機に朝鮮への傾倒を更に深め、二〇年には朝鮮関係書籍出版社として自由討究社を設立した。

細井は、京城と東京とを往復しながら自由討究社を拠点にして、『通俗朝鮮文庫』シリーズや『鮮満叢書』シリーズで朝鮮古典の翻訳を次々に刊行した。一九二三年、関東大震災時の朝鮮人虐殺事件に際しては、細井も東京で朝鮮人に間違われて殺されかけた。この体験をもとに細井は日本人と朝鮮人の関係悪化を憂え、日本と朝鮮各地の巡回講演に出かけ、講演回数二五六、のべ聴講者数一二万八〇〇〇を数えたという。

高崎は細井を「民間にあって、朝鮮総督府の統治政策に協力した代表的な御用言論人」であり、「日本人の朝鮮蔑視を象徴的に体現しているという点でも重要な人物」とみなす。細井の著作『朝鮮文化史論』（一九一一年）の自序には「これ以上悪く表現することは不可能だと思われるほどの朝鮮蔑視」が見出せるとし、「朝鮮の人や文化を劣等視することでは人後に落ちない細井」「細井にかかっては、朝鮮の如何なる名著も童話も、すべて、朝鮮民族の悪しき心性を証明する素材にされてしまう」と一刀両断である。

したがって高崎にあっては、細井による一連の作品群のうち『鮮満叢書』についても「朝鮮民族をけなし、日本の統治を正当化する」ものと見なされた。そして、これら細井の作品は、三一独立運動を契機にして武断政治を文化政治へと転換させた朝鮮総督・斎藤実への「身売り」をして成し遂げられたものと断罪される。斎藤実関係文書（国立国会図書館憲政資料室所蔵）に含まれた細井肇の斎藤あて書簡を通覧した高崎は、その書簡の特徴を「斎藤から毎月届けられる金に対する感謝と、何かにつけての金の無心である」と述べ、「斎藤のお墨付きこそなかったものの、終始一貫して、総督府宣伝局の役割を民間で果たしていた」と厳しく指摘する。

朝鮮ウォッチャーの草分け

一方、一九九七年から順不同で刊行の始まった『明治人による近代朝鮮論　影印叢書』シリーズ（全二〇巻、刊行予定、ぺりかん社）は現在までに七点の刊行を終えているが、その中に細井肇の著書が三点含まれている。『現代漢城の風雲と名士』（一九九七年〈初版は一九一〇年〉・第十七巻・森山茂徳解説）、『国太公の眦《まなじり》』（二〇〇〇年〈初版は一九二九年〉・第八巻・木村幹解説）、『女王閔妃』（二〇〇〇年〈初版は一九三一年〉・第九巻・同前）、である。

これらに付された解説のなかで、森山茂徳は細井を「新聞記者・評論家」と紹介し、「日本の朝鮮統治政策について、当時の斎藤実朝鮮総督に多くの進言をしている」と述べる。そして『現代漢城の風雲と名士』と朝鮮総督府編『朝鮮貴族略歴』（一九二五年）の記述とが多く一致することを指摘し、細井が「日本の朝鮮統治において、一定の役割を果した」と見るのである。これに対して木村幹は細井を「日本における朝鮮ウォッチャーの草分け的存在」とし、細井は「終始一貫して……アジア主義の立場から、日本政府や総督府の政策を批判しつづけた。」と記す（前掲第八巻解説）。木村はまた、前掲第九巻で影印に付された『女王閔妃』の執筆動機を李容九の業績再評価にあると見る。李容九は、日本政府や朝鮮総督府とは一線を画しながら韓国併合を進めた韓国側人物であり、親日団体一進会会長であった。韓国併合後の一進会は朝鮮総督府から警戒・迫害され、李容九もまた不遇な晩年を過ごさざるを得なかった。そうした李容九の再評価は「日本政府と総督府の朝鮮支配に対して、アジア主義の立場から公然たる反対の意志を表明することを意味していた。」と木村は見る（前掲第九巻解説）。こうした木村による細井評は高崎のそれと正反対であるかにも見えるが、木村が「近代朝鮮史を大院君と閔妃の間の政治的闘争を中心として理解すること、その歴史観自身、細井等が中心となってあみ出して来たものであった。」（同）として細井の歴史観克服を必須と述べる点に鑑みると、木村・高崎の評価はさほど対立するものでもない。細井が韓国併合を必然であったと見る最大の論拠は、朝鮮支配層における政治闘争の繰り返しの歴史が朝鮮史の特徴であったと見る史観があったと、高崎も見ているからである。

内鮮人の心性較覈

細井肇の主張を講演記録等に追いかけてみよう。

大正一一年（一九二二）九月二二日、東京神田青年会館で開催された朝鮮問題講演会での講演筆記録が「内鮮人の心性較覈《こうかく》」である（『鮮満叢書』五、東経正義・朝鮮問題講演集）。細井が会場に着くと「今日は朝鮮人の悪口なぞをいふと、擲《な》ぐり附けるとか云つて団体を組んで学生が来てるそうです。錦町署からの注意ですから、身辺を御警戒になつて──」と耳打ちされたという。講演記録には「馬鹿云へと呼ぶ者あり」とするフロアからの不規則発言や「場内騒然」「演説を妨碍《ぼうがい》すべく喧騒する者あり」とする記述も残されており、講演最中の雰囲気が伝わってくる。

講演では、細井は今までの日本の朝鮮への対し方には問題が多かったとし、「何事でも腕力で解決しやうとする、此日本人の思想、拳骨主義で果して何事が解決されるでありませう。」「遣らずぶつたくりの拳骨主義が累を為して居る。さうして今日行詰つた」と述べる。「行詰」りは、一九一九年の三一独立運動（細井はこれを「三月騒擾」と表現する）による朝鮮総督府政治への異議申し立てで明らかとなった。細井は三一独立運動の終息について次のように述べるとともに、「私は著述にも言論にも決して不逞鮮人といふ文字を用ひない。不逞と云ふが如き極度の悪罵は軽々しく申すべきでないと思ふ。」と付言する。

（前略）三月騒擾に対しても、非常な注意を払ひ、同時に一の期待を以つて居たのであります。夫れは朝鮮内地へ這入り込んで二十年も三十年も牧場や農園をやつて居る長老がある筈です　夫等の長老が一度手を挙げれば熱狂して居る群集も鎮まつたといふやうな新聞の報導が何処か一ケ所なりとありはしないかと思つて、眼を皿の如くして見て居つたのでありますが、然しながら不幸にして三月騒擾の鎮圧と云ふものはさう云ふ徳望に依つて、若くは理解に依つて行はれたのではなかつたのであります。

この講演会の前年大正一〇年（一九二一）一二月に、細井は『鮮満の経営　朝鮮問題の根本解決』と題する八六〇ページに及ぶ大著を公にした。それは「三月騒擾の後ち、南北支部《ママ》を周遊し、帰途朝鮮の事態を観察し、刻々に音もなく国運民命を蝕《むしば》みゆく悪質の『癌』を其処に明らさまに眼に見たり。帰来、朝鮮問題の為めに一身を委ね去らんとするの意を決し」ての著述であった（「読者へ・著者より〈自序に代へて〉」）。そこでは、寺内正毅・長谷川好道のふたりの朝鮮総督時代に行われてきた「武断的威圧主義」が新総督となった斎藤実によって「文化的恩撫主義」に一変されたこと、そうした斎藤総督の施策を細井は「内地延長の文化政策」と名づけ、きわめて好意的に扱った。

ところで、ここで批判された寺内総督時代の政策は「重大なる過失」と見なされたが、同時にそれは「国民連帯の責任なり」ともいう。連帯責任とはたとえば次のような東京市民の態度のことを指す。あるとき細井が朝鮮からの郡守視察団が上京してきたのに行き合ったが、その視察団に対して市民の一人は傲慢な態度でこれを眺め、ヨボと冷笑して通り過ぎたという。細井はこの市民の態度を「千百の燦爛たる文物制度も、此の無思慮なる一語に抹了せらるべきを思はざるなり」と指摘したうえで、直接に文章を続けて次のように記す。「著者が在鮮の生活に於いて好んで鮮服を纏ふもの、自から此種の侮辱を体験せんが為めに外ならず」と。朝鮮人を高みから見下ろすような日本人の態度を「武断的威圧主義」を蔓延《はびこ》らせた連帯責任の所産だというのである。

「惟《おも》ふに鮮人は、過去数百年間、不良なる政治に虐せられ、為めに夥しく民族的心性を委縮して、自立独歩の能力を失へりと雖も（中略）内鮮文明の基礎は同等にして其間何等優劣ある事なし」とも言う。したがって、日本人と朝鮮人は日本の政治的上でも対等な地位を占めうることと、やがては朝鮮人のなかから衆議院議員を出し、貴族院に入り、国政を左右する者の現れることを期待する。その趣旨は大正一四年（一九二五）に刊行された『朝鮮問題の帰趨』でも繰り返されたうえで「お終《しま》ひには大日本帝国の内閣総理大臣が朝鮮人の中から出てくるかも知れないのでありまず。出て来るかも知れないではない、（中略）朝鮮人の中からも内閣総理大臣の出るやうに仕向けてやること、之が一日の長ある師父長兄の位地にある我々内地人の当然の務めであります」と展開する。

朝鮮問題の帰趨

関東大震災ののち大正一三年（一九二四）一二月二三日までに二五六回にわたって行われた講演会のうち、朝鮮半島在住日本人のために催された講演会の筆記録が『朝鮮問題の帰趨』である。それまでの講演録等の内容を受け継ぎながらも、震災後の細井の論に特徴を与えているのが「互助相愛の大義」を強調する点であり、それは震災時における自らの体験と見聞を踏まえたものである。

（前略）互助相愛の大義に依つて完成されたる人格には仁愛と任俠の精神が宿るのであります。九月一日の震災当時、此の日本の人格国格に慚《は》ぢざる立派なる行ひをした内地人も相当にあるにはあつた。或る老婆は数名の朝鮮留学生を預つてゐたのでありますが、血に渇したるが如き兇暴な自警団員が押し寄せて参つて、『朝鮮人を引渡せ。』迫つたのであります。老婆は静に之に応へて『私のお世話してゐる朝鮮の方々は皆立派な人々である、決して悪い事をしないといふ事を日本人である私が証明を致します。若しどうあつても私の申す事を御信用にならず、直接にいろ〳〵の事をなさらうと有仰るのならば、先づ私を殺してからになさらなければなりません』――此の老婆の凜然たる決心には、自警団員も手を下すに由なく其儘引取ったのであります。（中略）百人が百人、千人が千人、此の老婆の心を以つて心と致しておりましたならば、平生、朝鮮人に対し『内鮮融和せよ』『親善せよ』と、アタマから叩き込むやうに口頭禅を繰返さずとも、朝鮮人は震災の機会において明白に日本の人格を読む事ができたでありませう。（中略）然るに当時の震災各地の多数の内地人は、果して如何なる態度に出でたでありませうか。（中略）成るほど一時少数の者は間違つた、併《しか》し日本大多数の良心は間違ひを間違ひとして取消した。斯くあるべきであります。

さらには細井は、震災時にひとつの握り飯を自力で得ることがいかに難しかったかを述べながら「互助相愛の大義を蹂躙致しまするが故に罰が当る」「ケチな腐り切つた自分さへ能ければよいといふ根性」を捨てねばならないことを主張する。

『朝鮮問題の帰趨』で述べられる三一独立運動終息の様子もまた、従前の講演録を受け継ぎながら、具体例が豊かに付け加えられた。ここで述べられた「彼の三月騒擾――万歳騒動とも云はれる独立運動の時、私は一つの期待を有つて、新聞の記事を眺めておりました。（中略）不幸にしてさういふ徳望を以つて鎮撫した処は一ケ所も発見することが出来なかつたのであります。全く徳望とは反対のしかたを以つて鎮圧されたのであります。」とする論述は、先述の大正一一年九月、神田青年会館での講演内容と大差ない。しかしながら、ここでは三月騒擾に際会した日本人で徳望ある者は襲撃の惨事を免れたという事例がいくつも挙げられる。元山付近の朝鮮人集落の真ん中に暮らす普通学校教員、平安南道に私費を投じて朝鮮人教育に身を捧げた窪田誠恵なる人、そして詳細は不明ながら江原道にも類例があると述べる。そして細井は言う。「是等の人々の心を以つて心と致しまするならば、朝鮮問題の解決は易々たるものでありますす」と。支配と隷属に根差した問題が、ここでは心がけの問題として解決を与えられようとしているのである。細井の講演は概して、専門性を帯びるというよりは、身近な体験や心がけに訴えかけるような俗世間にまみれたものであり、それだけに俗耳に届きやすい性質のものであった。

李朝五〇〇年と日韓併合

講演記録「内鮮人の心性較覈」のなかで細井は「実に朝鮮人ほど同情に値する民族はないのであります。」「朝鮮を亡ぼしたものは朝鮮である。朝鮮の権力階級である。（中略）独立を提唱される方々も朝鮮には少くないが、手を放てば倒れ去る卓上の箸の如く、独歩の能力なきものには独力の資格が無い」と述べるが、それは韓国併合以後の状況をもたらした要因として「李朝五百年の悪政」を重視するからである。細井は自ら翻訳した『丙子日記』『牧民心書』を引用して悪政の具体例をちりばめながら、「朝鮮は晩年斯る状態に置かれて居ましたので、打棄つて置いても、暴動を起して両班を絶滅する社会革命の運動を起すべき機運に迫つて居たのであります。其の間際に革命の機運を転換代行したのが日清日露の両役」だと述べる。

悪政の数々は『朝鮮問題の帰趨』でも繰り返される。「両班共には毫も憂国の観念が無く、「人民が如何やうに苦しまうが、王様が如何に恥づかしい目に逢はうが、国がどのやうになり行かうがそれは少しも考へない、己れさへ宜ければ宜い」という有様だった。そしてそうした両班の悪政に対して内発的に生ずべき革命の機運が外在的にしか与えられなかった由縁が次のように説明される。「然るに朝鮮には李朝五百年間を通じて、此の悪政を弾圧して起つ所の宗吾、長兵衛、平八郎が一人も現はれ得なかつた」と。日本の江戸時代には暴政に反対する木内宗吾、幡随院長兵衛、大塩平八郎が「水呑百姓、素町人、読書人」のなかから現れたが、朝鮮ではそうした人物がついに現れなかった、というのである。細井は『洪吉童伝』をもとに、「実在の人物ではない、物語り」のなかに宗吾、長兵衛、平八郎に比肩すべき人物が現れたかに見えるものの、「この洪吉童は、日本の所謂鼠小僧と択ばざるもので一向称するに足らない」と貶める。歴史に素材を求めながらも、その内容は勧善懲悪の浪花節さながらといったところである。

そして細井によれば、両班の悪政によって虐げられた一七〇〇万人の朝鮮民族は「打捨て、置いても其儘倒れ去るべき病人の如きもの」であったが、「この瀕死の病人を、三十四十の、思慮分別の充実した、腕力の逞ましい日本が、御気の毒に思つて双の腕に抱き上げたのが日韓併合」だったのである。

「朝鮮通」

細井肇が「朝鮮通」であると再々耳にする。一方、本章冒頭に掲げた浅川巧のエピソード中では柳兼子が浅川を「朝鮮通」だと評している。しかし等しく「朝鮮通」と言いながら、それら「朝鮮通」の中身は必ずしも一致しそうにない。

浅川巧が「朝鮮通」たるゆえんは、たとえば次のような内実から説明されるように思う。浅川巧の没後三年を経た柳宗悦の追憶の文章である（高崎宗司『朝鮮の土となった日本人』）。

……彼の様に朝鮮が解つた人はいつ何処に出ようか。歴史に精しい人は沢山あらう、事情に通じる人は幾人か出よう。併し彼の様に鮮人の心に内から住める人がどこにあらうか。（中略）彼が朝鮮の服を好んで着たり、多くその食物で暮してゐたことなどはほんの外側の事に過ぎない。彼はもつと朝鮮の心に深く活き浸つてゐたのである。それ故その民族の苦しみも悦びも、彼の苦しみであり悦びであつた。

一方、細井肇のいう「朝鮮通」は、たとえば朝鮮総督府に朝鮮人の動向にかかわる内部事情を情報提供するような人たちのことを指す。細井は「所謂朝鮮通と呼ばるゝもの、中、其の十中八九まで狭雑無頼の遊民たり」(『鮮満の経営　朝鮮問題の根本解決』)と述べ、寺内正毅総督がそれら「朝鮮通」との接触を一切排除したことが「三月騒擾が其の当日まで何等の諜報に接せざりし所以」だと非難する。

とすれば、「朝鮮通」であることと「朝鮮の良き理解者」であることとは必ずしも一致するわけではない。朝鮮服を好んで着るという行為も、細井肇と浅川巧とではずいぶんと印象が異なって見える。先述したように、細井は朝鮮服を身にまとうことで日本人から侮辱を受けることを実体験せんがために、わざとそのようにすると述べるからである。朝鮮と朝鮮人に寄り添うために朝鮮服を着ようとしたわけではない。

それでもたしかに細井は「(朝鮮の)歴史に精しい人」だったかもしれない。

細井作品の評価

細井は、その五〇年に満たない生涯に、一〇編前後の著書と二〇点以上の朝鮮古典の日本語訳を行ったことが知られる。表1は細井肇『国太公の眦』(一九二九年)に付された巻末広告に掲載された細井の著書目録であり、同様にして表2は細井肇による翻訳書(朝鮮古書)の目録である。一九二九年時点でのものとなるが、いわば細井自身の手で整理された著書・翻訳書目録である。李在君が国立国会図書館(日本)と国立中央図書館(韓国)で確認した細井肇の著書は、表1・2に挙げたものに加えて、『朝鮮統治の根本的変更に関する意見書』(一九二四

表1　細井肇著書目録

1	漢城の風雲と名士	1910年	日韓書房（京城）
2	朝鮮文化史論	1911年	朝鮮研究会（京城）
3	政争と党弊	1914年	益進会（東京）
4	閥族罪悪史	1919年	大鐙閣（東京）
5	支那を観て	1919年	成蹊堂（東京）
6	内鮮人の本務	1920年	自由討究社（京城）
7	鮮満の経営	1921年	自由討究社（京城）
8	朝鮮文学傑作集	1924年	亜細亜文化聯盟協会（東京）
9	朝鮮問題の帰趨	1925年	亜細亜文化聯盟協会（東京）
10	黎明の朝鮮	1925年	自由討究社（京城）
11	三国会議の真相	1927年	平凡社（東京）

〔典拠〕細井肇『国太公の眦』（1929年）に付された巻末広告による（『明治人による近代朝鮮論　影印叢書』第8巻）。なお、同著巻末に付された別の広告によれば、上記7～9はいずれも自由討究社発行による同一書名が見える。そのうちの『朝鮮文学傑作集』広告によれば、収録された作品名が以下の通り列挙されている。春香伝、燕の脚、秋風感別曲、九雲夢、春香伝（衍ヵ）、沈清伝、謝氏南征記、薔花紅蓮伝、南薫太平歌、雲英伝。

表2　細井肇翻訳書（朝鮮古書）目録

牧民心書
荘陵誌・謝氏南征記
朋党士禍の検討・九雲夢
朝鮮歳時記・広寒楼記
懲毖録・南薫太平歌
丙子日記
洪吉童伝
八域誌
瀋陽日記
雅言覚非
燕の脚
海游録
侍天教の教旨
三国遺事
鄭鑑録
昼永編
五百年奇譚

〔典拠〕表1に同じ。

年）・『朝鮮物語』（一九三一年）・『日本の決意』（一九三二年）などが挙げられている。

高崎宗司による細井評価は先述の通りだが、それは、たとえば韓国併合前後の時期については、『漢城の風雲と名士』『朝鮮文化史論』という二つの著書及び一九一〇年に発表された二つの随筆を通読しての分析である。また、三一独立運動後の著述の分析は、具体的には二つの著書『内鮮人の本務』『鮮満の経営』と一九二〇年・二一年に書かれた二つの随筆に依拠している。一方、細井による朝鮮古典の翻訳については、高崎は『通俗朝鮮文庫』『鮮満叢書』『朝鮮文学傑作集』『朝鮮物語』を挙げながら、それらを刊行した意図を問うている。ただし、それら「文庫」「叢書」「傑作集」に収載された作品のひとつひとつに分け入った分析ではなく、「文庫」「叢書」「傑作集」冒頭に付された「序言」に見える細井の刊行意図、あるいは個別の古典作品に付された細井の解説を通覧しての分析となっている。青野正明も「細井の朝鮮古書の翻訳・出版事業は、日本人に朝鮮人が統治しやすい無能な民族であることを理解させようとする意図の下で行われた」と述べるが、青野の場合も個別の作品を読み込んでの分析ではない。

これに対し、近年の韓国では、細井によって日本語訳された朝鮮の古典作品について、ひとつひとつに分け入った分析が始まっている。ただし、それは現在のところ、青野や高崎によって示された枠組みを、個別の翻訳事例に則して追認する傾きがあるように思われる。そこで以下では、細井によって抄訳された、享保四年（一七一九）朝鮮信使に製述官として随行した申《シン》維翰《ユハン》の使行録『海游録』を取り上げて検討してみたい。

『海游録』の和訳

江戸時代に一二回派遣された朝鮮信使の使行録(随員による日記)で現在伝来するものは三〇点を超える。それらのなかでも申維翰『海游録』は使行録中の白眉と言われ、これまでに数々の現代語訳がなされてきた。前出の李在焄によれば現代語訳は一一種類に及ぶというが、おそらく和訳・韓国語訳双方を含めての数だろう。和訳は、青柳綱太郎(一九一五年)、細井肇(一九二一年)、姜在彦(一九七四年)のものが現在知られており(以下、それぞれ青柳本、細井本、姜在彦本と略す)、分量はそれぞれに差異があるもののいずれも抄訳である。全訳されたことはこれまでにない。

細井本の先行研究としては李在焄のものを挙げうるのみであり、それによれば、細井本は、ごく一部の例外を除き、青柳本を底本にした翻案だという。つまり、細井本は申維翰『海游録』の原本から直接に和訳したのではなく、青柳本が漢文の書き下し調だったのを更に読みやすい日本語に書き直したものだという。それは訳語・訳文の共通性、とりわけ青柳本による誤記・誤読がそのまま細井本に転写されていることから明らかにされる。

ここで、仮に高崎による「朝鮮民族をけなし、日本の統治を正当化する」のが細井の『鮮満叢書』編纂の目的であったとし、『鮮満叢書』に採録された申維翰『海游録』もその一翼を担わされたのだとしよう。しかし細井の翻訳した申維翰『海游録』が青柳本の翻案に過ぎないのだとすれば、細井の意図は細井だけのものではなく、青柳たちをも含めて論じられる必要に迫られるのではないか。青柳本と異なる細井本の独自性はどこに見いだされうるのだろうか。

李在君によれば、青柳本と細井本の大きな違いは、第一に、後者には各所に注記が付されて読者の理解を助けている点にある。それは、年代や時代背景に関する補足説明だったり、日常は使わない難解な用語の解説であったりする。第二に、申維翰の感情を細井が文章として整理した部分があるという。そこには細井の主観が交えられ、それによって意味を変容させられた部分もあるという。しかしながら、そこで挙げられた具体例は、いずれも「朝鮮民族をけなし、日本の統治を正当化する」ような変更をともなう事例ではない。そうした変更に属する事例として挙げられたのは、次のようなものである。

李在君は、細井本では申維翰が朝鮮文士としてもっていた自尊心にかかわる記述が削除されていると述べる。細井本は青柳本に掲載されていた漢詩文のほとんどを削除しており、そうした詩文の削除は申維翰の描写法や風流文人としての風雅を台無しにするものだと指摘する。また、申維翰が文士として認知されるに足るような談論の場面は全面的に削除される一方で、日本や日本人に対して否定的な評価を述べた部分はほとんどそのままに残されているという。細井は、朝鮮の両班層《ヤンバン》は無能かつ党派的で農民から収奪するばかりの存在だと考えており、それゆえにこそ朝鮮は滅亡せざるを得なかったと見なしている。細井本の申維翰にはそうした両班像が投影されており、そうした両班観が読者に了解されるように細井本が構成されているのだと主張する。

細井本『海游録』を読む

ところで、青柳本に収載された漢詩文について、①細井本で省略したことを明記して省略したもの、②細井本で省略したことを明記せずに省略したもの、③省略されずに細井本にも掲載されたもの、に分類して整理してみよう。そうすると、「細井本は青柳本に掲載されていた漢詩文のほとんどを削除」したなどとは決して言えず、省略されたものと省略されなかったものとのあいだには明瞭な違いがある。それは、省略された漢詩文は、省略されなかったものに比べて分量が多い（行数が長い）という事実である。そして、分量が多いながらも残された漢詩文等がいくつか例外的に見えるが、それらは正月二日のものを除けば青柳による意訳か注記が付されたものばかりである。

つまり、漢詩文の削除は、本文（日記の地の文）の進行を妨げるような長文のものは、意訳や注記が無い限りは読者の理解を妨げるものとして削除されたにすぎない。例外的に解説もなく意訳もない長文の漢詩が載せられた正月二日分は、帰国の途についた朝鮮信使一行が、ついに対馬を離れて朝鮮半島へと漕ぎだしたときに詠まれた『海游録』最後の漢詩文である。漢詩文の削除は、申維翰の文人としての風雅を台無しにする意図に発するものなどではない。ちなみに姜在彦本は、冒頭の凡例で以下のごとく漢詩文の省略を明確に述べる。「『海游録』には……各体各様の漢詩がじつに多く挿入され、ときには一ヵ所だけでも数十首に及ぶことがあるが、煩雑を避けるために、行文の中にあるもののほかは省略した。」一九七〇年代以後の朝鮮信使ブームを牽引した一人である姜在彦が、わざわざ申維翰を貶めるために漢詩文を省略したと、誰が主張するであろうか。

また、申維翰『海游録』が朝鮮信使使行録の白眉とされ声価を高めたのは、申維翰と日本文人との数々の談論場面であり、とりわけ雨森《あめのもり》芳洲《ほうしゅう》とのそれである。対馬藩主に対する礼をめぐる申維翰と雨森芳洲との争論、京都大仏への参詣をめぐる申維翰と雨森芳洲の議論を筆頭に、印象深い談論場面・詩文贈答場面はおよそ洩れなく細井本に掲載されている。李在君は、何か重大な勘違いをしているのではないか。

李在君は、細井が和訳した朝鮮の古典小説「薔花紅蓮伝」を分析した韓国人による先行研究を踏まえて、細井の和訳には、修正・潤色・省略という技法を通じて否定的な描写へと改作をする特徴があり、それは「童話の類だけでなく歴史的史料にも、こうした問題が生じていたことが分かるのだ。」と論文を締めくくる。しかしながら、李在君が細井本『海游録』に見いだそうとした朝鮮人を貶めるような意図に発する「修正・潤色・省略という技法」は、いずれも実証不可能である。先行研究を意識しすぎた結果、実証と結論とが整合性を持ち得なくなったように感じられてならない。

人物評と作品評

細井の「海游録を訳了して」には申維翰『海游録』に対する肯定・否定の両様に取れる記述が散在しているが、全体としてはたしかに否定的な評価と見える。たとえば冒頭にこんな記述がある。「日本へ使した者の手に成つた紀行文は頗る多種であるが、此の海游録ほど能文達筆を以つて書かれたものは、恐らくあるまいと思ふ。文字に富み詩想に豊かなことは、訳して居てもツクヅクと感佩《かんぱい》に勝《た》えなかつた。李朝文臣中稀に見る好箇の文士である。」しかし、すぐに引き続いて「申維翰が好箇の文士であるといふ以上又は以外に何者もなかつた」「単なる紀行文を草することに絶妙の手腕を有した筆マメな文士といふに止まる。」という。そして「現代の朝鮮人にも此癖があるが、非常に猜疑深い心性が所々に顕はれて居る。」としながら「小才の利いた鋭い観察がひらめいて見へる」「適正なる批評又は観察と云はねばならぬ。」とも評価する。あるいは「浪華において、江戸において、武備要害の堅固に一々驚歎して居ながら、毫も自国の文弱を省察した跡なく、唯だ倭俗を軽侮冷笑するのみなのは、外国に使した者としては識見の絶無を憐れまざるを得ない。」ともいう。

さて、かつて日韓の善隣友好の姿をたずねて朝鮮信使研究を活性化しようとした辛基秀・姜在彦らは、ついに一九七〇年代に朝鮮信使ブームを巻き起こすに至った。姜在彦本『海游録』の刊行はそうした動向に促されてのものであり、そこで和訳された内容は青柳本と細井本の延長線上に位置することが明らかである。細井本『海游録』もまた、そうした目で眺めれば豊かな内容に溢れていると見なさざるを得ない。『海游録』に対する細井の評価が低いものにとどまったのは、細井が当時迫られていた日韓関係の現状と照らしたときに申維翰の観察眼を不足に感じたからそうなったまでである。細井による「海游録を訳了して」しか読まなかった者にとっては、細井本『海游録』は朝鮮人を貶める読み物に映ったかもしれないが、精読した者にはまた違った世界が見えたかもしれないのである。

ところで、細井の事績を通じて明らかになることとは、植民地期に顕著な朝鮮蔑視観は、事実・史実に基づいたものというよりは、身辺雑事に類する個人的体験に根差した俗説に依拠することで成立し流布したということである。眼前に提示された具体的な事実・史実との本格的な格闘をせずに、編者の手になる序文だけ読んで分かった気分になるのもまた「俗説に依拠する」行為と同じ類である。難解で長大な古典に立ち向かうよりも、身近なたとえで要約された単純明快な語りの方が俗耳に入りやすいからである。『海游録』の本文は細井によっては改作されえなかった。けれども古典そのものを精読するよりも、細井による序文だけ読んで『海游録』を否定的に評価し、ひいては朝鮮人の手になる作品を批判的に見なす者の方が多かっただろう。序文だけ読めば何だか分かった気になるからである。講演記録に見える朝鮮蔑視観もまた、細井の個人的な体験に類する身辺雑事に彩られることで聴衆の耳に届きやすくなったことだろう。

その一方で、柳宗悦の言葉が私たちの心に響くのは、その専門性に根差した朝鮮文化理解を踏まえての発言が、俗説とは異なる鋭利で新鮮な感覚を示しているからである。その柳宗悦の発言がときに朝鮮総督府の文化政治に対しては甘く、そこに彼もまた時代の制約を逃れきれなかった限界を見出す場合もあろう。しかしそれは、彼自身の専門性から乖離した俗世間にかかわる問題群であった場合に見えてくる限界性であった。

終章　「鎖国」と朝鮮観

『隔蓂記』に見える朝鮮

鳳林承章《ほうりんじょうしょう》の書き残した『隔蓂記《かくめいき》』には、寛永一二年（一六三五）から寛文八年（一六六八）に至る京都の文化的な生活状況が活写される。承章は上流公家たる勧修寺家に生まれて金閣寺住持となり、のち相国寺九五世となる人物だけに、その文化交流は支配層としての色彩が濃厚であり、とりわけ後水尾上皇およびその周辺との交流は『隔蓂記』に特徴を与えている。それでも承章の従者たちを介した京都町人たちとの交流の跡も豊かに記されるから、都市住人たちの生活の一端を追いかけることが可能となる。そして、そこに朝鮮や朝鮮人の姿を見出すことも珍しくはない。

承章のもとを訪ねてきた人が手土産に高麗筆ひとつを持参した記事は再々見える（洞叔壽仙〈寛永一六年五月〉、斎藤主馬、神辺宗利〈寛永一九年正月〉）し、また逆に承章が各所を訪ねるときの手土産が朝鮮筆だったりする（建仁寺常光院へ朝鮮大筆ひとつ〈同年六月〉、神護寺僧へ高麗筆ひとつずつ〈二〇年六月〉）。鳳林承章の手元にあった朝鮮筆がどのようにして入手されたのかは不明だし、斎藤や神辺の朝鮮筆入手元についてもわからない。柳川一件で南部へ流罪となった規伯玄方は、万治元年（一六五八）に恩赦を与えられて京都へ移り住んだ。そこで繰り広げられた鳳林承章と方長老との交流のなかにも朝鮮産品が再々現れるが、それらは方長老と対馬藩（島）を介して入手しえた品々であった。洞叔壽仙のもたらした朝鮮筆もまた対馬経由であったと明記されるから、これら京都に出回っていた朝鮮産品は、対馬経由でもたらされたとみるのが順当ではないか。詳細不明ながら対馬藩（島）との何らかのコネクションがあって初めて入手できたものと見るべきだろう。

承章が朝鮮信使の行列を見物しに出かける様子は、信使の通り道にあらかじめ見物場所を特別に準備できた点を除けば、市井の人々と変わらない。寛永二〇年六月二〇日、京都から江戸へ向かう朝鮮信使の行列を見物するために、承章は従者をともない、手弁当持参で明け方に相国寺を出発する。知人が準備してくれた見物場所が三条御幸町あたりにあったらしく、そこを目指す。相国寺は御所の北側にあり、三条御幸町は御所の東南隅よりさらに南に下がる。ところが、上京・下京いずれの町内も通行規制が厳しくて、町々は木戸口の門を閉ざすから通りを先には進めない。それで鴨川の河原伝いに南下して、三条大橋のたもとまでたどり着く。そこで橋の上を見上げると、朝鮮信使の行列は見えずに先導する対馬藩主の姿だけが目に飛び込んだ。恐らく藩主は馬上の人だったからではなかったか。それから信使の一行を都の東方のはずれ粟田口まで追いかけた。

一方で、以下のような経験は市井の人にはありえない。江戸から帰国する朝鮮信使が京都本圀寺を宿舎とした寛永二〇年八月、承章は家蔵の狩野興以《かのうこうい》筆の山水図を朝鮮信使に見せ、そこに賛を書き入れるよう求めている。あるいは、朝鮮信使が日光東照宮を訪問した折に詠んだ自筆の漢詩や、随行した朝鮮人絵師が描いた寒山・布袋の絵二枚、さらに随員の学士が朝鮮から持参した高麗墨を入手したりする（寛永二〇年九月）。これらは特権ないしは「特別なつて」なしにはありえない。

江戸時代の日朝交流は、誰にも等しい質のものが準備されていたわけではなかった。鳳林承章に沿っていえば、たしかに身分格差のあることは明瞭である。しかしながら身分格差の問題だけでなく、留意すべきは承章には「特別なつて」があっただろうこと、それは対馬藩（島）へと連なる「つて」のことであり、対馬藩（島）は江戸時代に朝鮮との折衝を全面委任された特別な存在であった。そことのつながりなしには朝鮮産品を入手できないのが江戸時代の特徴であり、それは「鎖国」なる枠組みによる制約によってもたらされた。

「鎖国」と「開国」

かつて「鎖国」なる語には内向きの閉ざされた意味合いが濃厚だったが、近年では、江戸時代の日本は国を閉ざして一切の外交を拒絶したのではなく、「鎖国」というやり方を通じて異国や異域の人々とつながっていた、と考える。松前、対馬、長崎、薩摩の四ヵ所に限って異国・異域と接触をする窓口とし、それら「四つの口」を介して対外関係が結ばれたところに「鎖国」の特徴をみる。松前口は蝦夷地にひろがるアイヌとの接点であり松前藩が担当する。対馬口では朝鮮王朝との関係を対馬藩が担当し、長崎口ではオランダ商館および中国人商人を長崎奉行が管轄する。そして薩摩藩が薩摩口で琉球王国を接遇した。

「鎖国」をめぐる研究状況がどのように進展しようとも、江戸時代の日本人は誰もが自由に海外を往来できたわけではなかった。それは歴史的事実として動かない。たとえば江戸時代には少なからぬ漂流事件があり、郷里に戻った漂流民の語る異国譚は自由な海外渡航を禁じられた人々の興趣を誘い、様々な漂流記も写本として流布した。

ところで歴史研究として漂流事件に関心を寄せる場合、それは近世後期の、とりわけ西欧世界との接触を伴うような事件への関心が高い。平川新は近世後期日本の特徴のひとつを「漂流の時代」と述べるが、そのときの関心はアメリカやロシアへの漂着事件である。江戸時代日本の「漂流記」を収集刊行したものとしては、石井研堂による『漂流奇談全集』（博文館、明治三三年）が最も早いが、明治初年に翻訳紹介されたロビンソン・クルーソーの物語が大正・昭和にかけて幾度となく改訳が出版されたこととあわせ、漂流記への関心は、奇譚とりわけ西洋世界への好奇心として現れた。

一方、「鎖国」と対になる「開国」は、一八世紀末からのロシアの接近に始まりペリー来航と安政五ヵ国条約へと至る。やがて日本は欧米標準の社会改革を目指し、明治維新を迎えて欧米に倣った近代化へと邁進する。こうして欧米世界へ雄飛する時代との対比で島国根性を培う「鎖国」が語られたから、いきおい「鎖国」もまた欧米との関わりのなかで理解された。すなわち織豊期～江戸初期における西欧諸国との交流は、長崎出島にオランダ人を閉じ込めるかたちで収束されて「鎖国」の時代となった。この場合、「鎖国」によって排除されたのはイスパニアでありポルトガルであり、それらはキリスト教布教の目的で日本にやってきた国々であった。彼らは一七世紀初めに発令された四つの「鎖国」令（長崎奉行あての職務命令）によって段階的に排除が強化されてゆき、やがて一六三九年のポルトガル人追放令を経て、布教を目的としないオランダだけが日本に残された。しかも彼らは長崎出島に押し込められて自由行動は極めて制限された。

こうした欧米との出会いと挫折から「鎖国」を捉える方法に対し、異を唱えたのが一九七〇年代の朝尾直弘である。朝尾は、当時の日本にとっての世界であった東アジアとの関わりのなかで「鎖国」を考える必要があると述べた。一九八〇年代の日本史研究は全般的に「アジアのなかの日本」という視点をさらに重視するようになったが、「鎖国」をめぐる分野では、とりわけ東アジア海域における活発な民衆的交流の存在と、その権力的な分断の結果としての「鎖国」状態とする理解へと進んだ。そのうえでさらに、「鎖国」なる語がもつ閉鎖的な印象は当時の社会実態とはそぐわないとの判断から、「海禁と華夷秩序」とする言い換えが荒野泰典によって主張された。自由な海外渡航を禁止する「海禁」政策、「海禁」政策を採った政権が自らを東アジアの中心に位置づけようとしたのが「華夷秩序」の意識であった。日本人の自由な海外渡航は禁止されたが、「四つの口」を介しての海外交渉は途切れることが無かったから、「鎖国」のような閉鎖的な印象を帯びた語は、この体制を示すのに馴染まないとされた。

つながり方の特殊性

近年、「江戸時代は「鎖国」ではなかった」ことが強調され、それが江戸時代の常識であるかの如く唱えられることも少なくない。しかしながら、「江戸時代は「鎖国」ではなかった」ことの研究史的な意味は右に述べた如くであり、繰り返しになるが、日本人の自由な海外渡航は禁止されたが「四つの口」を介しての海外交渉が途切れることが無かったから、「鎖国」のような閉鎖的な印象を帯びた語はこの体制を示すのに馴染まない、というものである。江戸時代の国家体制なり社会が海外へ向けて自由に開放された体制（社会）であった、という意味では決してない。

江戸時代の海外交渉は「四つの口」を介して初めて実現された。本書に即して言えば「対馬口」を介して初めて朝鮮とのアクセスが可能となったのであり、江戸時代日本人が誰でも自由に朝鮮との交流を行えたわけではないし、朝鮮情報や朝鮮産品を思いのままに入手できたわけでもない。対馬藩（島）から遠ざかった人びとで「朝鮮」にアクセスできる回路があるとすれば漂流・漂着事件と朝鮮信使が挙げられようが、それとても日本列島の隅々の人びとに均等に与えられた機会では無かった。

海外情報・産品にアクセスできる人びととそうでない人びととのあいだには大きな格差があった事実を欠いたまま「江戸時代は「鎖国」ではなかった」ことだけを強調してみても、実態とは乖離するばかりである。江戸時代日本（人）は朝鮮とは「どのように」つながりえたのかに留意しながら、以下では、これまで本書で言及してきた諸事実を整理しなおしてみたい。

政治の意識

諸外国から徳川将軍が「日本国王」と呼ばれたことは、日本が客観的には中国を中心とした東アジア国際秩序のなかに位置づけられていたことを意味し、同時に自らはそのように名乗らなかったことは、主観的には日本が中国からの自立を表明したものと解されてきた。そして寛永一二年（一六三五）から使われ始めた新しい徳川将軍の対外的呼称は、最終的に中国王朝の官職とは無関係なものが選ばれて、「日本国大君」「大君」となった。徳川将軍自らは「日本国源某」と称し、相手には「日本国大君」と呼ばせる外交関係は、東アジア国際秩序の外交慣行からは逸脱したものと理解されてきた。ここで念頭に置いているのは、中国皇帝との朝貢・回賜の関係にもとづく外交貿易関係が結ばれなかったという事実のことであり、そうしたものを欠如させたまま諸外国との対等外交が成立していた事実である。

徳川将軍自らは「日本国源某」と称し、相手には「日本国大君」と呼ばせる外交関係は朝鮮外交に独特のものであったが、そうした外交称号のあり方から朝鮮に対して上位に立とうとする意識を読み取ることは適切ではない。井伊直孝の「外国との交際にあたっては、その者の官職・位階の高下に関係なく互いに対等の礼に立つのが良いと思います」とする発言があったように、幕府執権のあいだでは、朝鮮との対等外交の意識が濃厚に窺える。

たしかに、幕府の外交ブレーンであった以心崇伝に「日本ノ王与高麗ノ王ト書ノトリヤリハ無之候」とする発言があり、ここから当時、日本を朝鮮より上位に置く意識のあったことが指摘される。崇伝の認識が幕閣に共有されたことは間違いないが、「王」字を書かない理由がこのように説明されたことが江戸時代を通じた朝鮮認識を固定したと見るのは妥当だろうか。「江戸時代を通じた朝鮮認識が固定された」と見るのは現代の我々の方であって、江戸時代の当時には相互に矛盾するような朝鮮認識が綯《な》い交《ま》ぜになっていたのではなかったか。その上で、政治の意識としては、枠組みとしての平和で安定した秩序の維持が最優先されていた。

老中阿部正武は「鮑《アワビ》取りに行くだけの無益な島ごときのことで、日本と朝鮮の両国関係がもつれてしまい、ねじれた関係が解けずに凝り固まって、これまで継続してきた友好関係が断絶するのも良くなかろう。本来は筋の通らないことを御威光や武威でもって相手をねじ伏せるようなやり方でこちらの意見を通そうというのも要らないことである。」と述べて、元禄竹島一件に決着をつけた。当然のことながら阿部の判断は阿部一人の判断では無い。幕藩制国家の意思決定として、老中の合議制ということのみならず、最終的には将軍徳川綱吉による決裁を仰がねばならないからである。

同様に崔天宗殺害事件に際して、江戸幕府から派遣された大目付が対馬藩士鈴木伝蔵を裁くに際しては、朝鮮側に深く配慮した。伝蔵の言い分をことごとく退けて早々に死罪と決した背景には、崔天宗の死を鈴木伝蔵の死をもって償う意識があったろう。東アジアの漂流民相互無償送還制度が機能することにより国際秩序の安定がはかられるなか、長州涌浦一件の最終判断をめぐって幕府評定所の判断は揺れた。幕府の体面をいかに守るかをめぐる逡巡であったが、それは国際秩序の維持とかかわって朝鮮側に配慮しつつ守るべき体面であった。そして、そうした態度は、明治一四年（一八八二）に鬱陵島に不法に入り込んだ日本人を強制引き揚げさせることを決めた太政大臣三条実美の判断にまで通じている。

ところで、政治の意識もまた一様ではなく、たとえば幕府と対馬藩とでは認識や判断にずれがあるし、幕府内部、対馬藩内部もまた一枚岩ではない。

元禄竹島一件に際して、幕府命令をそのままに履行すると決断されてのち、朝鮮側と対馬藩側とのあいだに鬱陵島の帰属をめぐる歴史認識がひとつの焦点となった。その際、対馬藩側は、「壬辰倭乱（秀吉の朝鮮侵略）ののち現在に至るまで日本側が鬱陵島を長期にわたって支配してきたのだから、もともと朝鮮の土地であっても長期間日本に属しておれば日本の土地である」とする論法を編み出した。こうした「まずはじめに結論ありき」の論じ方に対し、陶山庄右衛門は朝鮮地誌の記載等に拠りながら反論し、対馬藩を動かし、幕府判断の変更を促す契機をなした。

崔天宗一件の裁許結果を朝鮮に報じるとする方針に対する幕府批判、天明悪党漂民一件を受けての漂流民取り締まり強化方針に対する幕府（長崎奉行）批判。対馬藩によるこのふたつの幕府批判は、片や緩すぎると非難し、片や厳しすぎると批判する、その仕方がまったく異なる方向を向いているものの、批判の根拠は共通する。幕府よりも対馬藩の方が朝鮮にかかわる実務・実態をはるかに深く知悉しているとする意識である。

朝鮮との最前線にいるがゆえに朝鮮のことは自分たちがもっともよく分かっているとする意識は、朝鮮の長所も短所も知り尽くしているとする自負心であった。それは、ときに漂流民送還のたゆまない繰り返しを担うことで平和で安定した秩序を維持してきたとの自負心として立ち現れ、ときには厳しい朝鮮蔑視の意識として表現された。

自分は何者か

理解と誤解は裏腹の関係にあり、相互理解を進めるためには何らかのかっこうでの意思疎通が求められる。それは言葉を介してなされることが多いが、使用言語が朝鮮語と日本語とに分かれているときに、直接の対話は必ずしも十分ではありえなかった。

それでも訳官使や朝鮮語通詞による一方の言語を使用しての共通理解のなされる場合があり、共通言語としての漢文（中国語）による筆談を介しての交流もまた様々になされてきた。そして、言葉が通じるだけでなく、互いの背負っている文化に何らかの共通性を見いだすことが相互理解を進めるうえで大きな意味をなす。それはたとえば、薩摩藩士安田義方や金弘祖の交流体験や訳官使・朝鮮信使の接待儀礼の空間構成（掛軸や棚飾り）に見いだされる共通文化としての中国文化の影響——嗜好品から絵画・詩文などに至るまで——の重要性のことである。

この共通性の意識は、日本人と朝鮮人とのあいだに見いだされる共通性に比べて、同じ日本人のなかで支配者と被支配者との落差が大きい。被支配者＝民衆は、ちょっと背伸びをしながら支配者の感覚を身にまとおうと努めながら、必ずしも十分には近づききれない。槍の穂先を触れてはならないとする武士の感覚を共有していた権左は禁忌を破った朝鮮人を散々に打擲するが、「いつまでも打つものではない」と武士に制止されるまで打擲を止めることがなかった。武士が受けた恥辱を雪ぐ行為の程度について、権左自身には判断力が備わっていなかったことの証左である。

そうした「背伸び」は、明治一六年（一八八三）の山口県庁山本修身の復命書にも見える。鬱陵島での森林伐採行為をとがめ立てされた山口県人は、「万国公法」を盾にして自らの行為を正当化しようとするが、朝鮮官吏の毅然とした姿勢の前に「万国公法」の主張を撤回する。山口県人は知ったばかりの「万国公法」を振りかざしはするものの、それが身についた知識ではなかったことの表れである。

意思疎通が十分に果たされない場における理解と誤解の落差は、想像力によって補われうる。文政二年（一八一九）鳥取藩領に漂着した朝鮮人が鳥取城下に入るときの歓迎の様子は、見る／見られる関係に過ぎず、そこに相互理解の深まる契機はない。歓迎行為それ自体は好意の表明だが、しかし一方で、そのときの朝鮮人たちの服装や履き物が薄黒く汚れ、しかも風呂も行水もしないため、たいへん不浄だと言う者もあり、いささか悪い評判が立った。これに対して商家石井家の当主は、薄汚れて見えるゆえんを漂流の事実から説き起こし、日本と朝鮮の風俗習慣の違いを指摘する。先入観のない客観的な判断に努める態度がここに示されている。

ところで、済州島人が、その地理的環境の特殊性から独特の自我認識を育みながら、やがて外部から「秀吉の朝鮮侵略」を介した自我認識を獲得する姿が見いだせる。朝鮮人の朝鮮人としての自我認識を育む媒介項として「秀吉の朝鮮侵略」は小さくない。植民地期朝鮮では、子供が泣き止まないときに母親たちは決まってこう言ったという。「そんなに泣いていると秀吉が来るよ」と。すると小さな子供たちは、秀吉が何者なのか分からないままに、とにかく恐ろしくて泣き止んだという。

江戸時代日本人にとっても自らの立ち位置を確認するのに「秀吉の朝鮮侵略」が意味をもったことは、歌舞伎・浄瑠璃に登場する異国の姿からも言える。それは、「秀吉の朝鮮侵略」を否定的に捉える文脈から、当時の日本人の姿を再確認する行為である。そして、日本人が「日本人」たるよりどころとなったのが「武」の意識である。

音吉は浦賀に来航したペリー艦隊を幕府が阻止できなかったことにひどく失望し、その失意の文脈のなかで日本が「武威」の国であることを述べる。ここでいう「武威」は自ら行使する実力のことではなく、この国はこうあって欲しいとする願望である。

こうした「背伸び」をしたまま、日本人は近代を迎えることとなった。

あとがき

つい最近、韓国・大邱《テグ》広域市でタクシーの運転手さんから水崎林太郎という日本人の話を聞いた。いま大邱広域市内には市民の憩いの場所として寿城池公園があり、周囲には洒落たレストランが立ち並び、週末ともなれば多くの人で賑わっている。その寿城池は、そもそも日帝時代に大邱周辺の耕作地を潤すために人造された貯水池であり、その事業を献身的に進めたのが水崎林太郎であった。かつて大邱はリンゴの産地として知られたが、米作も併せてこの地域の農業振興は寿城池の深い恩恵を蒙っている、そうした話であった。

寿城池の由来はともかく水崎林太郎の名は初めてだったので、大邱市内で日韓それぞれの歴史研究者に聞いてみた。すると水崎の事績はまだ広くは知られておらず、顕彰活動に取りかかったばかりのようだった。しかも植民地期のことだけに、寿城池造成は朝鮮総督府の施策上に位置づけられるとか、建設費用は結局農民自身に転嫁されている、といった批判の声も根強いという。

日本人の立場からすると「いい話」で収まるようなことも、韓国人の立場からすると必ずしもそうはならない。それは何も水崎林太郎に限った話ではない。けれど、「立場」に固執するあまり、あれかこれか、善か悪かの二分法で処理しようとするのも短絡的に過ぎる。ひとつの結論を得るためには、いくつか相互に参照しつつ考慮しておくべきことがらがあるはずだ。それらに優先順位を与えながら冷静かつ客観的に結論を導いていく必要があるのに、そうした段取りをスキップしてしまうこともあるまいに。

神功皇后といえば三韓征伐を想起し、「鮮人」は即差別語だと断罪し、細井肇は朝鮮総督に金の無心をするような奴だから権力の走狗だとか、竹島は日本領か韓国領かどちらか一方のものでなければ気が済まないなど、これらは、あらかじめ自分なりに好ましいと思う結論があって、それに近づいていけるような論理をこしらえてゆく、そうした思考法に由来する。先入観を排して史資料および史実を眺めたときに得られるものと当人たちが実証したいとする内容とが、どうにも整合しなくなっているようだ。こうした思考法が「私たちの朝鮮観」ないしは「彼ら彼女らの日本観」を支えている。

さて、「日本人の朝鮮観」を主題とした著述は枚挙に暇がない。朝鮮観もまた人さまざまで個別具体的なところがあり、おおよその共通項に近づけはするものの一義的に決められるものでもない。論述する人ごとに示される朝鮮観は微妙にずれたりするから、本書は屋上屋を架す類かも知れない。そうしたなかで本書にも本書なりのメリットがあるとすれば、以下のような諸点を挙げられようか。

「日本人の朝鮮観」を題目に掲げた著作は、はじめのうち頂点思想家が書き残した著述にみえる朝鮮観を分析対象とするものが主流であった。ついで対象の裾野を広げて民衆意識が俎上に上るようになり、紀行文や日記などに残された断片的な感想から歌舞伎・浄瑠璃や小説・俳句・川柳に込められた感覚、絵画資料やモノを介しての類推へと幅を広げていった。本書著者の研究の軌跡もまたおおよそはそうした跡をたどってきたたし、それによって視野狭窄に陥らない方法に接近できるようになったように思う。

それら遍歴のなかで、朝鮮観表出の「過程」を歴史具体的に追究し、「朝鮮観」が忘却と再発見の繰り返しであること、また再発見された時点での環境がその「朝鮮観」に独特の意味づけを与えていることを見いだした。「日本人の朝鮮観」は決して固定的なものではなく、忘却と再発見を繰り返すなかで事実（憧れなり、軋轢・衝突の感覚なり）と認識のずれが振幅を広げてゆくところにその形成過程の特質が見いだせる。そのように再発見時の環境・問題意識に即して史実がゆがめられて新たな朝鮮観が形成・流布されるのだとしたら、いっそのこと忘却の淵に沈めてしまった方がよい場合もあるだろう。「忘れない」ことが常に良い知恵だとは限らない。その一方でゆがめられる前の姿をきちんと実証して示すのが歴史学徒の使命である。

本書は右に記したように「朝鮮観」をめぐる著者の遍歴の跡でもあり、既発表論稿を元にしつつ再整理を行ったものである。その際、いくつか新たな手が加わっている。先行研究や注記はできる限り省いたから、必要に応じて初出稿を参照いただければと思う。

この九月、母校で集中講義を行った。本書は、終章とはしがき・あとがきをやり繰りすると、各話完結でちょうど一五コマの講義になる。再校ゲラをもとに話を聞いてもらい、学生たちから自由な発言をしてもらった。それらを反映させられなかったのが、少しばかり残念である。

末筆ながら、本書がなるにあたって講談社学芸クリエイト編集部・上田哲之さんに深甚の謝意を申し述べたい。責任編集者である岡本隆司さんと三人、大雨の降りしきる名古屋・栄は久屋大通公園のオクトーバーフェストのテント下で、ドイツビールのジョッキで乾杯したのは何年前のことだったろう。じつに粘りづよくお待ちいただいたものと思う。心より感謝する。

池内　敏

二〇一七年九月

参考文献

青野正明「細井肇の朝鮮観　日本認識との関連から」『韓』一一〇、一九八八年
朝尾直弘「鎖国制の成立」『講座日本史』4、東京大学出版会、一九七〇年
――『鎖国』〈日本の歴史 17〉小学館、一九七五年
荒野泰典『近世日本と東アジア』東京大学出版会、一九八八年
荒野泰典編『江戸幕府と東アジア』〈日本の時代史 14〉吉川弘文館、二〇〇三年
荒野泰典・石井正敏・村井章介編『近世的世界の成熟』〈日本の対外関係 6〉吉川弘文館、二〇一〇年
――『地球的世界の成立』〈日本の対外関係 5〉吉川弘文館、二〇一三年
池内敏『近世日本と朝鮮漂流民』臨川書店、一九九八年
――『「唐人殺し」の世界』臨川書店、一九九九年
――「1910年韓国皇太子の来鳥前後」『鳥取地域史研究』二、鳥取地域史研究会、二〇〇〇年
――「大君の外交」『日本史講座』6、東京大学出版会、二〇〇五年
――『大君外交と「武威」』名古屋大学出版会、二〇〇六年
――『薩摩藩士朝鮮漂流日記「鎖国」の向こうの日朝交渉』講談社選書メチエ、二〇〇九年
――『竹島問題とは何か』名古屋大学出版会、二〇一二年
――「漂流と送還」『岩波講座日本歴史』20、岩波書店、二〇一四年
――「細井肇の和訳『海游録』大正期日本人の朝鮮観分析をめぐる断章」『JunCture　超域的日本文化研究』07、名古屋大学大学院文学研究科附属「アジアの中の日本文化」研究センター、二〇一六年
――『竹島　もうひとつの日韓関係史』中公新書、二〇一六年
――「日本外務省による大谷家文書調査」『名古屋大学附属図書館研究年報』13、二〇一六年

――『絶海の碩学』名古屋大学出版会、二〇一七年
池内敏・坂本敬司『伯耆国赤崎沖朝鮮人漂流一件』今井書店鳥取出版企画室、二〇〇三年
李在君「細井肇抄訳本『海游録』」『韓日関係史研究』四七、韓日関係史学会、二〇一四年
牛嶋英俊『飴と飴売りの文化史』弦書房、二〇〇九年
内海愛子・梶村秀樹・鈴木啓介編『朝鮮人差別とことば』明石書店、一九八六年
片山善博・釼持佳苗『地域間交流が外交を変える』光文社新書、二〇〇三年
川上健三『竹島の歴史地理学的研究』古今書院、一九六六年
岸本覚「幕末海防論と『境界』意識」『江戸の思想』9、ぺりかん社、一九九八年
金光哲『中近世における朝鮮観の創出』校倉書房、一九九九年
倉地克直『近世日本人は朝鮮をどうみていたか』角川選書、二〇〇一年
申維翰著、姜在彦訳注『海游録　朝鮮通信使の日本紀行』平凡社東洋文庫二五二、一九七四年
高崎宗司『「妄言」の原形　日本人の朝鮮観』木犀社、一九九〇年
高崎宗司『朝鮮の土となった日本人』草風館、一九九一年
田代和生『書き替えられた国書』中公新書、一九八三年
塚本明「神功皇后伝説と近世日本の朝鮮観」『史林』七九巻六号、一九九六年
鳥取県国際交流財団「とっとり国際通信」十四号、一九九五年
内藤正中『竹島（鬱陵島）をめぐる日朝関係史』多賀出版、二〇〇〇年
錦織勤・池内敏編『鳥取・米子と隠岐　但馬・因幡・伯耆』〈街道の日本史 37〉吉川弘文館、二〇〇五年
原武史「１９０７年の嘉仁皇太子」『社会科学研究』四七―二、一九九五年
春名徹『にっぽん音吉漂流記』晶文社、一九七九年
平川新『開国への道』〈日本の歴史 12〉小学館、二〇〇八年
夫馬進『朝鮮燕行使と朝鮮通信使』名古屋大学出版会、二〇一五年

堀和生「1905年日本の竹島領土編入」『朝鮮史研究会論文集』二四、一九八七年
欄木寿男「大正期における朝鮮観の一典型」『日本近代史研究』法政大学近代史研究会、一九六五年
三宅英利『近世アジアの日本と朝鮮半島』朝日新聞社、一九九三年
村井章介『アジアのなかの中世日本』校倉書房、一九八八年
柳宗悦　高崎宗司編『朝鮮を想う』筑摩叢書293、一九八四年
尹素英「細井肇の朝鮮認識と『帝国の夢』」『韓国近現代史研究』四五、二〇〇八年
六反田豊「朝鮮後期済州島漂流民の出身地詐称」『朝鮮史研究会論文集』四〇、二〇〇二年
ロナルド・トビ『「鎖国」という外交』〈日本の歴史 9〉小学館、二〇〇八年

1900	10月	大韓帝国勅令四一号の頒布・施行。
1904	2月	日露戦争。日韓議定書調印。
	8月	第一次日韓協約調印。
	9月	軍艦新高の航海日誌に「独島」の旨。
1905	1月	竹島日本領編入の閣議決定。
	5月	日本海海戦。
	9月	日露講和条約調印（韓国の保護権、南樺太・遼東租借権などを確保）。
	11月	第二次日韓協約調印（外交権を日本が掌握）。
	12月	韓国統監府設置（初代統監に伊藤博文）。
1907	5月	嘉仁皇太子の山陰巡啓（鳥取訪問）。
	7月	ハーグ密使事件。第三次日韓協約調印。
1909	7月	閣議で韓国併合の方針を決定。
	10月	安重根、ハルビンで伊藤博文を射殺する。
1910	7月	韓国皇太子の山陰巡啓（鳥取訪問）。
	8月	韓国併合に関する日韓条約調印。朝鮮総督府を置く。
1914	8月	ドイツに宣戦布告（第一次世界大戦に参戦）。
1919	3月	京城などで朝鮮独立宣言発表。三一独立運動が朝鮮半島全土に広がる。
	4月	上海に大韓民国臨時政府樹立。
	8月	第三代朝鮮総督に斎藤実が就任。文化政治の開始。
1923	9月	関東大震災。朝鮮人暴動の流言がひろがり、市民の自警団による朝鮮人虐殺が始まる。
1924	5月	京城帝国大学予科開設（1926年4月に法文学部、医学部開設）
1925	5月	治安維持法施行。北但馬大地震。
1937	7月	日中戦争開始。
1940	2月	創氏改名施行。
1941	3月	国民学校令公布、朝鮮語の授業廃止。
	12月	太平洋戦争開始。
1942	5月	朝鮮人への徴兵開始の閣議決定。
1945	8月	日本、無条件降伏。

＊歴史学研究会編『新版日本史年表』（岩波書店、1984年）、
朝鮮史研究会編『朝鮮の歴史　新版』（三省堂、1995年）巻末年表などを参照した。

1715		長崎貿易を制限して中国船に信牌を与える（正徳新例）。
		大坂竹本座で「国姓爺合戦」が初演。
1716		八代将軍に吉宗が襲職。
		「大君」号が復活される。
1737		中国に漂着した外国人の本国送還が規定される。
1740		大谷勝房が江戸幕府寺社奉行に禁止された竹島（鬱陵島）渡海の代替事業を求める。
1746		朝鮮貿易の利潤低下により、幕府が対馬藩に年一万両を賦与する。
1764		崔天宗殺害事件。
1775		長久保赤水「日本輿地路程全図」が完成する。
1784		幕府が漂流民送還にかかわる幕令を出す。
1787		徳川家斉の一一代将軍襲職を祝う朝鮮通信使準備に着手する。
1795		幕府が漂流朝鮮漁民保護法令を出す。
1811		文化易地聘礼が実施される（将軍家斉の襲職祝賀。江戸時代最後の朝鮮通信使）。
1836		天保竹島渡海一件。
1853		ペリー来航。
1867		幕府製の日本図「官板実測日本全図」がパリ万博に出品される。
1868	1月	戊辰戦争。王政復古。
	3月	江戸開城。
	7月	江戸を東京と改称。
	12月	対馬藩家老、釜山で新政府成立通告書を提出。
1871		廃藩置県。
1875		江華島事件。
1877		「竹島ほか一島の義、本邦関係これなし」とする太政官指令が出る。
1882	6月	朝鮮政府、鬱陵島開拓令。
	7月	壬午軍乱。済物浦条約調印。
1894	6月	日清両国がそれぞれ朝鮮への派兵を通告。
	8月	日清戦争の宣戦布告。
1895	4月	日清講和条約調印（朝鮮の独立承認、遼東半島・台湾・澎湖列島の割譲など）。
	8月	台湾総督府条例制定。
	10月	閔妃殺害事件。
1897	10月	大韓帝国の樹立。

年　表

1592	豊臣秀吉の朝鮮侵略（第一次・文禄の役）
1597	同上（第二次・慶長の役）。
1600	関ヶ原の戦い。
1603	徳川家康、征夷大将軍となる。
1605	家康、将軍辞職。秀忠が将軍となる。
1607	徳川幕府初の朝鮮使節（回答兼刷還使）が江戸に派遣される。
1614	磯竹島（鬱陵島）への日本人渡航・入島禁止が日朝間で確認される。
1615	大坂夏の陣（大坂城落城）。
1616	中国船以外の外国船の来航地を長崎・平戸に限る。
1623	家光が三代将軍となる。
1625	竹島渡海免許が鳥取藩主池田光政あてに発給される。
1635	将軍家光自ら柳川一件に裁許を下す。
	徳川将軍の対外的呼称「大君」が創出される。
1636	朝鮮通信使が江戸に派遣される。
1638	島原の乱（原城陥落）。
1639	ポルトガル船の来航禁止（いわゆる「鎖国」の完成）。
1641	オランダ商館を平戸から長崎出島に移転する。
1644	李自成が北京を陥落させて明朝滅ぶ（北京に遷都して清朝興る）。
1646	明人・鄭成功らの援兵要請を幕府が断る。
1647	通商を要求するポルトガル船が長崎に来航。幕府は拒絶して帰帆させる。
1656	長崎来航のシャム船を帰帆させる。
1673	イギリス船が長崎での通商復活を要求し、幕府は拒絶する（リターン号事件）。
	清朝で三藩の乱（～1681）。
1684	中国人漂流民の本国送還が朝貢諸国に指示される。
1688	中国船の長崎来航数を年間70隻に制限。
	長崎唐人屋敷造営開始（翌年完成）。
1693	元禄竹島一件交渉始まる。
1696	元禄竹島渡海禁令。
1709	五代将軍綱吉、没。
	幕府は新井白石を登用する。
1711	朝鮮通信使の制度改革。「大君」号を改めて「日本国王」号を建てる。

は行

ま行

や行

ら行

さ行

た行

な行

人名索引

あ行

か行

池内 敏（いけうち・さとし）

一九五八年生まれ。京都大学大学院文学研究科博士後期課程中退。博士（文学）。現在、名古屋大学教授。専攻は、日本近世史、近世日朝関係史。主な著書に、『近世日本と朝鮮漂流民』（臨川書店）、『大君外交と「武威」』（名古屋大学出版会）、『薩摩藩士朝鮮漂流日記』（講談社選書メチエ）、『竹島――もうひとつの日韓関係史』（中公新書）、『絶海の碩学――近世日朝外交史研究』（名古屋大学出版会）など多数。

叢書 東アジアの近現代史 第3巻

日本人《にほんじん》の朝鮮観《ちょうせんかん》はいかにして形成《けいせい》されたか

二〇一七年一〇月三〇日第一刷発行

著者 池内《いけうち》 敏《さとし》

発行者 鈴木 哲

発行所 株式会社 講談社

東京都文京区音羽二―一二―二一 〒一一二―八〇〇一

電話 〇三―五三九五―三五一二（編集）

〇三―五三九五―四四一五（販売）

〇三―五三九五―三六一五（業務）

装幀者 高見清史

印刷所 慶昌堂印刷株式会社

製本所 黒柳製本印刷株式会社

本文データ制作 講談社デジタル製作

定価はカバーに表示してあります。

落丁本・乱丁本は購入書店名を明記のうえ、小社業務あてにお送りください。

送料小社負担にてお取り替えいたします。

なお、この本についてのお問い合わせは、「学術図書」あてにお願いいたします。

ISBN 978-4-06-220792-8

Printed in Japan N.D.C.220 332p 19cm

池内敏・岡本隆司 責任編集

叢書 東アジアの近現代史 刊行予定

1 清朝の興亡と中華のゆくえ
岡本隆司（京都府立大学教授）＝既刊

2 対立と共存の日中関係史――共和国としての中国
中村元哉（津田塾大学教授）＝既刊

3 日本人の朝鮮観はいかにして形成されたか
池内敏（名古屋大学教授）＝本書

4 朝鮮半島のナショナリズム
木宮正史（東京大学教授）

5 近代日本の膨張と中国・朝鮮・台湾
奈良岡聰智（京都大学教授）

6 台湾と琉球からのまなざし――親日と反日の帰趨
池内敏・岡本隆司 編

（第4巻以降は、仮題）